LA NATURE AU MOYEN ÂGE

DANS LA MÊME COLLECTION

Après la métaphysique : Augustin ? Actes du colloque inaugural de l'Institut d'Études Médiévales de l'Institut Catholique de Paris, 25 juin 2010, édités par Alain de LIBERA, avec la participation de O. BOULNOIS, V. CARRAUD, E. FALQUE, A. de LIBERA, J.-L. MARION, J.-L. NANCY et Ch. SOMMER, 2013, 176 pages.

Philosophie et Théologie chez Jean Scot Érigène, édité par Isabelle MOULIN, avec la participation de O. BOULNOIS, A. de LIBERA, S. GERSH, J. MARENBON, I. MOULIN, D. MORAN, W. OTTEN, 2016, 216 p.

Participation et Vision de Dieu chez Nicolas de Cues, édité par Isabelle MOULIN, avec la participation de J.-M. COUNET, V. GIRAUD, J.-C. LAGARRIGUE, J. MILBANK, I. MOULIN, S. OLIVIER, H. PASQUA, CH. TROTTMANN, 2017, 178 p.

Le Beau et la Beauté au Moyen Âge, édité par Olivier BOULNOIS et Isabelle MOULIN, avec la participation de D. ALIBERT, H. ANZULEWICZ, G. ASLANOFF, O. BOULNOIS, F. CASSINGENA-TRÉVERDY, F. MEUNIER, K. MITALAITÉ, I. MOULIN, D. POIREL, F. SCHULER-LAGIER, PH. SERS, L. SOLIGNAC, A. SPEER, A. VASILIU, O.-TH. VENARD, 2018, 354 p.

Commenter au Moyen Âge, édité par Pascale BERMON et Isabelle MOULIN, avec la participation de P. BERMON, O. BOULNOIS, J. CASTEIGT, G. DAHAN, J. DALARUN, S. EBBESEN, L. HIMMELFARB, Th. JOUBERT, R. MEYER, I. MOULIN, E. PETIT, Chr. SCHABEL, PH. VALLAT, 2020, 280 p.

Le théologico-politique au Moyen Âge, édité par Dominique POIREL, avec la participation de O. BOULNOIS, B. BOURDIN, F. DAGUET, J.-PH. GENET, G. KAPRIEV, O. L. LIZZINI, D. POIREL, S. SIMONETTA, É. TARDIVEL, PH. VALLAT, 2020, 180 p.

Libertés médiévales, édité par Kristell TREGO, avec la participation de G. ALLINEY, I. BOCHET, N. CARRIER, TH. DUTOUR, M.W. ELLIOTT, H. GORIS, T. HOFFMANN, C. MICHON, J. MÜLLER, M. SOROKINA, K. TREGO, CHR TROTTMANN, N. WEILL-PAROT, 2021, 240 p.

Regards masculins, regards féminins du Moyen Âge sur la femme, édité par Pascale BERMON et Dominique POIREL, avec la participation de P. BERMON, J. BRUMBERG-CHAUMONT, M. BUBENICEK, C. GUYON, M.-P. HALARY, L. MAYALI, L. MOULINIER-BROGI, D. POIREL, L. SARACENO, L. SOLIGNAC, Paris, Vrin, 2022, 367 p.

La raison au Moyen Âge, édité par Dominique POIREL, avec la participation de G. BERCEVILLE, P. BERMON, O. BOULNOIS, J. BRUMBERG-CHAUMONT, C. COULANGEON, C. CRIALESI, G. DAHAN, A. EVEN-EZRA, Chr. GRELLARD, P. HENRIET, A. KIJEWSKA, D. POIREL et L.SCORDIA, 2023, 346 p.

PUBLICATIONS DE L'INSTITUT D'ÉTUDES MÉDIÉVALES
DE L'INSTITUT CATHOLIQUE DE PARIS

Directeur : Dominique POIREL

LA NATURE AU MOYEN ÂGE

édité par
Pascale BERMON

Ouvrage publié avec le concours du
Vice-Rectorat à la Recherche de l'Institut Catholique de Paris

PARIS
LIBRAIRIE PHILOSOPHIQUE J. VRIN
6, place de la Sorbonne, V^e

2024

Imprimé en France

ISSN 2267-1994
ISBN 978-2-7116-3181-0

www.vrin.fr

INTRODUCTION

En 1935, Daisetz T. Suzuki prononçait devant un public composé d'Occidentaux une conférence intitulée « Le bouddhisme Zen et l'amour japonais de la nature » [1]. Citant plusieurs poèmes médiévaux, il expliquait que cet amour ne provenait pas d'un sentiment de tranquillité ni de sérénité, ni non plus d'une identité entre la nature et l'homme, ni d'aucune abstraction, ni d'un face-à-face entre un sujet et un objet; mais qu'il était mieux décrit par le mot de transparence [2], une transparence qu'illustre la façon dont l'habitat traditionnel japonais se fond dans le paysage [3].

1. D. T. SUZUKI, « Zen Buddhism and the Japanese Love of Nature », *The Eastern Buddhist*, t. 71/1, 1935, p. 65-113; repr. dans *Zen and Japanese Culture*, Tokyo - Singapore, Tuttle, 1988, p. 329-395 (1 re éd. Princeton, Princeton University Press, 1959).

2. *Ibid.*, p. 87 : « There is here not the remotest hint at tranquillity or serenity, nor of the identity of nature and man. If there is anything suggested here, it is the idea of utmost transparency which the poet feels through and through. He is entirely lifted out of his bodily existence, including both his objective world and his subjective mind. He has no such interfering mediums inside and outside. He is thoroughly pure, and from this position of absolute purity or transparency he looks out to a world of multiplicity so called. He sees flowers and mountains and ten thousand other things, and will pronounce them beautiful and satisfying. "The restless movements" are appreciated just as much as "the eternal tranquillity." It goes entirely against the spirit of Zen and the Japanese idea of love of nature to imagine that the Japanese Zen poets and artists avoid the restlessness of a world of multiplicity in order to get into the eternal tranquillity of abstract ideas. Let us first get an experience of transparency, and we are able to love nature and its multifarious objects though not dualistically. As long as we harbour conceptual illusions arising from the separation of subject and object as final, the transparency is obscured, and our love of nature is contaminated with dualism and sophistry. » ; p. 88 : « Transparency is the keynote to the Zen understanding of nature, and it is from this that its love of nature starts. »

3. *Ibid.*, p. 69 : « When viewed from a distance, the hut forms an insignificant part of the landscape, but it is seen as incorporated in it. It is by no means obtrusive, it belongs somehow to the general scheme of the view. »

Suzuki écrivait aussi que la « conquête » et l'exploitation commerciale de la nature, telle que proposée par les Occidentaux, lui semblait inspirée par l'hellénisme, même si, ajoutait-il, l'hébraïsme avait aussi joué un rôle [1]. Il énonçait là une thèse qui fut reprise sur nouveaux frais par Lynn White en 1967, dans un article que citent plusieurs contributeurs à ce volume : celle d'une indéniable responsabilité de la mentalité biblique (mais non, cette fois-ci, de l'antiquité gréco-latine, ni de l'Orient) dans les maltraitances que subit actuellement la Terre [2]. Historien des techniques, médiéviste, Lynn White publia d'ailleurs cette thèse retentissante l'année même où parut le magistral ouvrage de son collègue géographe Clarence Glacken, *Traces on the Rhodian Shore*, qui explore les relations de l'humanité avec son environnement physique en Occident depuis l'Antiquité jusqu'aux Lumières [3].

Soixante ans plus tard, les questions n'ont pas cessé : le récit de la création au livre de la Genèse a-t-il, ou non, favorisé la surexploitation capitaliste des ressources naturelles en faisant de l'homme une sorte de maître du créé ? Qu'en est-il de la réception de ce récit initial et de ses reformulations au Moyen Âge ? A-t-il au contraire existé un amour de la nature en Occident ? Touchant directement aux actuelles problématiques environnementales, ces questions forment le filigrane du présent recueil. Issu d'un colloque tenu à l'Institut catholique de Paris [4], il se distingue de plusieurs autres volumes collectifs et ouvrages consacrés à

1. SUZUKI, « Zen Buddhism », p. 67 : « The idea of the so-called "conquest of nature" comes from Hellenism, I imagine, in which the earth is made to be man's servant, and the winds and the sea are to obey him. Hebraism concurs with this view, too. In the East however this idea of subjecting nature to the commands or service of man according to his selfish desires has never been cherished. For nature to us has never been uncharitable, it is not a kind of enemy to be brought under man's power. »

2. L. WHITE, Jr., « The Historical Roots of Our Ecological Crisis », *Science*, t. 155, n° 3676, 10 mars 1967, p. 1203-1207 (p. 1205) : « Our daily habits of action, for example, are dominated by an implicit faith in perpetual progress which was unknown either to Greco-Roman antiquity or to the Orient. It is rooted in, and is indefensible apart from, Judeo-Christian theology. » Ailleurs, White décrit le Moyen Âge occidental comme marqué par un développement sans précédent des technologies, une réceptivité exceptionnelle aux innovations et un rapport « agressif » à la nature (L. WHITE, « Cultural Climates and Technological Advance in the Middle Ages », *Viator*, t. 2/1, 1972, p. 171-202).

3. C. GLACKEN, *Traces on the Rhodian Shore, Nature and Culture in Western Thought from Ancient Times to the End of the Eighteenth Century*, Berkeley, University of California Press, 1967.

4. Colloque international, « La nature au Moyen Âge », 1er-2 décembre 2022, organisé par Dominique Poirel, directeur, et Pascale Bermon, déléguée scientifique, de l'Institut d'Études Médiévales de l'Institut Catholique de Paris.

la nature au Moyen Âge[1] en ce qu'il se confronte, sous divers angles, pluridisciplinaires, au défi de chercher, dans le legs médiéval, l'origine ou au contraire l'antidote aux brûlants questionnements d'hier et d'aujourd'hui.

D. POIREL (p. 15-37), brosse ainsi une vaste histoire de *phusis* et *natura*, chez les Grecs, puis chez les Latins, notant que Salluste, par exemple, affirme aussi la primauté de l'homme. Reconnaissant que Dieu Lui-même est une nature, le christianisme déploie une triade : Dieu ; la nature ou la création ; et l'homme, qui est une partie de la création. Si la nature-création est au service de l'homme, qui en est l'intendant, l'homme est lui-même au service de Dieu, à qui il rend compte. Pour Poirel, l'exploitation, voire la haine de la nature n'apparaissent que bien après le Moyen Âge, quand Dieu disparaît avec la triade, laissant l'homme seul face à la nature. – F. DUCEPPE-LAMARRE (p. 39-55) confirme par l'archéologie du paysage que les médiévaux n'ont pas maltraité les sites qu'ils ont occcupés et qu'ils leur sont la plupart du temps restés transparents, même lorsqu'ils pratiquaient des activités commerciales. – A. MONTOUX (p. 57-77) nous conduit plus avant dans le domaine gréco-latin, chez Jean Scot Érigène, influencé par Maxime le Confesseur. Il montre sous un angle original la doctrine érigénienne de la nature : nature avant tout divine, s'étant répandue jusque dans l'Incarnation, dans « l'engraissement du Verbe », qui est l'assomption par Dieu du monde de la chair, de ce que Montoux appelle avec R. Guardini le monde des objets et des artefacts. L'Incarnation fonderait ainsi une forme de sacralisation du monde des objets par la nature divine. Elle est aussi pensée comme une épiphanie, comme le dévoilement d'une nature divine qui se fait surface, comme l'apparition de l'invisible dans ce qui n'est pas lui. Penseur de la nature, Érigène déploie la transparence de l'unique nature divine dans la totalité du monde.

1. Ainsi, les divers colloques de la Société Internationale pour l'Étude de la Philosophie Médiévale : *La natura secondo i pensatori medioevali*, La Mendola (Bolzano), 31 août – 5 septembre 1964 ; *L'homme et son univers au Moyen Âge*, Louvain-la-Neuve et Leuven, 30 août – 4 septembre 1982 ; *Homo – Natura – Mundus : Human Beings and their Relationships*, Porto Alegre, 24-28 juillet 2017. Citons ici, parmi de nombreux autres, les ouvrages fondateurs de M.-D. CHENU, *La théologie au douzième siècle*, Paris, Vrin, 1976 (1957[1]) (Études de philosophie médiévale, 45) ; T. GREGORY, Anima Mundi : *La Filosofia di Guglielmo di Conches e la Scuola di Chartres*, Firenze, G. C. Sansoni, 1955. Et plus récemment, le livre de S. A. EPSTEIN, *The Medieval Discovery of Nature*, New York, Cambridge University Press, 2012.

L'influence de la pensée érigénienne est reconnue par plusieurs autres contributeurs au volume, dont I. Caiazzo, J.-Y. Tilliette et L. Solignac, qui proposent à eux trois une significative mise à jour de l'histoire de l'idée de nature aux XIIe et XIIIe siècles. – Dans une contribution érudite, I. CAIAZZO (p. 79-95) établit comment s'est développée l'idée de nature, avant la crue de l'aristotélisme, à partir de doctrines antiques, tel le feu artisan des Stoïciens. Le *De natura deorum* de Cicéron et le *De Genesi ad litteram* d'Augustin sont en particulier ici reconnus comme sources du concept biologique nouveau par lequel l'école de Chartres décrit la nature : « ce par quoi le semblable donne naissance au semblable ». La nature, conçue comme causalité naturelle, est ainsi désormais ce qui assure la propagation et la conservation des différentes espèces. – Non moins érudit, J.-Y. TILLIETTE (p. 97-117) décrit quant à lui les attributs et les fonctions du personnage (ou, peut-on dire aussi, de la théophanie) de Nature dans les textes littéraires contemporains des ouvrages philosophiques examinés par I. Caiazzo. Loin d'être une déesse, Nature, qui est décrite par les poètes comme la plus belle des femmes, est une allégorie et revêt, selon Tilliette, trois fonctions : aider à la Création, protéger Dieu de l'accusation d'être à l'origine du mal et assigner à l'homme des limites. Sa personnification, à l'imitation de la Philosophie de la *Consolation* de Boèce, est, au XIIe siècle, un fait absolument nouveau dans l'histoire de la littérature. – L. SOLIGNAC (p. 161-187), dont la riche contribution porte avant tout sur le XIIIe siècle, aristotélicien et universitaire, cite pourtant une source centrale qui, elle, remonte au XIIe siècle : Pierre Lombard, qui affirme que l'homme a été créé le sixième jour après toutes choses, « comme maître et possesseur »[1]. Cette expression, reprise dans le *Discours de la Méthode* par Descartes qui y ajoute le complément « de la nature »[2], est au cœur des débats concernant l'influence de la *Genèse* sur l'exploitation capitalistique de la nature en Occident. Contre toute attente, cette formule apparaîtrait non en milieu péripatéticien universitaire, mais dans la sphère des écoles parisiennes du XIIe siècle, sous la plume d'un évêque patristicien. Bornons-nous ici à noter que l'expression du

1. PIERRE LOMBARD, *Sententiae in IV libris* distinctae, lib. II, d. 15, chap. 5, n. 1, éd. BRADY, t. I/2, p. XX : « Omnibus autem creatis atque dispositis, novissime factus est homo, tanquam dominus et possessor ; qui et omnibus praeferendus erat. »

2. RENÉ DESCARTES, *Discours de la Méthode*, éd. C. Adam – P. Tannery, Paris, Vrin, 1996, t. VI, p. 62 ; *Specimina philosophiae*, t. VI, p. 56 (574) : « velut dominos et possessores naturae efficere ».

Lombard, présente aussi chez Abélard vers 1130[1], qualifie la relation d'Adam avec le reste du créé au Paradis, avant la chute, et qu'elle n'a donc pas vocation à décrire les relations actuelles entre l'homme et la nature[2]. Il semble donc difficile de s'appuyer sur ses occurrences médiévales, rares, quoique très diffusées avec le recueil des *Sentences*, pour en déduire la thèse d'une espèce humaine, propriétaire et seigneur de la nature ici-bas. Sans que l'on puisse jamais aboutir à la constitution de la nature comme « objet », L. Solignac montre toutefois que l'affirmation du Lombard a servi à asseoir l'idée que l'homme est la fin

1. *Sententie magistri Petri Abaelardi* (ca a. 1130), *Sententia* 174, éd. D. Luscombe, Turnhout, Brepols, 2006 (Corpus Christianorum Continuatio Mediaevalis, 14), p. 90 : « Vnde et propter eum mundum fecit et omnia que sunt in ornatu mundi, et eum quasi dominum et possessorem in medio locauit, ei que angelos in ministerium deputauit. Qui cum peccaret a domino suo per peccatum separatus est. »

2. Voir aussi la frappante description, par Jean Scot Eriugène, de ce que serait le gouvernement de la nature par l'homme, s'il n'avait pas péché, citée par A. MONTOUX, *infra*, p. 66, n. 1. IOHANNIS SCOTTI SEU ERIVGENAE, *Periphyseon*, éd. É. JEAUNEAU, Turnhout, Brepols, 1996-2003 (Corpus Christianorum Continuatio Mediaevalis, 161-165), t. IV, p. 782 C : « Non enim homo, si non peccaret, inter partes mundi administraretur, sed eius uniuersitatem omnino sibi subditam administraret, nec corporeis his sensibus mortalis corporis ad illum regendum uteretur, uerum sine ullo sensibili motu, uel locali uel temporali, solo rationabili contuitu naturalium et interiorum eius causarum, facillimo rectae uoluntatis usu, secundum leges diuinas aeternaliter ac sine errore gubernaret, siue in administratione uniuersitatis. » Les syntagmes *administrare/administratio, universitas sibi subdita, regere, gubernare* expriment dans ce texte la relation de l'homme pré-lapsaire avec la nature vue comme un tout, une *universitas*. L'homme n'est pas, dans cet état définitivement perdu, administré lui-même comme une partie de la nature, il la gouverne, la régit, elle lui est soumise. Il n'a nul besoin de percevoir un mouvement sensible, local ou temporel, nul besoin de se servir de ses sens corporels : il suffirait à un tel homme pré-lapsaire de se référer à la totalité du monde par « une intuition rationnelle des êtres naturels et des causes intérieures (du mouvement), en faisant très facilement usage de sa droite volonté ». Ce gouvernement adamique de la nature, éternel et sans erreur, serait cependant lui-même soumis aux lois divines (*secundum leges divinas*). On le voit, ce schème idéalisé du rapport homme-nature, qui a dû exercer une forte attraction, en particulier sur des esprits scientifiques, est dans son cadre d'énonciation doublement éloigné de l'exploitation éhontée des ressources naturelles dénoncée par L. White comme une conséquence de la mentalité biblique : d'une part, il s'agit d'un état pré-lapsaire dont l'humanité s'est définitivement éloignée; d'autre part, même dans cet état hors d'atteinte, le gouvernement total et *a priori* de l'homme sur la nature se faisait ou se serait fait suivant les lois de Dieu. On n'insistera donc jamais assez sur le fait que ce schème suppose comme sa condition *sine qua non* l'entière soumission de l'homme à Dieu, qui seule lui permet de jouir d'un usage de ses facultés adapté à un tel gouvernement. Dieu ne confie à l'homme l'accès à toute sa création que si celui-ci lui est subordonné. Sans quoi, et c'est ce qui se produit depuis le péché, l'homme n'administre pas, mais se trouve lui-même administré comme une partie du monde.

de la nature, dans une sorte de finalisme extrinsèque, malgré les protestations, semble-t-il isolées, de Bonaventure.

Car pour Bonaventure, c'est bien Dieu, qui est la fin du créé. Comme pour François d'Assise lui-même. – J. DALARUN (p. 137-160) décrit, à partir des sources les plus anciennes, comment le *Poverello*, devenu depuis patron de l'écologie, voit dans toute créature la louange même de Dieu. Allant à rebours d'idées préconçues, corrigeant les traductions, Dalarun nous introduit dans l'étrange actualité de la pensée du saint : gouvernance de la Terre (« notre mère Terre nous gouverne »[1]) ; transparence du créé (« Il exulte en toutes les œuvres des mains du Seigneur et, à travers d'agréables spectacles, il considère la raison vivifiante et la cause. Il reconnaît dans ce qui est beau la Beauté suprême »[2]) ; fraternité-sororité de toutes les créatures ; humble acceptation de l'animalité humaine donc, aussi, du régime omnivore... François ne laisse pas de surprendre, surtout quand on apprend que le mot *nature* est absent de son œuvre.

La grâce, aussi, se présente au rendez-vous de la nature, *humaine* cette fois, dans l'œuvre de Thomas d'Aquin. – P. ROSZAK (p. 189-209) reprend ici avec efficacité la question du surnaturel magistralement posée en 1946 par Henri de Lubac[3], ainsi que les savants débats qui ont suivi. Même constat : Thomas évite de réifier la grâce, d'en faire une dimension nouvelle de la réalité. La vie spirituelle ne consiste pas à s'évader de la nature mais à la rendre transparente à la grâce. Car la grâce luit accidentellement au contact de la nature, lui donnant d'atteindre ce à quoi elle aspire sans pouvoir y parvenir seule. – E. PETIT (p. 211-221) montre ce même esprit à l'œuvre dans le domaine juridique où, pour le bien des personnes, le droit peut outrepasser la nature, comme lorsqu'il répute légitimes, par effet du mariage de leurs parents, des enfants conçus avant celui-ci. Toutefois, même dans ces cas de fictions, la nature sert de guide à l'art juridique. Car on ne peut ficeler une fiction juridique, « là où Nature ne s'ajuste pas. » La grâce, ni la nature, ne s'adaptent à tous les scénarios. Loin donc de s'en affirmer comme les seigneurs et les propriétaires, les juristes médiévaux, même

1. FRANÇOIS D'ASSISE, *Cantique de frère soleil*, ut. cit. *infra*, p. 141
2. THOMAS DE CELANO, *Memoriale*, ut. cit. *infra*, p. 150.
3. H. DE LUBAC, *Surnaturel. Études historiques*, Paris, Aubier, 1946.

quand ils élargissent pour le bien des personnes les conditions de Nature, s'en proclament eux-mêmes les disciples.

Sous un autre angle, P. BERMON (p. 223-243) se demande comment les médiévaux ont imaginé la disparition de la nature, l'extinction des espèces animales et la fin de la biodiversité (*multiformitas*), en des scénarios qui ne sont pas sans rappeler les actuelles inquiétudes pour la biosphère. Pour les médiévaux, les catastrophes finales ne sont toutefois pas la fin de tout, car les humains y survivent corps et âme, ainsi que les quatre éléments et ce que Brunetto Latini appelle vers 1280, l'« environemenz », c'est-à-dire les astres et les cieux, dont le firmament, où réside la nature divine. Les médiévaux n'ont pas pensé que la fin de la biosphère, de ce que nous appelons la nature (et qu'Hugues de Saint-Victor appelle l'œuvre de nature), signifiait la fin du monde. Ils l'ont plutôt considérée comme le signal du Jugement, c'est-à-dire comme le moment où l'humanité, parmi les natures incorruptibles, serait introduite en présence de la divinité. Si la biosphère, ce que nous appelons la nature, animale et végétale, apparaît bien dans ce cas plus fragile et périssable que la nature humaine, les médiévaux n'attribuent pas sa disparition en-dehors de l'homme à l'activité humaine, mais à un déluge de feu, à un réchauffement global, initié par Dieu Lui-même, à une date que nul ne peut prévoir au terme de l'histoire. L'idée d'un épuisement progressif irréversible des ressources naturelles ne les effleure pas, malgré les expériences réelles qu'ils font des disettes, et de l'épuisement cyclique des terres.

C. COULANGEON (p. 245-260) clôt le volume avec une étude richement illustrée sur le naturalisme dans l'art au XIIIe siècle, à Paris et à Reims. En rupture avec les anciens modèles stylisés, les chapiteaux s'ornent soudain de multiples essences peuplant les forêts et les bois franciliens, de fruits, d'oiseaux, parfois même de visages. Les artistes ont délaissé les modèles stylisés pour l'observation directe, et cela se voit aussi dans la façon de rendre le corps humain. Magnifique témoignage d'un amour occidental de la nature, ces sculptures sont le signe d'une évolution du rapport de l'artiste à la nature, qui est vue comme « le miroir de la création divine, qu'il convient de célébrer pour glorifier l'œuvre de Dieu ».

Nous avons gardé pour la fin de cette introduction la communication d'A. Sordillo, pourtant placée au cœur du volume, parmi celles qui traitent du XIIe siècle. Car elle nous ramène là où nous avons commencé, à la comparaison Orient-Occident. Mêlant philosophie médiévale et écosophie contemporaine, A. SORDILLO (p. 119-136) rappelle en effet ce que la « sagesse de la Terre » développée par Raimon Panikkar doit à la pensée d'Hugues et de Richard de Saint-Victor. Il explicite notamment la doctrine victorine du *triplex oculus*, de l'œil unique mais triple, de la chair, de la raison et de la contemplation, dont la triple action permet à l'homme d'entrer en contact avec la réalité, de la lire, de l'interpréter. Il s'agit d'une image qui fait écho, écrit Sordillo, à la mystique orientale, rappelant le troisième œil de la tradition hindoue et bouddhiste. Les chanoines de l'abbaye de Saint-Victor à Paris ont en effet cru, au XIIe siècle, que l'être humain pouvait atteindre une expérience totalisante d'union entre l'homme, Dieu et la nature, qui correspond à ce que Pannikar appelle l'« expérience cosmothéandrique ».

Pascale BERMON

LE MOT DE « NATURE » ET SON HISTOIRE

Dominique Poirel

Depuis les étés torrides que nous connaissons, la nature est d'actualité. Impossible de ne pas avoir en tête la thèse de Lynn White en 1966, selon laquelle « les racines historiques de notre crise écologique » seraient à chercher dans la pensée chrétienne au Moyen Âge [1]. Mais cette question n'épuise pas la richesse du sujet. En introduction à nos échanges, j'aimerais entrer dans le sujet commun avec les outils de la lexicologie. Que veut dire le mot « nature » ? Sous les mots « nature » ou *natura*, comprenons-nous la même chose que les auteurs médiévaux ? Entre eux et nous, y a-t-il eu des évolutions, des distorsions ? Si oui, comment les prendre en compte pour ne pas projeter nos catégories d'aujourd'hui sur les textes d'autrefois ?

Ouvrons les dictionnaires récents de la langue française au mot « nature ». Dans le *Trésor de la langue française informatisé*, on lit : « Ensemble de la réalité matérielle considérée comme indépendante de

1. L. T. White Jr, « The Historical Roots of Our Ecologic Crisis », *Science*, t. 155, n° 3767, 10 mars 1967, p. 1203-1207. L'article résulte d'une conférence prononcée le 26 décembre 1966 à Washington, devant l'American Association for the Advancement of Science. Sur la réception des thèses de White, voir J. Arnould, « Les racines historiques de notre crise écologique, lettre ouverte à Lynn White et à ceux qui s'en réclament », *Pardès*, t. 39/2, 2005, p. 211-219 ; J. Grinevald, « La thèse de Lynn White jr sur les racines historiques, culturelles et religieuses de la crise écologique de la civilisation industrielle moderne », in *Crise écologique, crise des valeurs ? Défis pour l'anthropologie et la spiritualité*, éd. P. Roch – D. Bourg, Genève, Labor et Fides, 2010, p. 56-68 ; C. Monnot, *Les racines de la crise écologique : de Lynn White à Pape François. Églises et écologie. La révolution à reculons*, Genève, Labor et Fides, 2020.

l'activité et de l'histoire humaines »[1] (sens I). Dans le *Dictionnaire de l'Académie française*, neuvième et dernière version : « Ce qui, dans la réalité, apparaît comme donné, comme indépendant de la volonté ou de l'action humaines »[2] (sens I). Dans le Dictionnaire Robert : « Tout ce qui existe dans l'univers hors de l'être humain et de son action »[3] (sens II, 2). Dans le *Dictionnaire Larousse* : « Ensemble des principes, des forces, en particulier de la vie, par opposition à l'action de l'homme : *Elle faisait plus confiance à la nature qu'aux médecins* » (sens 3) ; ou encore : « Ensemble de ce qui, dans le monde physique, n'apparaît pas comme (trop) transformé par l'homme (en particulier par opposition à la ville) : *Partir en vacances en pleine nature* »[4] (sens 4).

Certes, ces définitions ne couvrent pas tous les sens du mot. À côté d'elles, d'autres estompent l'opposition entre la nature et l'homme. Ainsi parle-t-on couramment d'une « force de la nature » ou d'une « petite nature », pour parler de femmes ou d'hommes remarquables par la robustesse ou la faiblesse de leur constitution. C'est encore de femmes et d'hommes qu'il s'agit quand on évoque « l'état de nature », par contraste avec la vie en société. Enfin, l'expression de « nature humaine » est fréquente pour désigner tout ce qui, dans l'homme, s'oppose ou résiste à la culture et à la civilisation. Mais justement, ce qu'ont en commun toutes les significations modernes du mot, c'est de se fonder sur un clivage. Toujours, qui dit « nature » dit opposition à autre chose – art, travail, société, culture ou civilisation – tenu pour un stade plus avancé d'humanisation.

Il faut donc s'interroger : quand ce contraste entre la nature et l'homme est-il apparu ? Quel rôle ont joué dans son surgissement les dix siècles du Moyen Âge ? Trouve-t-on trace alors d'une division en deux de la réalité, l'homme d'un côté, la nature de l'autre ? Ce me semble être une condition pour que se vérifie la thèse de Lynn White des racines chrétiennes et médiévales d'une exploitation méthodique de la nature par l'homme.

1. Voir en ligne : http://stella.atilf.fr/Dendien/scripts/tlfiv5/visusel.exe?14;s=1453942425;r=1;nat=;sol=5;.

2. *Dictionnaire de l'Académie française*, Paris, Imprimerie nationale, 1992[9], désormais en ligne, complète à ce jour pour les mots de A à Sommairement : https://www.dictionnaire-academie.fr/.

3. En ligne : https://dictionnaire.lerobert.com/definition/nature.

4. En ligne : https://www.larousse.fr/dictionnaires/francais/nature/53894.

AUX ORIGINES DU MOT *NATURA*

Puisqu'il s'agit de déceler des inflexions médiévales par rapport à ce qui précède ou suit, commençons l'histoire du mot *natura* par ses origines antiques. Dans les dictionnaires de latin classique, on trouve le plus souvent ces cinq sens principaux du mot *natura* : 1) la naissance ; 2) l'état natif et constitutif d'une réalité ; 3) le naturel, tempérament, caractère d'un homme ; 4) l'ordre qui régit l'univers ; 5) l'univers lui-même comme ensemble des réalités physiques ; à quoi l'on peut ajouter, par euphémisme à partir du sens 1), les organes masculins ou féminins de la reproduction [1]. Cependant, pour comprendre comment ces significations dérivent les unes des autres, il faut revenir à l'étymologie. Le nom *natura* vient en effet du verbe *nascor*, au supin *natum*, qui veut dire « naître », « venir au monde » [2]. De soi, cette idée de naissance n'entraîne aucune différence entre les hommes d'un côté, le reste de l'univers de l'autre : les hommes naissent tout autant que les animaux et les plantes.

S'il fallait déceler une césure, ce serait plutôt entre le monde des vivants, hommes compris, et le reste du monde, choses inanimées ou immatérielles. Mais cette distinction ne résiste pas à l'analyse, car très tôt les mots *nascor* et *natura* se prêtent généreusement à des sens larges, en sorte qu'on dit « naître » des questions et des conclusions aussi bien que des légumes ou des veaux [3] et qu'on parle sans difficulté de la « nature »

1. F. GAFFIOT, *Dictionnaire illustré latin français*, Paris, Hachette, 1934, p. 1014, nombreuses rééditions, en part. : P. FLOBERT, *Le grand Gaffiot, dictionnaire latin-français*, Paris, Hachette, 2000 ; ou celle dite *Gaffiot 2016* de V. M. KOMAROV, nouvelle édition revue et augmentée, dir. G. GRÉCO – M. DE WILDE – B. MARÉCHAL – K. ÔKUBO, en ligne : http://gerardgreco.free.fr/IMG/pdf/Gaffiot_2016_-_komarov.pdf. Voir aussi E. BENOÎT – H. GOELZER, *Nouveau dictionnaire latin-français*, Paris, Garnier, 1893, nombreuses rééditions ; *Thesaurus linguae Latinae*, éd. Internationale Thesaurus-Kommission, t. IX, 1 : *n-navalis*, München, Bayerische Akademie der Wissenschaften, 2011, col. 156-189.

2. Voir A. ERNOUT – A. MEILLET, *Dictionnaire étymologique de la langue latine. Histoire des mots*, Paris, Klincksieck, 1967^4, p. 420-430.

3. CICÉRON, *Topica*, 57, « Ex eis modis conclusiones innumerabiles nascuntur, in quo est tota fere διαλεκτική » ; *De legibus*, XX, 51 : « His propositis quaestiunculae multae nascuntur, quas qui non intellegat, si ad caput referat, per se ipse facile perspiciat. »

des planètes[1], des dieux[2] ou des sons[3]. Rien de ce qui est n'est sans nature[4].

Si l'on veut un clivage, il faut plutôt le chercher entre l'état natif d'une chose et ce qui advient ensuite : accidents, maladies, corruptions. Peu sensible à la notion de progrès, la pensée antique tient pour bon ce qui se conforme à la nature d'une chose, et pour vicieux ce qui s'en écarte. C'est pourquoi, chez les Anciens et en particulier les stoïciens, « vivre selon la nature est le bien suprême » : santé du corps et sagesse de l'âme[5]. On est donc à rebours des cadres de pensée modernes qui voient dans la culture et la civilisation un écart progressif et progressiste par rapport à un état de nature primitif. Mais essayons de remonter un peu plus loin encore dans le temps. Malgré les apparences, *natura*, par l'intermédiaire du verbe *nascor* (*gnascor* à l'origine) remonte à la racine indo-européenne *ǵenh₁* qui signifie la génération, témoin le verbe *generare*.

1. À partir de là, une première lignée de mots concerne les relations de parenté. Il y a ce qui est engendré : γονή en grec, la naissance, la descendance, le petit, l'enfant ; *Kind* en allemand, l'enfant ; ou encore *germen* en latin, pour *gen-men**, le bourgeon, le germe. Il y a aussi ceux qui engendrent : *genitor* et *genitrix* en latin, le père et la mère ; γονεύς en grec, les parents, ou γενέτωρ et γεννήτωρ, le géniteur ou l'ancêtre ; γόνιμος, ce qui est apte à engendrer ou à l'inverse ἄγονος ce qui est stérile. Il y a aussi celui avec qui l'on est engendré : γνωτός en grec, apparenté, *germanus* en latin, pour *gen-manus*, le frère, d'où le cousin germain, d'où peut-être ces *Germani* vivant sur l'Allemagne actuelle et que les Gaulois (ou César ?) tenaient, semble-t-il, pour des peuples frères[6].

1. PLINE L'ANCIEN, *Naturalis historiae*, livre I, chap. 6 : « De siderum errantium natura ».

2. CICÉRON, *De natura deorum*.

3. CICÉRON, *Tusculanae disputationes*, I, 25 : « Nam et auribus oblectatio magna parta est inventa et temperata varietate et natura sonorum […] ».

4. « Il n'est pas en latin de terme qui soit susceptible d'une acception plus large que *natura*, puisque, par *natura*, on peut désigner l'ensemble de tout ce qui existe et même… tout ce qui est possible », A. PELLICER, *Natura. Étude sémantique et historique du mot latin*, Paris, P.U.F., 1966, p. 242.

5. « Cum enim superiores, e quibus planissime Polemo, secundum naturam vivere summum bonum esse dixissent […] », CICÉRON, *De finibus*, IV, 6.

6. Ou plus authentiques ? Sur les difficultés nombreuses que soulève l'appellation de *Germani* depuis la *Guerre des Gaules* de César, voir C. GOUDINEAU, *César et la Gaule*,

2. Que s'élargisse le cercle familial, on passe à la tribu, à la nation : *gens* et *natio* en latin, γένος en grec, *kuni* en gothique, *knot* en vieil haut allemand ; ou encore, par extension, au genre : *genus* en latin, γένος en grec, *kind* en anglais, c'est-à-dire à une classe rassemblant des objets apparentés ou de même nature, *akin* en anglais. Ainsi parvient-on à l'idée d'une collection de choses, vivantes ou non, qui constituent un « genre », de *genus*, *generis*, parce qu'elles sont de même « nature ». L'idée antique de *natura* suppose au fond que l'univers s'ordonne, se répartisse en familles de choses, les choses d'une même famille ayant en commun une même nature stable[1].

3. Ce qu'on reçoit à la naissance est bon : d'où la recommandation de vivre selon la nature. Divers mots, issus de notre racine *ǵenh₁*, insistent sur la valeur de cet état natif. L'adjectif *generosus* en latin, γενναίος ou εὐγενής en grec, qualifie ce qui est de bonne naissance, noble socialement et moralement : les deux sont censés aller ensemble[2]. Ou encore, l'adjectif *ingenuus* insiste sur ce qui est inné, natif et donc franc aux deux sens du mot, libre donc sincère, sans servitude donc sans duplicité : l'un suppose l'autre. Être « bien né », c'est une condition (la liberté) aussi bien qu'une vertu (la franchise). C'est rejeter ce qui frelate ou asservit, c'est rester fidèle à sa nature[3]. Parmi les qualités reçues à la naissance, la langue latine en développe une, l'*ingenium*, l'intelligence naturelle, qui doit ensuite se développer par l'instruction ; car la *natura* ne s'oppose nullement à l'éducation, mais celle-ci, comme l'indique le mot *eruditio*, la « dégrossit » pour qu'elle s'épanouisse. De là, dans les langues modernes, toute une série de mots comme « ingénieux », « ingénieur », « engin », qui à l'époque moderne, par une spécialisation fort éloquente,

Paris, Seuil, 2000 (Points) ; ID., *Par Toutatis ! Que reste-t-il de la Gaule*, Paris, Seuil, 2002 (L'avenir du passé) ; J.-L. BRUNAUX, *Les Gaulois*, Paris, Belles Lettres, 2005 ; L. DEROY – M. MULON, *Dictionnaire de noms de lieux*, Paris, Robert, 1992, p. 194.

1. A. PELLICER, *Natura. Étude sémantique et historique du mot latin*, Paris, P.U.F., 1966.

2. C. COULET, « Noblesse et mérite dans Hérodote », *KTEMA*, t. 20, 1995, p. 105-113 ; C. LANDRÉA, « Le sang des patriciens : la fabrique de l'excellence nobiliaire à Rome », in *L'Antiquité écarlate. Le sang des Anciens*, éd. L. BODIOU – V. MEHL, Rennes, Presses Universitaires de Rennes, 2017, p. 183-193.

3. J. de ROMILLY, *La Grèce antique à la découverte de la liberté*, Paris, Éditions de Fallois, 1989 ; Encore au XVIIe siècle, voir C. GRIFFEJOEN-CAVATORTA, *Noblesse et franchise. La valeur de liberté dans les écrits des aristocrates au Grand Siècle*, Paris, Classiques Garnier, 2017 (Correspondances et mémoires).

orientent peu à peu l'*ingenium* latin vers une compétence non plus intellectuelle mais technique[1].

4. Une dernière nuance de la racine *genh₁* se révèle à travers la palette de sens de γίγνομαι, cousin grec de *nascor*, qui signifie naître, devenir, advenir, être. Ces sens font comprendre en quoi *natura* signifie l'être propre d'une chose. L'idée germinative de naissance et de croissance semblait assez universelle pour former le socle linguistique d'une sorte d'ontologie concrète : engendrer et croître, c'est pour les Anciens un paradigme pour penser l'existence. On comprend alors comment, de l'idée de naissance, le mot latin *natura* glissa peu à peu vers celle plus abstraite de « nature » au sens d'« essence ». Puisque naître, c'est venir à l'être, la nature d'une chose c'est ce qui la fait être ce qu'elle est ; c'est sa manière d'exister, son essence. Naître ou croître c'est, pour toutes les réalités qui composent le monde, avoir part à une sorte de mouvement vital universel, mais qui se ramifie en natures diverses[2].

Notons en passant que φύσις, équivalent grec de *natura*, présente à peu près la même palette de sens. Comme *natura* vient de *nascor*, φύσις vient de φύω, φύομαι, qui renferme l'idée de naissance et de croissance, puis celle d'un état natif et originel, puis celle d'espèce ou de catégorie, enfin celle d'essence. C'est encore plus net si l'on observe les traces inattendues en latin de la racine indo-européenne *bhū*, qui a donné φύω et φύσις en grec : cette racine fournit le radical *bu* de *probus*, c'est-à-dire ce qui pousse droit ; ou de *superbus*, ce qui se tient au-dessus. C'est encore à elle qu'on doit peut-être ce verbe *futuere* qui, par croisement avec **futare* (frapper), exprime de la façon la plus crue l'acte même de la génération ; en tous cas, le radical *fi* du verbe *fieri*, devenir, advenir ; et le radical *fu* de *fuit* et *futurus*, formes complémentaires du verbe *esse*[3].

1. De même, le *genius*, cette divinité secondaire qui s'attache à chaque personne dès sa naissance, en vient au fil du temps à désigner le caractère propre d'une personne, d'un peuple, d'un siècle, d'une langue (le « génie de la langue française »), avant de prendre au XIXe siècle le sens moderne de « génie », par valorisation romantique de l'individualité.

2 Voir F. KARFÍK, « L'âme du monde : Platon, Anaxagore, Empédocle », *Études platoniciennes*, t. 11, 2014 : *Dossier Platon et la psychè*, en ligne https://doi.org/10.4000/etudesplatoniciennes. 572 Au Moyen Âge, voir T. GREGORY, Anima mundi. *La filosofia di Guglielmo di Conches e la Scuola di Chartres*, Firenze, Sansoni, 1955 (Pubblicazioni dell'Istituto di filosofia dell'Università di Roma, 3).

3 P. CHANTRAINE, *Dictionnaire étymologique de la langue grecque. Histoire des mots*, Paris, Klincksieck, 1968-1980, 4 t., t. IV, 1980, p. 1233-1235 ; voir « fuam, fui » dans ERNOUT – MEILLET, *Dictionnaire étymologique de la langue latine*, p. 257-258. Voir aussi G. NADDAF, *L'origine et l'évolution du concept grec de* Phusis, Lewiston – Queenston –

Dans la pensée des Anciens, encore une fois, l'idée de génération et de naissance glisse comme d'elle-même vers celles de devenir et d'être. Rien d'étonnant donc si la racine *bhū* se retrouve dans d'autres langues indo-européennes pour traduire le verbe être : *ich bin* en allemand, *to be* en anglais, *byti* en vieux slave ; ou encore, si elle donne lieu à des suffixes ou infixes verbaux, *-ba-*, *-bi-*, *-bo*, sortes d'auxiliaires intégrés au verbe, dont le latin s'est servi pour former des imparfaits et des futurs. Être, dans cette ontologie archaïque et concrète, c'est naître ou faire naître, c'est croître et se mouvoir selon sa nature originelle, à l'intérieur d'un univers différencié mais harmonieux, où chaque chose tient sa place, suivant son être ou sa nature propre.

Génération, classement du réel en genres, noblesse de ce qui conserve ses qualités natives, essence ou façon d'être particulière : toutes ces idées, associées aux dérivés de la racine *ǵenh$_1$*, sont autant de facettes qui éclairent le sens du mot *natura*. « *Le* sens », dis-je, car toutes les notions recensées jusqu'ici se ramènent à l'idée d'un principe actif, d'une persévérance dans l'être propre, que l'on peut considérer soit au niveau cosmique, soit dans chaque être ou ensemble d'êtres particulier. C'est ce qui apparaît plus nettement encore si nous prenons en compte une partie du mot *natura* dont nous n'avons pas encore parlé, son suffixe *-ura*. Ce suffixe s'ajoute en effet au radical *nat-* pour exprimer l'idée d'une action, comme du reste le suffixe *-sis* de *phusis*. De même que *caelatura* est l'acte de ciseler, *capillatura* celui d'arranger les cheveux, *fictura* celui de façonner un objet, *pressura* celui d'exercer une pression, et ainsi de suite, de même le substantif *natura* signifie moins un état stable, acquis une fois pour toutes, qu'un dynamisme toujours à l'œuvre pour engendrer, conserver ou restaurer ce qui a été reçu à la naissance. La *natura* des Anciens, c'est moins un ensemble de propriétés qu'une vigueur native.

De là vient que, pour signifier la nature en général, le latin dise : *rerum natura*[1]. Pour qui se soucie de traduire plutôt que de comprendre, la précision *rerum* semble parfaitement inutile : pourquoi dire la « nature *des choses* » quand il suffirait de dire la « nature » ? Mais justement, ce génitif *rerum* est si peu superflu qu'au fond c'est lui, bien plus que *natura*, qui correspond à ce que nous avons en tête quand nous

Lampeter, The Edwin Mellen Press, 1992, qui rend compte ainsi du sens du mot en grec ancien : il signifie « l'origine, le processus et le résultat, bref la croissance d'une chose dans son ensemble, de sa naissance (ou de son commencement) jusqu'à sa maturité », p. 61.

1. Comme bien sûr dans le titre du poème de Lucrèce : *De rerum natura*.

disons « nature ». Le « monde » autour de nous, pour un latin, ce sont des *res*, des choses au pluriel, dont il est n'est pas facile de faire le tour ni l'unité. Toutefois, ces choses ne nous sont pas livrées dépareillées et désorganisées, elles ont un cours, un élan, un mouvement, bref une *natura*, dynamique de génération et de croissance qui se diversifie selon les genres et les espèces, mais fait vivre ensemble et tourner en bon ordre l'universalité des choses. Dire *rerum natura*, ce n'est donc pas dire « la nature » et ajouter « des choses » pour faire bonne mesure, c'est viser ce qui anime les choses, un peu comme lorsqu'on dit *cursus rerum* ou *rerum ordo*. Moins une collection d'objets qu'une dynamique universelle.

Disparates en apparence, en réalité complémentaires, tous les sens du mot *natura* se rejoignent pour dire un principe de mouvement natif et harmonieux, particulier et universel : propre à chaque être, qu'il soit dieu, homme, bête, plante ou chose inanimée, il le fait persévérer dans son essence, à l'intérieur d'un grand mouvement cosmique, ordonnance stable et bonne de toutes les *naturae* dans la vaste *natura rerum*. Le même mouvement vital qui anime l'univers entier se divise et se particularise en chaque *res* pour devenir sa *natura* propre, sa manière d'être spécifique.

LE MOT *NATURA* AU MOYEN ÂGE

Pourquoi nous être attardé si longtemps sur le sens antique du mot *natura* ? Parce qu'au long du Moyen Âge, ce sens perdure. Naissance, état natif et authentique, dynamisme propre, essence des choses, prises ensemble ou séparément : toutes ces acceptions originelles traversent le Moyen Âge. Ce qui change, c'est l'adjonction, non de significations mais de doctrines nouvelles, issues de la foi chrétienne, qui colorent, spécialisent, ajustent la notion commune de nature à des contextes neufs [1].

Le sens se conserve d'une *natura rerum*, comme ordonnance de l'univers ; mais cette nature cosmique devient création. Au lieu d'être coéternelle à des divinités multiples, elle a désormais un commencement : le Dieu unique l'a tirée du néant. Elle a aussi un sommet : l'homme et la femme, sans cesser d'en faire partie, sont ses intendants. Certes, la primauté de l'homme était affirmée déjà chez les Anciens :

1. C. MOHRMANN, *Études sur le latin des chrétiens*, Roma, Edizioni di storia e letteratura, 1961-1977, 4 t.

pour justifier son travail d'historien, Salluste débute son *Catilina* en posant d'un côté « les hommes, qui s'évertuent à dominer sur les autres animaux », de l'autre les « bêtes, que la nature a façonnées penchées vers la terre et soumises à leur ventre », en sorte que les hommes s'assimilent aux dieux par l'esprit (*animus*) et aux bêtes par le corps[1]. C'est là un lieu commun dans la littérature antique, dont il n'y a pas lieu d'attribuer l'invention au christianisme. L'idée même d'une domination de l'homme sur l'animal est attestée par l'archéozoologie, qui fait remonter au néolithique la domestication d'un nombre croissant d'espèces. Ce n'est donc pas cela qui est neuf dans la Bible.

Ce qui est neuf, c'est qu'en Genèse 2, 15 l'homme soit « placé dans le jardin d'Éden pour le travailler et le garder »[2]. L'idée de domination est bien présente. Elle est même exprimée dès Genèse 1, 28, avec le commandement de croître et multiplier, de remplir et soumettre la terre et de dominer l'ensemble des animaux[3]. Toutefois, cette domination est deux fois limitée. D'abord, parce qu'en faisant l'objet d'un commandement, elle place l'homme sur un sommet relatif. Puisque Dieu commande à l'homme de dominer, l'homme domine en étant lui-même dominé. Il domine non en toute souveraineté mais par délégation, cette domination le situe comme un intermédiaire dans ce trio : 1) le créateur, 2) l'homme créé, 3) les autres créatures.

De plus, la domination de l'homme est complétée par un double précepte, de culture et de conservation, qu'il nous faut bien examiner. Le latin de la Vulgate, *ut operaretur et custodiret illum*, aussi bien que le grec des Septante, ἐργάζεσθαι αὐτὸν καὶ φυλάσσειν, rend assez bien l'hébreu לְעָבְדָהּ וּלְשָׁמְרָהּ (*le-'âvdâh ulshâmrâh*). À l'idée contenue dans le premier verbe d'un travail, d'un labeur, d'un labour, de la culture d'une terre – qui en hébreu va jusqu'à la connotation de service : le verbe עָבַד

1. « Omnis homines, qui sese student praestare ceteris animalibus, summa ope niti decet ne vitam silentio transeant veluti pecora, quae natura prona atque ventri oboedientia finxit. Sed nostra omnis vis in animo et corpore sita est : animi imperio, corporis servitio magis utimur; alterum nobis cum dis, alterum cum beluis commune est. Quo mihi rectius videtur ingeni quam virium opibus gloriam quaerere et, quoniam vita ipsa qua fruimur brevis est, memoriam nostri quam maxume longam efficere. », SALLUSTE, *La conjuration de Catilina*, I, éd. et trad. fr. A. ERNOUT, Paris, Les Belles Lettres, 1962.

2. « Tulit ergo Dominus Deus hominem et posuit eum in paradiso voluptatis ut operaretur et custodiret illum. », Gen. 2, 15.

3. « Benedixitque illis Deus et ait : "Crescite et multiplicamini, et replete terram, et subicite eam, et dominamini piscibus maris et volatilibus caeli et universis animantibus, quae moventur super terram". », Gen. 1, 28.

(*'âvad*) est de la famille de עֶבֶד (*'eved*), c'est-à-dire l'esclave – s'ajoute dans le second verbe la notion de soin, de défense, de vigilance et de sauvegarde (Gen. 2, 15). La mission de jardinier dévolue à l'homme n'implique nullement une exploitation débridée, mais au contraire un équilibre entre culture et préservation.

Un autre changement concerne les emplois du mot « nature » en régime chrétien. Certes, les Pères et les auteurs médiévaux conservent la signification du mot « nature » comme manière d'être propre à une chose ou catégorie de choses; mais ce sens ancien entre dans des discussions techniques en théologie trinitaire ou en christologie : on parle de la nature divine, soit pour désigner la substance divine, commune aux trois personnes, par contraste avec ce qu'ont de propre ces trois personnes; soit pour désigner ce que la personne du Verbe en conserve lorsqu'elle s'incarne, c'est-à-dire s'unit à une seconde nature, la nature humaine du Christ[1]. Ou encore, le sens se maintient d'une disposition primitive, reçue de la naissance et qui peut ensuite se conserver, se corrompre ou se recouvrer; et cette acception reçoit une fortune nouvelle dans les débats sur le péché originel, qui a blessé la nature humaine, et sur la grâce divine, qui la restaure et la guérit[2].

En un sens, donc, rien n'a changé. Nature créée par contraste avec le créateur, nature divine par contraste avec les trois personnes, nature divine du Christ par contraste avec la nature humaine, nature de l'homme par contraste avec la grâce ou le péché : tous ces emplois neufs respectent la signification primitive du mot *natura*, ils ne font que la spécialiser et l'adapter à des doctrines particulières, inconnues des Anciens. Néanmoins, force est de constater que des équilibres se sont modifiés. L'homme fait toujours partie de la nature, il est toujours un animal, doué d'un esprit divin et d'une raison, ce qui n'est pas si neuf; mais désormais le regard des écrivains sacrés se concentre avec prédilection sur Dieu et l'homme, en sorte qu'entre eux deux la création – non ! le reste de la création – se met en tiers.

1. Voir A. BLAISE, *Dictionnaire latin-français des auteurs chrétiens*, revu spécialement pour le vocabulaire théologique par H. CHIRAT, Turnhout, Brepols, 1954; A. BLAISE, *Manuel du latin chrétien*, Strasbourg, Le latin chrétien, 1955.

2. Voir par exemple H. de LUBAC, *Surnaturel. Études historiques*, Paris, Aubier-Montaigne, 1946; discuté depuis par A. VANNESTE, *Nature et grâce dans la théologie occidentale. Dialogue avec H. de Lubac*, Louvain, University Press – Peeters, 1996 (Bibliotheca Ephemeridum theologicarum Lovanensium, 27).

Ce qui est neuf, c'est l'apparition d'une vision ternaire de la réalité, dans laquelle la création entretient avec Dieu et l'homme tout un écheveau de relations multilatérales. Dieu a créé la nature et, dans la nature, il a créé l'homme, afin qu'il soit à la fois la partie, le sommet, la fin et l'intendant de cette nature. Créée par Dieu, don de Dieu, révélation de Dieu, la nature englobe l'homme, sustente l'homme, instruit l'homme et suit ses destinées, chutant avec lui dans la faute, avec lui se relevant à la fin des temps. L'homme, enfin, fait partie de la nature, mais la dépasse par son esprit, image de Dieu déposée par Dieu en l'homme ; soumis à la nature par le corps, il est même plus vulnérable que le reste des créatures, mais il étudie et gouverne la nature par sa raison ; surtout, en contemplant la nature, donc lui aussi en elle, il peut découvrir en elle, en soi, les vestiges d'un Dieu créateur, à la fois puissant, sage et bon.

Cette vision ternaire et complexement enchevêtrée des relations entre Dieu, la nature et l'homme, nous paraît universellement répandue chez les auteurs médiévaux, dès lors qu'ils s'efforcent de penser la relation de l'homme avec le créateur et l'univers, mais on la trouve plus fortement thématisée chez certains auteurs comme Hugues de Saint-Victor et Bonaventure[1]. Dans le *De tribus diebus* du premier, traité sur la contemplation de la création, le mot *natura* reçoit six acceptions principales, dont aucune ne fait place à quelque extériorité que ce soit de l'homme par rapport à la nature : 1) puissance végétative et germinative, commune à tous les vivants, plantes ou animaux (homme compris), et qui leur procure à chacun la naissance et la croissance[2] ; 2) élan natif d'une catégorie particulière de choses, qui fait persévérer celles-ci dans leur être propre et les retient dans leur limites, pour le bien et l'harmonie

1. L. MATHIEU, *La Trinité créatrice d'après saint Bonaventure*, Paris, Éditions franciscaines, 1992 ; D. POIREL, *Livre de la nature et débat trinitaire au XIIe siècle*, Turnhout, Brepols, 2002 (Bibliotheca Victorina, 14) ; voir aussi divers colloques de la Société Internationale pour l'Étude de la Philosophie Médiévale : *La natura secondo i pensatori medioevali*, La Mendola (Bolzano), 31 août – 5 septembre 1964 ; *L'homme et son univers au Moyen Âge*, Louvain-la-Neuve et Leuven, 30 août – 4 septembre 1982 ; *Homo – Natura – Mundus : Human Beings and their Relationship*, Porto Alegre, 24-28 juillet 2017.

2. « Quid eciam de motu *naturali* dicam ? Quis putas nascentibus cunctis incrementum tribuit, et quasi de quodam occulto *naturae* sinu in apertum germinantia educit, rursumque eadem marcentia illuc unde uenerant reuerti facit ? », HUGUES DE SAINT-VICTOR, *De tribus diebus*, éd. D. POIREL, *Hugonis de Sancto Victore opera*, t. II, Turnhout, Brepols, 2002 (Corpus Christianorum, Continuatio Mediaeualis, 177), p. 21, l. 311-314.

de l'univers entier[1]; 3) dynamique vitale à l'œuvre dans la totalité de l'univers, mais qui agit de façon différenciée dans chaque créature, en vue d'une cohésion et complémentarité de l'ensemble[2]; 4) universalité des réalités et phénomènes physiques, en tant que cette même dynamique fait d'eux un tout harmonieux : Hugues parle alors de « nature des choses » ou de « corps de la nature »[3]; 5) entité personnifiée, soit nature universelle, soit nature humaine en particulier, lorsqu'elle s'adresse à l'homme pour l'instruire de Dieu, de son existence, de son unicité, de son éternité, de la Trinité de personnes[4]; 6) nature divine, enfin, entendue comme l'une des natures particulières au sens 2, en tant qu'elle se révèle à l'homme lorsqu'il contemple son œuvre créé, l'homme compris[5].

1. « Sic enim cortex munit arbores, sic pennae et rostra uolucres, sic squamae pisces, rebusque singulis secundum competentiam *naturae* suae prouidentia creatoris munimenta instituit. », HUGUES DE SAINT-VICTOR, *De tribus diebus*, p. 13, l. 166-168 ; « Ex quo claret quam sint firma rerum uincula, cum singula quaeque condita tanto nisu *naturam* et esse suum defendant, simul uero omnia a concordia societatis sue dissolui omnino non queant. », *Ibid.*, p. 14, l. 186-190 ; « Tale unum quale alterum, et omnis *natura*, quasi cuiusdam intrinsecus dictantis preceptum acceperit, nusquam terminos suos excedere presumit. », *Ibid.*, p. 25, l. 398-400.

2. « Sic omnis *natura* se diligit, et miro quodam modo plurium dissimilium et in unum redactorum concordia unam in omnibus armoniam facit. », *Ibid.*, p. 13, l. 166-168 (il nous semble en effet qu'*omnis natura* doit se comprendre ici « chaque nature » plutôt que « toute la nature ») ; « Omnis autem *naturalis* appetitus in rebus explementum inuenit, neque aliquis est ordinatus affectus quem suus effectus consequi non possit. [...] Qua ratione ergo negamus prouidentiam, si omnis *naturalis* appetitus *naturaliter* sibi preparatam inuenit alimoniam, neque umquam omnino hoc fieri contingat ut, quod in uno *natura* appetit, in altero *natura* non habeat ? », *Ibid.*, p. 39, l. 659-661 ; p. 40, l. 684-687.

3. « Quid repugnantius esse potest aqua et igne ? Quae tamen in *rerum natura* ita Dei contemperauit prudentia, ut non solum adinuicem commune societatis uinculum non dissipent, uerum eciam nascentibus cunctis ut subsistere possint uitale nutrimentum subministrent. », *Ibid.*, p. 12-13, l. 158-163 ; « Quod uero nil inordinatum proponat, rationabilis probat euentus, qui in toto *naturae corpore* nusquam sibi contradicit. », *Ibid.*, p. 48, l. 834-836.

4. « Nostra ergo nos *natura* instruit quod creatorem habemus eternum, cui suum et proprium est quod subsistit [...] », *Ibid.*, p. 38, 636-637 ; « Nam et hoc quoque *natura* ipsa docet : unum scilicet esse rerum omnium opificem, unum esse rectorem. », *Ibid.*, p. 41, l. 693-694 ; « Consideremus ergo si adhuc amplius aliquid eadem ipsa *natura* nostra de creatore nostro nos doceat, quia fortassis non solum unum sed et trinum ostendat. », *Ibid.*, p. 51, l. 899-901 ; « O homo ! quid causaris ignorantiam tuam ? Ecce ipsa te tua *natura* arguit, ipsa conuincit », *Ibid.*, p. 59, l. 1054-1055.

5. « Sicut igitur *natura* unum sunt Pater et Filius et amor Patris et Filii, ita quoque uoluntate et amore unum non esse non possunt. », *Ibid.*, p. 57, l. 1009-1110 ; « [...] non quod ullatenus credendum sit Trinitatem, que inseparabilis est *natura*, in operatione posse

Notons que ces six acceptions sont si proches qu'il est souvent malaisé de répartir entre elles les 40 occurrences du mot. Elles ne se juxtaposent pas, comme les sens distincts d'un mot équivoque, mais se succèdent sur le mode du fondu-enchaîné, garantissant la permanence, chez notre auteur, d'une conception unitaire, puissante et stable. Notons aussi que, pour désigner ce que l'on nomme aujourd'hui la nature, l'univers extérieur, Hugues évite non seulement le mot *natura*, mais encore tout terme englobant : il préfère employer des expressions toutes simples, au pluriel comme *omnia*, *creaturae*, *visibilia*, *quae foris cernimus*, *res quaelibet*, *omnes res*, *universa*, souvent assorties d'un démonstratif comme *hae res*, *terrena ista*, *haec cuncta*, *haec temporalia*. Parfois même, évitant tout substantif, il emploie nûment un adverbe ou un complément de lieu : *foris*, *ubique*, *ubicumque*, *in omni loco*. On ne serait mieux dire qu'il n'existe pas d'entité nature, séparée de l'homme, mais seulement une puissance germinative, commune à tout ce qui existe et vit, et des choses plurielles, animées et ordonnées par cette force universelle. Le reste relève du lieu où l'on est : rien de plus conforme aux Anciens.

Ce qui est neuf chez Hugues de Saint-Victor, c'est que son *De tribus diebus* se construit selon une série de triades en résonnance les unes avec les autres, d'où le nombre trois dans le titre. Dieu a créé le monde par ses trois perfections divines : la puissance, la sagesse et la bonté [1]. Celles-ci se reflètent plus spécialement dans l'univers par ces trois traces en creux de son action : l'immensité, la beauté et l'utilité. Quoique substantielles et communes aux trois personnes, les trois perfections divines révèlent le mystère du Père, du Fils et de l'Esprit saint. Ce mystère trinitaire, enfin, se réfracte dans les trois facultés spirituelles de l'homme, la *mens*, l'intelligence et l'amour. Dieu comme substance, Dieu comme Trinité, la création tout entière, la créature humaine : tout est donc structuré par un même rythme ternaire, si bien qu'en contemplant la nature entière, autour de lui et en lui, l'homme découvre le Dieu puissant, sage et bon, reconnaît le Dieu Père, Fils et Saint-Esprit, lui rend le triple hommage de sa crainte admirative, de sa quête intellectuelle, de son amour reconnaissant. Dieu, la création, et l'homme : tous trois ne se

separari, sed ut discretio personarum in distinctione operum ualeat intelligi. », *Ibid.*, p. 69, l. 1233-1236.

1. Sur le sens de ce titre, voir POIREL, *Livre de la nature et débat trinitaire*, en particulier p. 240-260.

comprennent bien qu'ensemble, à travers les relations ternaires qui les réunissent.

Dieu, la création et l'homme : la même triade se retrouve ailleurs, par exemple dans le *Didascalicon*, au moment d'examiner et de distinguer les trois œuvres dont tout provient : l'œuvre de Dieu, l'œuvre de la nature, l'œuvre de l'artisan imitant la nature :

> L'œuvre de Dieu consiste à créer ce qui n'était pas, d'où ce verset : « Au commencement Dieu créa le ciel et la terre » [Gen. 1, 1]. L'œuvre de la nature consiste à produire en acte ce qui était caché, d'où ce verset : « Que la terre produise l'herbe verdoyante » [Gen. 1, 11], etc. L'œuvre de l'artisan consiste à assembler ce qui est disjoint et à disjoindre ce qui est assemblé, d'où ce verset : « Ils se cousirent des ceintures » [*cf.* Gen. 3, 7] [1].

Ce passage, pour une fois, n'oppose-t-il pas clairement la nature et l'homme ? En outre, le *Didascalicon* est fameux pour intégrer les arts mécaniques à la philosophie. Hugues n'est-il pas en train de théoriser l'exploitation humaine de la nature par la technique ? En réalité, si l'homme a une œuvre propre, il ne cesse pas pour autant de faire partie de la nature. Les trois œuvres ne s'opposent pas, ne se juxtaposent pas, elles sont concentriques. Dieu fait être ; à l'intérieur de ce qui est, la nature fait vivre ; enfin, créé par l'œuvre de Dieu, engendré par l'œuvre de la nature, l'homme imite dans son œuvre la nature, mais son imitation est assez pâle : sans la puissance ontologique de Dieu ni le dynamisme vital de la nature, l'œuvre de l'artisan humain imitant la nature est incapable de rien faire être ou vivre. Elle présuppose donc l'œuvre de Dieu et celle de la nature, qu'elle se contente de réarranger autrement. Les relations entre l'homme et la nature sont donc incompréhensibles hors du cadre ternaire où chaque terme : le créateur, la nature, l'homme, se définit par ses relations avec les deux autres.

C'est dans ce cadre ternaire qu'il faut interpréter l'insertion hugonienne des arts mécaniques à l'intérieur de la philosophie. Ayant affirmé, selon la tradition aristotélo-boécienne, que la philosophie comprend deux parties, théorique et pratique, Hugues ajoute – thèse

1. « Sunt etenim tria opera, id est opus Dei, opus naturae, opus artificis imitantis naturam. Opus Dei est quod non erat creare, unde illud : *In principio creauit Deus celum et terram* [Gen. 1, 1] ; opus naturae, quod latuit ad actum producere, unde illud : *Producat terra herbam uirentem* etc. [Gen. 1, 11] ; opus artificis est disgregata coniungere uel coniuncta segregare, unde illud : *Consuerunt sibi perizomata* [Gen. 3, 7] », *Didascalicon*, I, 9, éd. Ch. BUTTIMER, *Hugonis de Sancto Victore Didascalicon de studio legendi*, Washington, The Catholic University of America, 1939, p. 16, l. 7-13.

jusqu'alors inédite – une troisième partie, mécanique, de la philosophie, comprenant le tissage, la métallurgie, la navigation, l'agriculture, la chasse, la médecine et les loisirs[1]. L'explication qu'il en donne est celle-ci. La sagesse, but de la philosophie, contient toutes les actions régies par la raison[2]. Or la raison humaine ne consiste pas seulement en la recherche du vrai et la considération du juste, elle s'occupe aussi des besoins de la vie présente. Il y a donc place, dans la philosophie, pour un champ d'étude portant sur les arts mécaniques, c'est-à-dire la technique, non pour eux-mêmes, mais pour achever le tableau d'une réflexion totale sur l'homme et sa raison. La philosophie serait incomplète si elle ne prenait pas en compte, de manière conjointe et cohérente, la recherche de la vérité, la considération de la justice et la satisfaction des besoins corporels[3].

Mais attention, ne nous y trompons pas : si le *Didascalicon* insiste sur les arts mécaniques, ce n'est pas, comme l'*Encyclopédie* de Diderot et d'Alembert, pour diffuser les connaissances techniques les plus précises et les plus récentes, mais pour assigner aux arts mécaniques leur juste place dans un projet complet sur l'homme. Il ne suffit pas de les intégrer, il faut encore les articuler aux autres disciplines : à la théologie, la mathématique et la physique, disciplines théorétiques; à l'éthique, l'économie et la politique, disciplines pratiques. Ce qui distingue la sagesse selon Hugues d'une somme de connaissances, c'est cet effort de mise en réseau des savoirs, pour les structurer, les coordonner et les unifier autour d'une anthropologie chrétienne[4]. En assignant une fin légitime aux arts mécaniques, Hugues n'encourage pas les artisans à exercer leur travail à outrance, sans souci ni de Dieu ni de la nature. Au contraire il les invite à orienter leur activité vers la fin propre de toute activité humaine : suivre la raison, en n'oubliant pas que l'œuvre de l'artisan imitant la nature s'inscrit dans l'œuvre de la nature, elle-même inscrite dans l'œuvre de Dieu.

En somme, dans la signification du mot « nature », on ne voit pas de rupture entre la période antique et le Moyen Âge. Le mot continue d'avoir une signification dynamique, conforme à son étymologie. Nulle part, en outre, on ne voit poindre une séparation quelconque entre l'homme et la nature. Ce qu'apporte de neuf la conception chrétienne et

1. *Ibid.*, II, 20-27, p. 38, l. 25 à p. 44, l. 21.
2. *Ibid.*, I, 4, p. 10, l. 22 à p. 11, l. 28.
3. *Ibid.*, I, 5, p. 12, l. 1-22.
4. *Ibid.*, VI, 14, p. 130, l. 15 à p. 132, l. 3.

médiévale de la nature, c'est moins l'idée d'une domination de l'homme sur la nature que l'insertion de l'un comme de l'autre dans un ensemble complexe de relations entre trois termes : le créateur, la création, l'homme créé, où chaque terme se définit par les relations qui sont les siennes avec les deux autres. S'il ne saurait y avoir de face à face entre l'homme et la nature, c'est parce que l'homme fait partie de la nature et que tous deux, la créature humaine et la création tout entière, se réfèrent ensemble à un troisième terme qui est à la fois leur principe et leur fin.

QU'EST-CE QUI CHANGE AVEC LES TEMPS MODERNES ?

Avant de passer aux Temps Modernes, il aurait convenu de parler de la conception neuve au XIIe siècle, à Chartres, d'une nature autonome ; de la redécouverte au XIIIe siècle du corpus physique d'Aristote ; de l'intérêt plus marqué au XIVe siècle pour l'expérimentation scientifique, de la redécouverte humaniste au XVe siècle d'une nature à l'antique... Mais d'autres dans ce colloque en parleront mieux que moi. Disons simplement qu'en comparant les définitions de la nature, chez Papias, Uguccio, Jean de Gênes, en sondant les concordances informatiques, en lisant Guillaume de Conches, Thomas d'Aquin, Nicolas de Cues et quelques autres, je n'ai point observé de changement notable dans l'éventail de sens du mot *natura* : toujours on entend par là un dynamisme à l'œuvre, dans l'univers et dans chaque catégorie de créatures, voire en Dieu lui-même, qui les fait persévérer dans leur être natif.

Bien plus, la redécouverte de l'œuvre physique d'Aristote popularise sa définition de la nature comme « principe de mouvement par soi et non selon un accident »[1], selon le sens le plus originel des mots *phusis* aussi bien que *natura*. Nulle part à l'inverse je n'ai trouvé d'occurrences du mot « nature » constituant celle-ci comme un vis-à-vis de l'homme, dont il ne fasse pas partie. Comme l'écrit Michel Zink à propos des poètes :

1. En latin : « Natura est principium motus in eo quod est per se et non secundum accidens », *Physica*, II, 1, 192b21 *sq*.

> [...] si le Moyen Âge a bien imposé l'association de la nature et de l'amour, il ignore le spectacle de la nature et ne connaît que la participation à la nature[1].

Nulle part non plus je n'ai trouvé trace, sur la nature, de cette « foi en un perpétuel progrès » que Lynn White impute à la théologie judéo-chrétienne et qui me paraît fusionner le sens chrétien de la nouveauté historique, fragile mais effective, avec le progressisme impersonnel et indéfini des Lumières[2]. Au Moyen Âge comme dans l'Antiquité, qui dit *natura* dit fidélité à l'être natif, donc stabilité.

Pour conclure, j'aimerais soulever une question présomptueuse, car je n'ai pas la compétence pour y répondre. Si ce n'est au Moyen Âge que le mot a changé de sens, quand, pourquoi, comment son sens s'est-il transformé pour devenir celui que nous connaissons ? Beaucoup ont déjà réfléchi sur cette question, comme Robert Lenoble, dans une *Histoire de l'idée de nature* malheureusement inachevée[3]. On a invoqué : les innovations artistiques, scientifiques, philosophiques, qui de façons convergentes ont altéré peu à peu le rapport de l'homme à son environnement. La découverte de la perspective, les progrès accélérés de la technique, une conception mécaniste de l'univers et dualiste de l'homme : tout concourt en effet à placer l'homme en surplomb d'une nature qu'il ramène à son point de vue par la perspective, exploite à son profit par la technique, met à distance de soi par le *cogito*.

Tout cela est bel et bon, mais je crois qu'on peut ajouter une cause supplémentaire : la disparition du modèle ternaire, Dieu, la nature et l'homme, qui imprégnait la pensée médiévale. Cette disparition ne s'est pas faite d'un coup. Jusqu'en plein XVIIIe siècle, des pensées très différentes coexistent sur la nature, les unes propices, les autres réfractaires à une scission de l'univers entre l'homme d'un côté, la nature de l'autre.

Par exemple chez Buffon, mort en 1788, les emplois du mot sont tout à fait compatibles avec l'univers de pensée antique et médiéval. Son *Histoire naturelle*, dès le *Premier discours*, paru en 1749, entreprend

1. M. ZINK, « Nature et sentiment », *Littérature*, t. 130, 2003 : *Altérités du Moyen Âge*, p. 39-47, ici p. 44.

2. « Our daily habits of action, for example, are dominated by an implicit faith in perpetual progress which was unknown either to Greco-Roman antiquity or to the Orient. It is rooted in, and is indefensible apart from, Judeo-Christian theology. », L. T. WHITE Jr, « The Historical Roots of Our Ecologic Crisis », *Science*, t. 155, n° 3767, 10 mars 1967, p. 1205.

3. R. LENOBLE, *Esquisse d'une histoire de l'idée de nature*, Paris, Albin Michel, 1969.

d'embrasser « tous les objets que nous présente l'Univers », y compris l'homme, qu'il aborde en premier, après la terre et le monde animal en général[1] et avant les animaux domestiques. Cette insertion de l'homme dans la Nature est ainsi justifiée :

> La première vérité qui sort de cet examen sérieux de la Nature, est une vérité peut-être humiliante pour l'homme; c'est qu'il doit se ranger lui-même dans la classe des animaux, auxquels il ressemble par tout ce qu'il a de matériel, et même leur instinct lui paraîtra peut-être plus sûr que sa raison, et leur industrie plus admirable que ses arts[2].

Même l'âme humaine, tout immortelle qu'elle est, entre dans son enquête :

> [...] pourquoi vouloir retrancher de l'Histoire Naturelle de l'homme, l'histoire de la partie la plus noble de son être? pourquoi l'avilir mal à propos et vouloir nous forcer à ne le voir que comme un animal, tandis qu'il est en effet d'une nature très-différente, très-distinguée et si supérieure à celle des bêtes, qu'il faudroit être aussi peu éclairé qu'elles le sont pour pouvoir les confondre[3] ?

Par son corps comme par son âme, l'homme appartient de plein droit à la nature. En outre, Buffon se fait l'écho de cette idée ancienne, selon laquelle l'artisan humain ne fait qu'imiter la nature :

> Il y a plus, c'est que toutes les idées des arts ont leurs modèles dans la production de la Nature : Dieu a créé, et l'homme imite; toutes les inventions des hommes, soit pour la nécessité, soit pour la commodité, ne sont que des imitations assez grossières de ce que la Nature exécute avec la dernière perfection[4].

Dieu crée, la nature produit, l'homme imite : c'est là le discours hugonien sur les trois œuvres, si ce n'est que Buffon tend par la suite à fondre l'œuvre de Dieu et l'œuvre de la nature. Ainsi fait après lui George Sand en 1848, dans une phrase où le rôle humain est de nouveau déprécié :

1. G. BUFFON, *Histoire naturelle générale et particulière, avec la description du Cabinet du Roy*, Paris, Imprimerie royale, 1749, t. II, p. 429-603; t. II entier.
2. *Ibid.*, t. I, p. 12.
3. *Ibid.*, t. II, p. 436-437.
4. *Ibid.*, t. I, p. 29.

> La nature est une œuvre d'art, mais Dieu est le seul artiste qui existe, et l'homme n'est qu'un arrangeur de mauvais goût [1].

Ainsi fait même Jules Verne, à la fois plus traditionnel et plus écologiste qu'on ne croit souvent : « nature » signifie chez lui une force active maintenant l'ordre de l'univers, un ordre qu'il s'agit pour l'homme de comprendre plutôt que d'altérer :

> La véritable supériorité de l'homme, ce n'est pas de dominer, de vaincre la nature; c'est, pour le penseur, de la comprendre, de faire tenir l'univers immense dans le microcosme de son cerveau [...] [2].

Aussi, déclare-t-il :

> Modifier les conditions dans lesquelles se meut la Terre, cela est au-dessus des efforts permis à l'humanité. Il n'appartient pas aux hommes de rien changer à l'ordre établi par le Créateur dans le système de l'Univers [3].

Dès l'époque de Buffon, pourtant, des écrivains posent la nature et l'homme comme deux principes séparés, voire antagonistes. En 1750, La Mettrie oppose la morale à la nature, afin d'affirmer le caractère non naturel de la première :

> Puisque la morale tient son origine de la politique, comme les lois et les bourreaux, il s'ensuit qu'elle n'est point l'ouvrage de la nature [4].

Ailleurs, il oppose à la nature le commerce des hommes et l'art :

> Le commerce des hommes seroit fatal à votre bonheur; un art imposteur corromproit la simple nature [5].

Nous avons bien, cette fois, une claire antithèse entre l'œuvre de la nature et celle des hommes. Ceux-ci n'imitent plus celle-là, ils la corrompent.

1. G. SAND, « Avant-propos », in *François le Champi*, paru d'abord en feuilleton dans le *Journal des débats* en 1848, rééd. dans EAD., *Œuvres illustrées*, t. III, Paris, Hetzel, 1853, p. 2.
2. J. VERNE, « L'éternel Adam », in *Hier et demain*, Paris, Hetzel, 1910, p. 279.
3. ID., *Sans dessus-dessous*, Paris, Hetzel, 1889, p. 301 : c'est ici la toute fin du roman.
4. J. OFFRAY DE LA METTRIE, *Discours préliminaire*, paru d'abord en 1750, rééd. dans *Œuvres philosophiques de La Mettrie*, nouvelle édition, précédée de son éloge, par Frédéric II, Roi de Prusse, t. I, Berlin et Paris, Tutot, 1796, p. 5. Voir C. T. WOLFE, « La réduction médicale de la morale chez La Mettrie », in *Matérialistes français du XVIIIe siècle*, dir. S. AUDIDIÈRE – J.-C. BOURDIN – J.-M. LARDIC – F. MARKOVITZ-PESSEL – Y. C. ZARKA, Paris, P.U.F., 2006, p. 45-60.
5. LA METTRIE, *La volupté*, éd. 1796, t. III, p. 48.

Quelques années plus tard, en 1755, réfléchissant sur les origines de l'inégalité, Rousseau défend la thèse qu'en effet l'homme s'est créé lui-même tous les maux dont il souffre : « J'ose presque assurer », dit-il, « que l'état de réflexion est un état contre nature, et que l'homme qui médite est un animal dépravé »[1].

Comme on s'en doute, cette phrase suscite le rejet sarcastique de Voltaire, défenseur au contraire des arts et même du luxe et pour qui la nature est « tout art »[2]. En 1772, Rousseau revient sur son opposition entre nature et société et déclare, formule qui eut un grand succès :

> La nature a fait l'homme heureux et bon, mais [...] la société le déprave et le rend misérable[3].

Encore quelques années passent, et l'opposition devient antagonisme chez Sade, qui écrit en 1797 :

> L'impossibilité d'outrager la nature est, selon moi, le plus grand supplice de l'homme[4].

Pour qu'on ne se méprenne pas sur le caractère radical de l'hostilité qu'il décrit entre la nature et l'homme, il poursuit en détaillant d'abord les méfaits de la nature envers l'homme :

> Un de vos philosophes modernes se disait l'amant de la nature ; eh bien, mon ami, je m'en déclare le bourreau. Étudiez-la, suivez-la, cette nature atroce, vous ne la verrez jamais créer que pour détruire, n'arriver à ses fins que par des meurtres, et ne s'engraisser comme le Minotaure, que du malheur et de la destruction des hommes. Quelle estime, quel amour

1. J.-J. Rousseau, *Lettre à Monsieur Philocolis* [*Charles Bonnet*], octobre 1755, Genève, Du Peyrou et Moultou, 1782, p. 185, rééd. dans *Œuvres complètes*, t. III, Paris, Gallimard, 1964 (Bibliothèque de la Pléiade), p. 1383-1386.

2. « La Nature. – Mon pauvre enfant, veux-tu que je te dise la vérité ? c'est qu'on m'a donné un nom qui ne me convient pas ; on m'appelle *nature*, et je suis tout art. », Voltaire, « Dialogue entre le philosophe et la nature », in *Questions sur l'Encyclopédie*, Genève, Cramer, 1770-1772, rééd. dans *Collection complette des œuvres de M. de Voltaire*, Genève, Cramer, 1768-1777, t. 25, rééd. dans *Dictionnaire philosophique*, Paris, Garnier, 1878, p. 116.

3. J.-J. Rousseau, *Dialogues. Rousseau juge de Jean-Jacques*, c'est le français qui parle. Édition critique par J.-F. Perrin, *Rousseau juge de Jean Jaques* (*manuscrit « Condillac »*), *édition critique*, Paris, Classiques Garnier, 2015, p. 927-932. Voir aussi J.-J. Rousseau, *Œuvres complètes*, éd. R. Osmont, Paris, Gallimard, 1959 (Bibliothèque de la Pléiade).

4. D. A. F. de Sade, *La nouvelle Justine ou les Malheurs de la Vertu*, éd. M. Delon, in *Œuvres*, t. II, Paris, Gallimard, 1995 (« Bibliothèque de la Pléiade »), p. 625. Voir L. Ruiz, « Quelques aspects de la nature dans le roman sadien : "cette bête dont tu parles sans cesse sans la connaître" », *Dix-huitième siècle*, t. 45/1, 2013, p. 397-412.

pourriez-vous donc avoir pour une force semblable, dont les effets sont toujours dirigés contre vous [1] ?

Ensuite, en énumérant les actes de représailles qu'il regrette de ne pouvoir infliger à la nature en retour :

> [...] je souffre peut-être encore plus que vous de la médiocrité des crimes dont la nature me laisse le pouvoir. Il n'y a, dans tout ce que nous faisons, que des idoles et des créatures d'offensées : mais la nature ne l'est pas, et c'est elle que je voudrais pouvoir outrager. Je voudrais déranger ses plans, contrecarrer sa marche, arrêter le cours des astres, bouleverser les globes qui flottent dans l'espace, détruire ce qui la sert, protéger ce qui lui nuit, édifier ce qui l'irrite, l'insulter en un mot dans ses œuvres, suspendre tous ses grands effets, mais je ne puis y réussir [2].

Si le contexte n'était tout autre, on croirait que l'auteur anticipe les ravages de la civilisation industrielle, ou certains cauchemars de la science-fiction, comme une mission Dart qui aurait mal tourné ; mais il ne s'agit pas de faire ressentir au lecteur les émotions de l'épouvante, à des fins de catharsis ou de distraction, mais de lui partager des sentiments de haine. En complément de sa violence verbale mais impuissante contre la nature, Sade affirme la réduction à celle-ci de Dieu :

> Le prétendu Dieu des hommes n'est que l'assemblage de tous les êtres, de toutes les propriétés, de toutes les puissances ; il est la cause immanente et non distincte de tous les effets de la nature ; c'est parce qu'on s'est abusé sur les qualités de cet être chimérique [...]. Mais Dieu n'est que la nature et tout égal à la nature [3].

Bien sûr, Sade est tellement extrême qu'on ne saurait le tenir pour représentatif de son temps. Il n'empêche : les deux idées qu'il vient d'exprimer avec force, à savoir une guerre sanglante entre l'homme et la nature, et l'absorption de Dieu dans la nature, étaient impensables durant toute l'Antiquité, le Moyen Âge et une bonne partie des Temps Modernes, mais sont en train de devenir, séparément ou ensemble, de plus en plus courantes. Or il me semble que ces deux idées présentent entre elles une certaine cohérence [4]. Pour que la nature soit ainsi placée

1. SADE, *La nouvelle Justine ou les Malheurs de la Vertu*, p. 778.
2. *Ibid.*, p. 945.
3. SADE, *L'histoire de Juliette*, éd. M. DELON, in *Œuvres*, t. III (Pléiade), 1998, p. 665.
4. Voir C. GODIN, *La haine de la nature*, Seyssel, Champ Vallon, 2012.

devant l'homme comme une réalité étrangère, voire hostile, il faut passer d'une vision ternaire, Dieu, la nature et l'homme, à une vision binaire, par absorption du premier terme dans le deuxième. Pour qu'il y ait face à face, il faut qu'il y ait dualité. Pour que l'homme s'estime comptable devant soi seul de ses actes envers la nature, il ne faut plus qu'il y ait, au-dessus de l'un et l'autre, un tiers suprême qui a confié la nature à l'homme, comme un jardin à travailler et à préserver.

Ce n'est donc pas, à mon avis, le christianisme, moins encore le christianisme médiéval, qui est aux origines de notre crise écologique, mais plutôt une sorte de post-christianisme, qui en reçoit quelque chose, la mission donnée à l'homme de dominer la nature et de la façonner par le travail, mais en rejette autre chose, le précepte divin de « garder » la nature, de veiller sur elle et de répondre d'elle devant un créateur qui les surplombe l'un et l'autre. Ou, si l'on veut absolument conserver quelque chose de Lynn White, le christianisme pourrait, sans en être proprement la cause, être dit les « racines » de notre crise écologique, au sens où, entre les racines et le fruit, il y a toute la distance du tronc et des branches. Comme l'arbre apparent est le double inversé de cet arbre enfoui que sont les racines, une certaine modernité athée, théorique et surtout pratique, s'est appuyée sur ses racines chrétiennes, mais plus encore sur leur renversement, pour bâtir un modèle nouveau de la nature : non plus un jardin où Dieu se promène et parle à l'homme, comme dans la Genèse, mais une exploitation agricole, soumise au seul impératif du rendement.

L'histoire du mot « nature » fait donc apparaître deux inflexions majeures, qui encadrent un long Moyen Âge, des Pères au XVIIIe siècle. La première inflexion est moins lexicale que doctrinale. Elle conserve inchangés les sens du mot *natura*, comme force vitale à l'œuvre dans le cosmos et chaque catégorie d'êtres, pour fonder leurs caractéristiques propres, stables, essentielles ; mais dès lors la réalité se structure en trois termes : Dieu, la nature, et l'homme. La conception antique n'en est pas contredite, mais précisée. À l'époque moderne, cette conception ne disparaît pas, mais entre en concurrence avec une conception non plus ternaire mais binaire. Absorbant Dieu dans la nature ou dans l'homme, cette conception neuve laisse la nature et l'homme face à face. L'homme cesse d'être une partie de la nature, son fleuron et son gardien, il devient l'unique vis-à-vis de la nature, son propriétaire, voire son adversaire.

C'est donc l'exclusion d'un des termes qui a, par contre-coup, changé le sens du mot « nature ». D'élan, elle devient espace. De puissance commune à tout ce qui vit, y compris l'homme, pour naître, croître et persévérer dans son être, elle devient environnement de l'homme, milieu non humain de l'être humain. N'étant plus façonnée par des formes exemplaires ou raisons divines, qui assignaient à chaque être sa forme naturelle, essentielle et stable, elle devient une matière première, indéfiniment transformable au gré des hommes. De création, elle devient ressource.

Ni l'un ni l'autre changement, j'en suis persuadé, n'était fatal, inévitable. C'est pourquoi il est utile de remonter le fil des siècles, pour mieux comprendre la période médiévale, d'abord en elle-même, ensuite pour éclairer, autant qu'il se peut, les questions du présent.

UNE ÉCOLOGIE DU MOYEN ÂGE ? L'APPORT DE L'ARCHÉOLOGIE HISTORIQUE DU PAYSAGE

FRANÇOIS DUCEPPE-LAMARRE

D'emblée, je voudrais préciser les termes du sujet et lever une éventuelle incompréhension quant au propos de cet article. Je ne parlerai pas de « l'écologie médiévale » : cela signifierait qu'il aurait existé une écologie entre disons le Ve et le XVe siècle. Je traiterai plutôt d'une écologie du Moyen Âge, qui désigne l'approche par l'écologie d'un objet historique, ici la nature, durant la période médiévale [1].

Comme les organisateurs du colloque, je considère qu'« il vaut la peine d'étudier si l'exploitation illimitée de la nature par la technique trouve des sources, des freins ou autre chose encore dans la pensée chrétienne » et ou profane de la nature, ajouterais-je. Rappelons-nous que l'écologie, en tant que discipline scientifique, naît avec l'analyse d'Ernst Haeckel qui lui donne son nom en 1867. Elle correspond encore aujourd'hui à l'étude des êtres vivants dans leur milieu en intégrant la diversité de leurs relations. Cette jeune discipline est donc contemporaine au XIXe siècle de l'apparition notamment de la chimie, de l'anatomie comparée de Georges Cuvier, de la théorie de l'évolution par Charles Darwin, de la sociologie d'Auguste Comte, de l'ethnologie, de l'anthropologie, de l'archéologie et de la méthode historique. De ce fait,

1. Si la différence est de taille, l'on ne peut en revanche exclure « toute sensibilité à l'environnement » des sociétés médiévales. Il est à noter que des « préoccupations d'ordre plutôt économique » ou encore la satisfaction des « plaisirs aristocratiques » pouvaient prendre le pas sur d'autres préoccupations, selon C. BECK, « Chasse, élevage et proto-industrie », *L'Histoire*, t. 503, janvier 2023, p. 51 et p. 53.

elle apparaît tout autant légitime que les autres sciences dans sa construction de sens du monde qui nous environne. L'objectif consiste donc à aborder l'environnement des sociétés médiévales à l'aune de la démarche écologique. Pour ce faire, je procéderai d'abord en présentant un constat historiographique relatif à l'écologie historique, à partir de deux auteurs phares, le français Georges Bertrand et l'états-unien Jared Diamond. Ensuite, je m'attacherai à partir d'études de cas à démontrer les tendances actuelles des courants de l'archéologie historique du paysage ou éco-histoire, avec leurs principales caractéristiques.

DE L'OUVERTURE ÉPISTÉMOLOGIQUE DE GEORGES BERTRAND À L'EFFONDREMENT ÉCOLOGIQUE DE JARED DIAMOND LE CONSTAT HISTORIOGRAPHIQUE (ANNÉES 1970-ANNÉES 2000)

Le premier jalon historiographique essentiel provient de la géographie. En effet, Georges Bertrand, co-auteur en 1975 de l'*Histoire de la France rurale*, est à cette époque Maître de conférences en géographie à l'Université de Toulouse-Le Mirail. La date de l'édition de l'*Histoire de la France rurale* n'est pas anodine. Elle correspond en effet au dynamisme des recherches historiques et archéologiques de la fin des années 1960 et des années 1970. L'ouverture à l'écologie par les sciences des temps (histoire, histoire de l'art et archéologie) s'opère alors au sein de la géographie, science sœur de ces sciences historiques [1]. À cette période, pour s'intéresser à l'environnement des sociétés du passé, l'historien puise chez les préhistoriens ou chez les archéologues, tout en exploitant d'autres types de sources jusqu'alors négligées, comme les bans de vendanges, qui permettent à Emmanuel Le Roy Ladurie d'écrire en 1967 une *Histoire du climat depuis l'an Mil* [2]. 1975-1977 voient paraître la première synthèse d'une histoire écologique en France, *L'histoire de la France rurale*, consacrée notamment – mais pas exclusivement –, au Moyen Âge [3].

1. G. DUBY et A. WALLON dans la Préface de l'*Histoire de la France rurale*, t. 1, Paris, Seuil, 1975, citent l'exemple du géographe R. Dion, qui a donné une *Histoire du paysage* ainsi qu'une *Histoire de la vigne et du vin* en partant d'une approche de géographie historique.

2. E. LE ROY LADURIE, *Histoire du climat depuis l'an mil*, Paris, Flammarion, 1967 (Nouvelle bibliothèque scientifique).

3. L'*Histoire de la France rurale* couvre de manière classique les quatre grandes périodes historiques : *Histoire de la France rurale*, dir. G. DUBY – A. WALLON, Paris, Seuil,

La démarche de Georges Bertrand dans cet ouvrage, consistait d'abord à établir un constat historiographique, puis à proposer des pistes de réflexion et des concepts, à défaut d'une méthode. Il écrit ainsi :

> L'interprétation historique du facteur naturel dans ses relations avec la société et la structure agraires reste donc le problème le plus mal élucidé, le plus rarement abordé et surtout le plus mal posé de toute l'histoire rurale. Il manque curieusement une « dimension écologique » à cette histoire qui par ailleurs s'est largement ouverte sur les autres disciplines telles que l'économie, l'ethnologie, l'anthropologie, etc. [1].

Le constat, sans concession, est lucide. Il pointe un manquement de la recherche historique, à de rares exceptions près. Pour combler ce hiatus, G. Bertrand propose dans la foulée une « problématique historico-écologique » à quatre niveaux. Un premier axe s'intéresse aux milieux naturels tels qu'ils se présentent aujourd'hui ; un second vise l'étude des fluctuations naturelles de certains éléments du milieu naturel pris isolément comme le climat, de certaines espèces ou formations végétales ; un troisième est centré sur l'étude des fluctuations des milieux naturels du fait des interventions humaines (défrichements, équipements hydrauliques, érosion des sols, reboisements etc.) ; le quatrième étudie les rapports dialectiques entre l'évolution des sociétés rurales et l'évolution du milieu, en s'appuyant sur les axes précédents.

G. Bertrand insiste sur le fait que l'historien doit passer « par l'acquisition d'un certain nombre de concepts de l'écologie moderne » [2], citant les notions de milieu, de milieu naturel, de climax, d'écosystème. Bertrand considère ainsi que « l'espace rural [...] est à la fois une réalité écologique et une création humaine » [3], c'est-à-dire une hybridation qui est fonction des seuils agrotechniques. Ainsi, Bertrand insiste à la suite d'autres chercheurs sur l'usage du concept d'agrosystème, qui est un écosystème agricole, exportateur et tronqué par rapport à l'écosystème,

1975-1977, 4 t. (L'Univers historique, 15) ; t. I, G. Bertrand – C. Bertrand – G. Bailloud – M. Le Glay *et al.*, *La formation des campagnes françaises : des origines au XIV*[e] *siècle*, 1975 ; t. II, H. Neveux – J. Jacquart – E. Le Roy Ladurie, *L'âge classique des paysans : 1340-1789*, dir. E. Le Roy Ladurie, 1975 ; t. III, M. Agulhon – G. Désert – R. Specklin, *Apogée et crise de la civilisation paysanne : 1789-1914*, dir. É. Juillard, 1976 ; t. IV, M. Gervais – M. Jollivet – Y. Tavernier, *La fin de la France paysanne : de 1914 à nos jours*, dir. G. Duby – A. Wallon, 1977.

1. Bertrand, *La formation des campagnes françaises*, p. 38 de la première édition (1975), qui sera suivie pour la suite de cet article.

2. *Ibid.*, p. 44.

3. *Ibid.*, p. 56.

défini par « la destruction des équilibres naturels et leur remplacement par des équilibres secondaires, instables » mis en place par les sociétés [1].

Le second jalon historiographique sur lequel je voudrais insister est l'ouvrage de Jared Diamond, *Collapse. How Societies Choose to Fail or Succeed,* London, New York, 2005 [2]. À l'instar de Georges Bertrand, Jared Diamond est professeur de géographie, à la *University of California in Los Angeles* (UCLA). Il a toutefois commencé sa carrière en physiologie, thème qu'il a étendu à la biologie de l'évolution puis à la biogéographie, autant d'étapes qui lui ont permis d'enrichir sa démarche initiale.

Jared Diamond utilise lui aussi une démarche interdisciplinaire, comparative et diachronique pour cet ouvrage qui allie les données du terrain à celles de l'historiographie. Il présente ainsi un certain nombre d'études de cas historiques provenant des Amériques et des îles des océans Atlantique et Pacifique. Regrettons toutefois que l'Europe continentale, l'Afrique, l'Asie et l'Océanie ne soient pas abordées.

Prenons le cas groenlandais, qu'il cite pour illustrer sa démarche. Diamond établit une synthèse historiographique combinant les sources écrites (principalement les sagas), les fouilles archéologiques, l'étude du bâti en élévation, les études sédimentaires et palynologiques (étude des pollens et des spores) ; il y ajoute une visite de terrain, comme tout bon géographe, en reconnaissance des réalités du passé et de l'état actuel des paysages. S'il ne s'agit pas de l'Europe médiévale, néanmoins, d'un point de vue chronologique et climatique, il s'agit de la même séquence des « grands défrichements » du « petit âge glaciaire », qui se produisit entre le Xe et le XIVe siècle. Au Groenland, les défrichements portent principalement sur les milieux forestiers, qui sont déboisés, et sur la tourbe, qui est exploitée.

Singularité insulaire, il ne s'agit pas d'une phase de réorganisation ou d'extension des terroirs anciens comme en Europe continentale, le sud du Groenland n'étant plus peuplé à l'arrivée des Norrois. Ce que

1. BERTRAND, *La formation des campagnes françaises,* p. 59.

2. Publié par la maison d'édition Penguin aux États-Unis et simultanément au Royaume-Uni, avec en couverture la photographie des ruines du site maya de Campeche au Mexique. L'édition française chez Gallimard titre en couverture un seul mot, *Effondrement,* accompagné cette fois d'une photographie de statues de l'île de Pâques. Le sous-titre se trouve précisé dans les premières pages : *Comment les sociétés décident de leur disparition ou de leur survie* (J. DIAMOND, *Effondrement : comment les sociétés décident de leur disparition ou de leur survie,* trad. fr. A. BOTZ – J.-L. FIDEL, Paris, Gallimard, 2006).

Diamond décrit, c'est la création de deux villages neufs, distants l'un de l'autre de cinq cents kilomètres, et aux allures d'habitats intercalaires très étendus. L'analyse des sédiments lacustres montre que la progression des arbres après le dernier âge glaciaire reste stable jusqu'à la fin du Xe siècle. Apparaît alors un niveau de charbon de bois, qui correspond aux pratiques d'écobuage des Norrois, terminant le déboisement d'un secteur forestier pour le transformer en pâturage destiné au bétail. Aux environs de l'an Mil, les pollens arboréens de saule et de bouleau diminuent, alors que progressent les pollens non arboréens de graminées, d'herbacées, de laîches ou de carex, ainsi que de plantes fourragères introduites par les Norrois. Le déboisement est également trahi par la rareté du mobilier ferreux sur les sites groenlandais, comparé à ce que l'on trouve sur les sites islandais, les îles Shetland ou ailleurs. En effet, la chaîne de production des artefacts en fer nécessite du charbon de bois, or le bois se fait rare au Groenland autour de l'an Mil, d'après les études palynologiques. Pour compenser les conséquences imprévues du déboisement, les Norrois se tournèrent vers la tourbe pour deux raisons. Elle était extraite afin de servir de combustible, d'une part, et comme matériau de construction, d'autre part. Les grands bâtiments civils, comme les vestiges de la ferme d'Éric le Rouge, ou religieux, tels ceux de la cathédrale Saint-Nicolas de Gardar, utilisaient environ quarante mètre carrés de tourbe [1]. C'était autant de perte de prés à pâturer dans un environnement écologiquement fragile, d'où l'expression scandinave « écorcher les champs ouverts », employée lorsqu'on extrayait de la tourbe des prés, que ce soit pour construire ou pour se chauffer.

Le mot-clé de l'ouvrage est bien sûr celui d'effondrement, qui trône sur la couverture du livre. Jared Diamond l'explique comme étant un déclin très marqué, avec d'ailleurs une marge d'appréciation discutable, c'est-à-dire comme une « réduction drastique de la population humaine et/ou de la complexité politique/économique/sociale, sur une zone étendue et une durée importante » [2]. Cela dit, peut-on considérer comme une zone étendue les cas de l'île de Pâques, des îles de Pitcairn et d'Henderson ? Le deuxième concept clef, qui n'est pas nommément cité en 2005-2006, consiste dans l'impact des sociétés sur l'environnement, que l'auteur aborde de manière répétée, autant pour les cas du passé que

1. Leurs fondations sont de pierre avec des murs de tourbe ayant disparu et une charpente de bois, dégradée elle aussi.

2. DIAMOND, *Collapse*, p. 3 ; ID., *Effondrement*, p. 16.

pour ceux du présent. Cet impact est désormais formalisé par un indicateur connu de tous, celui de l'empreinte écologique. Il correspond à la surface terrestre et marine nécessaire à une population donnée pour répondre à ses besoins et pour absorber ses déchets.

La réception des deux ouvrages, de G. Bertrand et de J. Diamond, a été positive. Le propos de G. Bertrand a été incorporé à une œuvre intellectuelle majeure, *L'histoire de la France rurale*, placée sous la co-direction de G. Duby de l'Académie française, professeur au Collège de France, d'une part, et d'A. Wallon, inspecteur général de l'Agriculture, d'autre part. C'est à G. Bertrand qu'il revient d'ailleurs d'ouvrir cette collection de référence, avec un titre qui sonne comme un manifeste : « Pour une histoire écologique de la France rurale ». G. Bertrand a ainsi créé un enthousiasme en histoire de l'environnement ou en éco-histoire, en archéologie du paysage comme en géo-histoire et en archéogéographie, dès les années soixante-dix. Son influence se fait encore sentir aujourd'hui en histoire économique et sociale ainsi qu'en histoire culturelle au sens large.

Quant à Jared Diamond, son livre reçut un succès mondial. Membre de la *National Academy of Arts and Sciences* et de l'*American Philosophical Society*, Diamond, dont l'ouvrage précédent avait gagné le Prix Pulitzer[1], reçut plusieurs prix pour *Collapse*, qui devint vite un « New York Times Bestseller ». La traduction française, parue dès 2006, en livre de poche sans ses sources photographiques, atteste de ce succès. L'impressionnante couverture médiatique scientifique[2], tout en se faisant aussi l'écho de ce succès, a néanmoins lancé plusieurs débats :

– l'hypothèse de la déforestation pour l'érection des statues monumentales de l'île de Pâques, les moaï, est désormais caduque car les archéologues ont démontré qu'il y avait un hiatus temporel de quelques siècles entre les deux phénomènes d'après les analyses stratigraphiques ;

1. J. DIAMOND, *Guns, Germs, and Steel : The Fates of Human Societies*, New York, W. W. Norton & Co., 1997 ; trad. fr. P.-E. DAUZAT, *De l'inégalité parmi les sociétés : Essai sur l'homme et l'environnement dans l'histoire*, Paris, Gallimard, 2000.

2. Notamment, *L'Histoire*, « Comment meurent les civilisations », t. 316, janvier 2007 ; *Sciences humaines*, « Paroles d'historiens », t. 13, décembre 2008-janvier-février 2009 ; *Les Cahiers de Science et Vie*, « Les civilisations sont-elles vouées à disparaître ? », t. 109, février-mars 2009.

– la philosophie de l'histoire doit affronter la question de Paul Valéry : sont-ce les civilisations qui sont mortelles ou les régimes politiques ? Les Mayas sont ainsi passés d'un empire à un groupe de petits royaumes centrés sur des cités ;

– du côté de la méthode cette fois, une bonne part des exemples donnés d'effondrement historiques de sociétés sont des exemples insulaires, comme l'île de Pâques, Henderson, etc., ce qui restreint spatialement la portée de la démonstration. En effet, dans quelle mesure des exemples « en vase clos » de petite taille sont-ils généralisables à des espaces ouverts et de grande taille ?

L'histoire de la France rurale et *Effondrement*, ainsi que les débats auxquels a donné lieu ce dernier ouvrage, forment le cadre dans lequel je souhaite placer mon exposé. Les recherches contemporaines de l'archéologie historique du paysage se regroupent en effet en trois grands axes. Le premier aborde le climat, le second la biodiversité et le dernier, qui est le plus récent, les ressources. Le climat étant l'un des sujets les plus étudiés, je le laisse ici de côté pour m'intéresser aux deux autres axes, en commençant par la question de la biodiversité.

LES TENDANCES CONTEMPORAINES
LA CRÉATION D'ÉCOSYSTÈMES CYNÉGÉTISÉS

Si les territoires des sociétés rurales médiévales sont abondamment étudiés, c'est parce qu'ils sont le reflet de l'historiographie, une historiographie qui s'est penchée sur les territoires seigneuriaux et villageois. Il a cependant existé d'autres territoires au Moyen Âge comme les territoires pastoraux ou cynégétiques, bien qu'ils soient nettement moins documentés par la recherche (fig. 1) [1].

La démarche d'archéologie historique du paysage est interdisciplinaire, puisqu'elle juxtapose l'étude des sources écrites à la cartographie régressive et à l'archéologie extensive. Plus particulièrement,

1. Une référence bibliographique concernant les forêts du Nord de la France : F. DUCEPPE-LAMARRE, *Chasse et pâturage dans les forêts du nord de la France. Pour une archéologie du paysage sylvestre (XIe-XVIe siècles)*, préface R. DELORT, postface J.-J. DUBOIS, Paris, L'Harmattan, 2006. L'ouvrage correspond à l'édition remaniée de ma thèse soutenue à la Sorbonne quelques années auparavant. La figure illustre des attestations écrites d'espaces cynégétisés médiévaux.

la recherche s'est appuyée sur une famille de sources écrites, les sources économiques qui émergent à la fin du XIII e siècle et s'épanouissent aux XIV e et XV e siècles. Elles décrivent l'environnement des résidences seigneuriales, c'est-à-dire des espaces de chasse, boisés ou non, humides ou non, cultivés ou non, fréquentés de manière saisonnière, année après année. Les sources comptables manifestent donc l'existence d'un territoire seigneurial cynégétique, comme application spatiale du droit de chasse.

À titre d'exemple, le comte d'Artois Robert II (1248-1302) possède un territoire seigneurial cynégétique centré sur sa résidence de Mofflaines (actuel département du Pas-de-Calais, commune de Tilloy-lès-Mofflaines). Il se compose de trois garennes discontinues au sud de la rivière de Scarpe. Ce petit territoire seigneurial cynégétique (de quelques dizaines d'hectares ?) possède l'avantage de se trouver à trois kilomètres au sud-est d'Arras, mais cette proximité induit que ses garennes soient entrecoupées par des terres emblavées par les communautés rurales locales. Totalement différent, en composition et en taille, le comte de Hainaut possède un immense territoire fortement boisé associant trois éléments à Mormal (actuel département du Nord, commune de Locquignol). Aux XIV e-XV e siècles, il additionne un massif forestier estimé à environ 9 000 hectares autour duquel gravite une douzaine de petits bois ou haies de chasse, en plus d'un parc muré au sud-est de 400 hectares qui complète le territoire seigneurial cynégétique de sa résidence comtale du Quesnoy en Hainaut[1].

1. Le parc, dont les archives attestent l'existence au milieu du XIV e siècle, est décrit avec sa superficie par A. SALAMAGNE, « D'Hesdin au Quesnoy : jardins et parcs des châteaux de plaisance », in *Le château, autour et alentours (XIV e-XVI e siècles). Paysage, parc, jardin et domaine*, éd. J.-M. CAUCHIES – J. GUISSET, Turnhout, Brepols, 2008, p. 140 et p. 144.

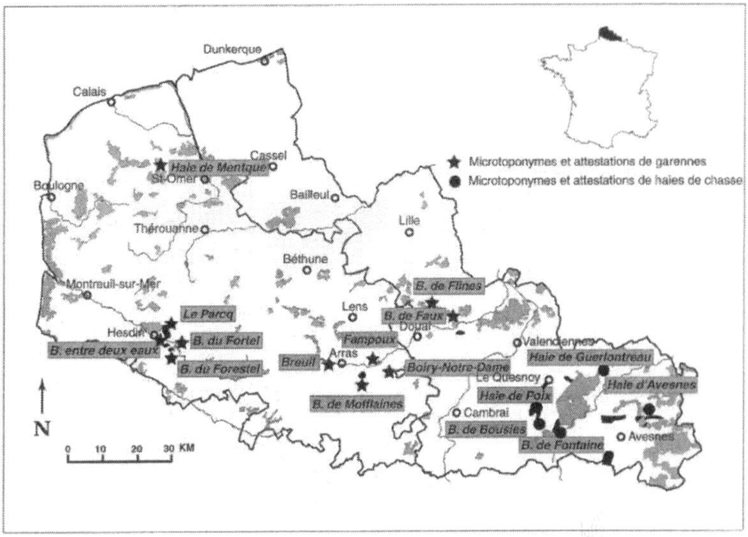

Fig. 1 : Espaces cynégétisés du Moyen Âge
(cartographie F. Duceppe-Lamarre)

Entre les deux, dernier type de territoire seigneurial cynégétique : celui d'Hesdin. Selon la comptabilité, il se composait d'un parc à gibier, d'un massif forestier et de deux garennes principales autour de la résidence d'Hesdin dans la vallée du fleuve côtier de la Canche. La cartographie régressive permet d'élaborer une hypothèse de superficie maximale du parc à gibier, alors que les vestiges de terrain précisent son portrait, sa construction et son étendue. En effet, les Capétiens d'abord, les comtes d'Artois ensuite, puis les ducs de Bourgogne, ont décidé non pas de borner mais de murer une partie de ce territoire cynégétique en faisant construire un parc à gibier avoisinant les 900 hectares. L'ouvrage est majestueux puisqu'une muraille de plus d'un mètre de largeur de fondation en pierre blanche, c'est-à-dire en moellons de craie, coupe le paysage rural des communautés villageoises voisines, suivant en cela l'exemple du parc royal de Vincennes en Île-de-France, qui lui est antérieur probablement de quelques décennies. Au total, cette formule représente une synthèse des aménagements cynégétiques ayant cours entre le début du XIIIe et le milieu du XVIe siècle, date de destruction de l'ensemble.

Un inventaire faunique du territoire seigneurial cynégétique d'Hesdin peut être élaboré dans cette fourchette chronologique. J'en présenterai ici les données pour la faune mammalienne uniquement. De manière cumulative, l'inventaire additionne dans la vallée de la Canche moyenne la présence de l'ours (*Ursus arctos*), du loup (*Canis lupus*), du chat sauvage (*Felis silvestris*), du blaireau (*Meles meles*), du castor (*Castor fiber*) et de la loutre (*Lutra lutra*), en plus des autres espèces de mammifères encore présentes de nos jours. Ainsi, la faune mammalienne est donc plus importante au Moyen Âge qu'aujourd'hui, ce qui conduit à penser des écosystèmes plus riches, d'une part et, d'autre part, un potentiel biotique de ladite micro-région permettant l'existence de cette demie-douzaine d'animaux. De manière évolutive cette fois, nous observons la disparition du castor et de l'ours entre la fin du XIIIe et les premières années du XIVe siècle, et peut-être aussi celle du blaireau durant les mêmes années; puis, hormis le passage d'une panthère tachetée dans les années 1290 [1], arrivent des mammifères exotiques européens et extra-européens à la fin du XIVe siècle et durant le XVe, avec l'introduction vraisemblable d'aurochs (*Bos primigenus*) et de camélidés (chameau, *Camelus bactrianus* et/ou dromadaire, *Camelus dromedarius*) [2].

L'inventaire de la faune, à partir de sources comptables qui, certes, possèdent leur propre biais d'enregistrement des données, montre à la fois un enrichissement et un tri des espèces animales. En tout état de cause, chacun peut constater que la biodiversité possède une dimension historique modifiant volontairement les écosystèmes naturels. Ils sont ainsi transformés en écosystèmes cynégétisés à partir des territoires seigneuriaux de chasse, miroirs des appétences des grands seigneurs fonciers.

1. F. DUCEPPE-LAMARRE, « Léopard et hérons cendrés dans le nord de la France (fin XIIIe-début XIVe siècle) : familiarité singulière ?, in *Environnement, territoires et sociétés : études interdisciplinaires offertes à Corinne Beck*, éd. M. DELCOURTE-DEBARRE – M. GALOCHET – F. GUIZARD *et al.*, Valenciennes, Presses Universitaires de Valenciennes, 2021, p. 381-392.

2. Voir sur le sujet F. DUCEPPE-LAMARRE, « Une cohabitation ordonnée avec l'animal sauvage sous Philippe le Hardi ? Le cas de la résidence ducale d'Hesdin entre 1399 et 1404 », *Publications du Centre Européen d'Etudes Bourguignonnes*, t. 61, *Entre réel et imaginaire : les animaux dans l'histoire, l'art et la littérature à l'époque bourguignonne* (*XIVe-XVIe siècle*), 2021, p. 11-28 ; et sur la captivité animale, voir C. BECK – F. GUIZARD, *La bête captive au Moyen Âge et à l'époque Moderne*, Valenciennes, Presses Universitaires de Valenciennes, 2012.

Les tendances contemporaines
les pratiques sylvo-pastorales de la Montagne dijonnaise

Concernant les milieux forestiers, j'aimerais aborder la recherche originale d'archéologie historique du paysage menée par Patrice Beck et son équipe sur un ensemble de treize sites d'habitats désertés du XIVe siècle sur la Montagne dijonnaise. La démarche est résolument interdisciplinaire, puisqu'elle allie l'étude des sources écrites à la cartographie régressive, avec des prospections aériennes utilisant un laser aéroporté puis une vérification au sol par des opérations de sondage et/ou de fouilles archéologiques, complétées par des analyses géo-chimiques, anthracologiques et archéozoologiques. Une telle démarche d'archéologie programmée s'est échelonnée de 2003 à 2019, soit dix-sept ans de recherches de terrain, d'archives et de laboratoire. Les résultats ont été présentés dans deux publications scientifiques principales, la première de 2018 et la seconde – toute récente –, de 2022 [1].

Le premier ouvrage montre une transformation limitée du milieu forestier par le site des « Bordes des Bois de Cestre » (fig. 2). En effet, la borde (un hameau) comprend peu d'éléments bâtis : trois systèmes d'enclos et cinq cours ou voies de circulation, associés à deux maisons d'habitation avec un four à pain, une grange, une dizaine de bâtiments d'exploitation, un puits et trois carrières. De plus, le site rayonne peu puisqu'il ne génère pas de parcellaire associé. Ajoutons que les faibles taux de phosphore enregistrés vont dans le sens d'une activité pastorale, de courte durée ou extensive autour de l'habitat, alors que la clairière autour des bâtiments devait être étroite selon les relevés des essences nitrophiles, caractéristiques d'une ancienne occupation humaine. Nous pourrions en conclure que nous serions en présence d'un « petit défrichement » durant les « grands défrichements » du Moyen Âge, qui correspondent à la phase de création d'habitats intercalaires au XIVe siècle.

1. P. Beck – F. Faucher – J.-L. Maigrot (dir.), *Élevage et forêt sur la montagne dijonnaise à la fin du Moyen Âge. Deux établissements forestiers d'éleveurs en Terre de Saint-Seine (Saint-Martin-du-Mont, Côte d'Or)*, Montagnac, Mergoil, 2018 ; C. Beck – P. Beck – F. Faucher – J.-L. Maigrot (dir.), *Des moutons et de l'or : 13 habitats d'éleveurs du XIVe siècle dans les forêts de la Montagne dijonnaise. Saint-Martin-du-Mont, Saint-Seine l'Abbaye, Val-Suzon, Pasques (Côte d'Or – Bourgogne)*, Montagnac, Mergoil, 2022.

Fig. 2 : photographie aérienne du site sylvo-pastoral tardo-médiéval des Bois de Cestre depuis le Nord-Est (Cliché Patrice Beck, été 2014)

Dans quel but ? Concernant l'économie dans son contexte environnemental, qui est l'un des intérêts majeurs de cette enquête, les sources écrites montrent que la Montagne dijonnaise n'est pas un pays généreux à proprement parler du point de vue agricole : d'où la solution du pastoralisme ovin, qu'indiquent les registres notariés. Cette alternative a été développée vraisemblablement par des fermiers s'installant dans des bordes forestières, au gré de l'abbaye de Saint-Seine qui augmentait ainsi ses recettes afin de compenser la lourdeur de ses dépenses. La démonstration est apportée par la seconde publication qui reprend les idées générales du seul site fouillé en les comparant aux douze autres sites sondés. L'analyse des sites, par laser aéroporté et par sondages de terrain, montre des sites peu importants en nombre de bâtiments, avec des enclos sans doute pastoraux, et des écofacts (peu nombreux) d'ossements de moutons, principalement. Du côté des sources écrites, des registres de notaires permettent de confirmer et de préciser l'activité commerciale. Par exemple, en 1390, les habitants d'une borde commercent avec un marchand milanais, Luchinus de Grassis, pour des sommes de quelques centaines de francs or (par reconnaissance de dette). Les actes détaillent une activité commerciale sous forme de bail à cheptel qui permet de récupérer la moitié du bétail en plus à la fin du contrat (une à quatre saisons) en plus de la laine chaque année. Cet élevage forestier est très dynamique entre 1338 et 1391, avant un déclin, puis son arrêt dans la Montagne dijonnaise, consécutif au départ des Lombards de Dijon en 1390-1391.

Au final, sont décrites trois générations d'exploitation des ressources forestières à but lucratif, par le commerce de la laine des moutons de Bourgogne. Cette activité a provoqué la création de treize établissements intercalaires, les bordes, dont l'ensemble était animé par les bourgeois de Dijon et de Milan. Surtout, cette occupation n'a pas « durablement marqué ni le paysage, ni les composants chimiques des sols, ni les cortèges végétaux »[1]. L'étude de cas se conclut en remarquant que « la forêt montr[e] une grande capacité d'absorption de ces aménagements de faible empreinte »[2].

LES TENDANCES CONTEMPORAINES
L'HYDROSYSTÈME DE L'ÉTANG DE MONTADY

Avec un milieu naturel totalement différent, marqué par une anthropisation longue, l'hydrosystème de l'étang de Montady bénéficie d'un projet collectif de recherches avec publications[3]. D'un point de vue géographique, c'est un archipel d'étangs en bordure de la mer Méditerranée, entre les villes de Béziers et de Narbonne. L'objectif résolument interdisciplinaire consiste à associer les analyses des historiens, des archéologues et des géographes afin de caractériser l'histoire d'un milieu spécifique, celui d'une dépression humide des plaines proches du littoral méditerranéen permise par cet étang (fig. 3).

1. P. BECK, *Des moutons et de l'or*, p. 302.

2. *Ibid.*

3. J.-L. ABBÉ – J.-F. BERGER – P. BLANCHEMANCHE – L. LE ROY – T. RUF, « L'étang de Montady (Héraut) et la gestion des zones humides méditerranéennes, du haut Moyen Âge au XXIe siècle. Approche pluridisciplinaire », *Histoire et sociétés rurales*, t. 54, 2e semestre 2020, p. 31-70 ; J.-L. ABBÉ – J.-F. BERGER – P. BLANCHEMANCHE – L. LE ROY, *Autour de l'étang de Montady. Espace, environnement et mise en valeur du milieu humide en Languedoc*, Toulouse-Montpellier, DRAC Occitanie, 2021 [en ligne].

Fig. 3. Photographie de l'étang asséché de Montady
au pied de l'oppidum d'Ensérune
Photo : O Breizh ma bro, le 24 août 2022
Source : Wikipedia / CC BY-SA 4.0 Deed

Le bassin versant actuel occupe une superficie de 23 km^2, dans lequel deux types de sondages de terrain ont été réalisés : des carottes sédimentaires et des tranchées dans les fossés. D'après les carottages, il apparaît que, vers 8000 avant Jésus-Christ (à l'Holocène), a eu lieu la mise en eau de la cuvette avec des variations des dépôts sédimentaires et de la salinité, une hausse en lien avec l'oppidum celtique d'Ensérune. Une découverte isolée, datée par radiocarbone de la fin du VIe siècle, montrerait une mise en valeur partielle au haut Moyen Âge de la partie ouest de l'étang sous la forme d'un canal de drainage. Hormis ce cas, l'essentiel des aménagements remontent aux XIIIe-XIVe siècles, où l'on observe le creusement, le comblement et les curages des fossés 4, 5 et 7, et peut-être 1, ainsi que la création de pointes (des parcelles de forme radioconcentrique) de 2,9 à 3°, qui bénéficient de labours et de cultures de céréales puis de friches de quelques années, ce qui est conforme aux deux chartes de 1247. L'assèchement de l'étang, à partir d'une démarche d'arpentage de terrain a donc été pensée et mise en forme géométriquement comme un tout. En revanche, à partir du XVe siècle et du « petit âge glaciaire », les sédiments montrent soit un marais à nappe variable selon les saisons, soit une prairie très humide, donc une gestion plus pastorale caractérisée par des paysages de prés.

Outre l'assèchement et la répartition égalitaire des parcelles, c'est la création ingénieuse d'un système d'arrivée et d'évacuation de l'eau qu'il faut souligner. L'hydrosystème créé aux XIIIe-XIVe siècles fonctionne avec des fossés principaux, drainant l'eau des ruisseaux périphériques, après s'être jetés dans un grand cercle de fossé externe. L'eau est ensuite dirigée vers ce que les sources écrites appellent le redondel, un fossé formant un petit cercle collecteur visible par photographie aérienne, puis est évacuée par le fossé principal de drainage, d'une longueur de près d'un kilomètre et demi. Au total, cent vingt kilomètres de fossés rayonnants ont été creusés afin d'assécher les quatre-cent-vingt-cinq hectares de l'étang !

L'étang de Montady, s'il s'inscrit bel et bien dans une vague d'assèchements d'étangs contemporains, constitue néanmoins un exemple unique par son ampleur. Toutefois, il est aussi le portrait de « la fragilité d'un système hydraulique profondément artificialisé » [1], commandé par les notables de Béziers au XIIIe siècle, évacuant ou non l'abondance de la ressource en eau afin de répondre à des objectifs de mise en valeur agro-pastorale en fonction du contexte économique. Nous sommes donc dans le cas d'une gestion raisonnée des ressources naturelles avec un investissement opportuniste qui espère tirer profit des revenus de nouvelles terres mises en culture, dans le contexte historique des « grands défrichements » du bas Moyen Âge.

Conclusion

La mosaïque dynamique des paysages médiévaux

Au milieu des années soixante-dix, Georges Bertrand établissait un bilan scientifique éco-historique pour la France du Moyen Âge. Selon lui, les traits majeurs des paysages, donc les séquences des agrosystèmes historiques, auraient été : « le temps des clairières » au haut Moyen Âge, « les fronts pionniers agricoles et la mutation écologique » aux XIe-XIIIe siècles, puis « l'espace agricole fini » avant le « reflux agricole et la pression écologique » des XIVe-XVe siècles [2]. Je mettrai ici à l'épreuve ses propositions en tentant d'y insérer les études de cas qui ont été présentées.

Du point de vue des écosystèmes cynégétisés, nous assistons à une volonté anthropique de transformation à la fois des milieux et des écosystèmes par le biais, notamment de la faune sauvage. Georges Bertrand écrivait déjà que « la désorganisation des réseaux trophiques entraîne très tôt, peut-être dès le Moyen Âge, un déséquilibre faunistique qui va peser sur l'espace cultivé » [3]. L'hypothèse apparaît validée, bien qu'il faille

1. ABBÉ – BERGER, « L'étang de Montady (Héraut) et la gestion des zones humides méditerranéennes », p. 68.
2. BERTRAND, *La formation des campagnes françaises*, p. 106-109.
3. *Ibid.*, p. 65.

encore en préciser les contours, puisque les sociétés rurales interfèrent de manière dynamique afin d'extraire, d'éloigner ou au contraire de favoriser la présence de certains animaux sauvages. De manière concomitante, on assiste à la fin des « grands défrichements » dans la vallée moyenne de la Canche autour d'Hesdin, et à la création d'espaces réservés à la faune sauvage. Nous serions ici dans la phase de « l'espace agricole fini », au cours du XIIIe siècle, avec des transformations de l'agrosystème, où reculent notamment le castor européen (*Castor fiber*) et l'ours brun (*Ursus arctos*), dont la préservation passe par leur relégation dans des ménageries au sein du territoire seigneurial cynégétique d'Hesdin, possession des comtes d'Artois. L'inventaire cumulatif à partir des sources économiques et sociales, bien qu'incomplet, entérine le constat d'une biodiversité des mammifères plus grande que de nos jours. Cette démarche et ces résultats qui peuvent étonner, valident par ailleurs l'idée d'une dimension historique de la faune sauvage, tout en posant la question d'un « retour du sauvage ». Ainsi, le sujet des écosystèmes cynégétisés se trouve à la croisée des réflexions portant sur l'empreinte écologique des sociétés médiévales et de l'effondrement de la biodiversité [1].

L'étang de Montady s'inscrit mal dans « le temps des clairières » du haut Moyen Âge de Georges Bertrand, puisqu'il s'applique à un autre milieu naturel, qu'il transforme très partiellement au haut Moyen Âge. En revanche, il s'insère bien dans la phase des « fronts pionniers agricoles et [de] la mutation écologique » des XIe-XIIIe siècles, par l'énorme investissement volontariste de transformation paysagère qu'il suppose. En effet, Georges Bertrand écrivait déjà en 1975 que « dans de très nombreux secteurs du territoire français, l'espace cultivé n'a pas été gagné sur la forêt mais sur l'eau » [2], ce qu'illustre le projet collectif de recherches consacré à l'étang de Montady. Si Georges Bertrand et Jared Diamond lient les questions de « reflux agricole et [de] pression écologique » des XIVe-XVe siècles, dans le cas précis de Montady, qui ne saurait être généralisé, le reflux agricole, soit le passage de parcelles cultivées à un pastoralisme extensif, s'explique par une adaptation aux variations climatiques, donc par une causalité différente.

1. Je parlerais pour ma part davantage d'érosion de la biodiversité de la faune sauvage, dans le cas d'Hesdin, où les sources établissant l'inventaire des mammifères sauvages du territoire seigneurial cynégétique permettent d'aborder cette idée de manière non spéculative.

2. BERTRAND, *La formation des campagnes françaises*, p. 79.

Concernant le sylvo-pastoralisme ovin de la Montagne dijonnaise, nous pourrions le situer dans un « espace agricole fini », puisque la solution consiste à trouver des milieux moins sollicités par les sociétés urbaines et rurales locales, ici dans un but spéculatif et financier. Toutefois, s'il y a « reflux agricole » au XVe siècle, c'est pour une raison économique « pure », à savoir le départ des marchands italiens de Dijon. De plus, l'étude n'a décelé aucune « pression écologique », ni aucun « effondrement », puisque l'empreinte écologique des bordes sur le milieu forestier est restée faible, d'après les différentes analyses d'archéologie historique du paysage.

Les études de cas présentées, à l'aune du constat historiographique, démontrent une réelle richesse de résultats de la démarche en archéologie historique du paysage. Cet enrichissement permet de corriger en partie les intuitions fécondes de Georges Bertrand et de Jared Diamond, tout en orientant les recherches à venir. Désormais, les paysages médiévaux apparaissent à la fois dans leur dynamique et dans leur diversité, on y voit peut-être même moins « l'exploitation illimitée de la nature ». Un tel constat incite à en rechercher les sources dans la multiplicité des pensées religieuses et profanes du Moyen Âge occidental.

LA *NATURA* CHEZ JEAN SCOT ÉRIGÈNE *CORPULENTIA CHRISTI* ET DIGNITÉ DES ARTEFACTS [1]

ARNAUD MONTOUX

> Ayant souvent réfléchi et, pour autant que mes capacités le permettent, ayant examiné très attentivement le fait que la division principale et fondamentale de toutes les choses qui ou bien peuvent être perçues par l'intelligence ou bien dépassent sa portée, intervient entre celles qui sont et celles qui ne sont pas, j'ai choisi pour les désigner toutes ce terme générique que l'on traduit par *φύσις* en grec et *natura* en latin [2].

C'est par ces premières lignes du *Periphyseon* – l'œuvre majeure de Jean Scot Érigène – que nous avons voulu introduire notre propos, pour planter le décor de notre questionnement qui sera de nature théologique. Cette affirmation préalable d'allure quelque peu prétentieuse, est postée à l'orée de notre exploration dans la « nature » érigénienne, pour rappeler que le théologien n'est pas d'abord un historien de la pensée. S'il doit conserver et chérir la distance qui le sépare des mondes de

1. Pour les citations latines et les traductions du *Periphyseon* de Jean Scot Érigène, nous renverrons systématiquement à : IOHANNIS SCOTTI SEU ERIVGENAE, *Periphyseon*, éd. É. JEAUNEAU, Turnhout, Brepols, 1996-2003 (Corpus Christianorum Continuatio Mediaevalis [désormais CCCM], 161-165) ; trad. fr. F. BERTIN : ÉRIGÈNE, *De la Division de la Nature : Periphyseon*, introd., trad. et notes F. BERTIN, Paris, P.U.F., 1995-2009, 4 t. La numérotation indiquée renvoie aux deux versions, qui l'ont toutes deux adoptée.

2. *Periphyseon* I, 441 A : « Saepe mihi cogitanti diligentiusque quantum uires suppetunt inquirenti rerum omnium quae uel animo percipi possunt uel intentionem eius superant primam summamque diuisionem esse in ea quae sunt et in ea quae non sunt horum omnium generale uocabulum occurrit quod graece ΦYCIC, latine uero natura uocitatur. An tibi aliter uidetur ? ».

pensée qu'il prétend interroger, il doit également rester fidèle au geste que ceux-ci ont déployé, faisant de cet héritage réinventé, une occasion de penser les questions nouvelles qui ne se sont pas posées aux siècles passés mais qu'il a le devoir d'affronter aujourd'hui dans un souci de responsabilité et de tradition authentiques. Le « geste théologique » que nous venons d'évoquer et que nous voudrions prolonger en le comprenant mieux, c'est celui d'un auteur qui nous oblige à élargir considérablement ce que nous entendons aujourd'hui par « nature » en y faisant entrer ce qui nous a de plus en plus habituellement servi de repoussoir ou de négatif pour définir ce concept depuis quelques siècles. Pour respecter la distance séparant ce que nous entendons par nature et ce que Jean Scot Érigène nous dit en utilisant ce terme, nous utiliserons habituellement la forme *natura* pour désigner la notion pensée par notre auteur [1].

Nous savons que le concept érigénien de *natura* tel qu'il est présenté dès les premières lignes du *Periphyseon*, avait été élaboré à partir d'une définition héritée de Boèce transformé par la fréquentation de la pensée du Pseudo-Denys [2] et celle de Marius Victorinus [3], à qui Jean Scot a probablement littéralement emprunté la fameuse expression [4] « in ea quae sunt et in ea quae non sunt » [1].

1. Dans la citation des traductions, qui sont habituellement celles de Francis Bertin dans sa version française du *Periphyseon*, ainsi que dans les passages des autres ouvrages cités, nous conserverons les formes employées par les traducteurs et auteurs pour ce terme.

2. *Cf.* D. J. O'MEARA, « The Concept of *Natura* in John Scottus Eriugena (*De divisione naturae* Book I) », *Vivarium*, t. 19/2, 1981, p. 126-145; ID., « Nature as Religious Force in Eriugena and Emerson », in *Religion : Beyond a Concept*, éd. H. DE VRIES, New York, Fordham University Press, 2008, p. 354-367.

3. On pourra consulter un article très complet sur cette filiation : G. A. PIEMONTE, « L'expression "*quae sunt et quae non sunt*" : Jean Scot et Marius Victorinus », in *Jean Scot écrivain : Actes du IVe colloque international, Montréal, 28 août-2 septembre 1983*, éd. G.-H. ALLARD, Montréal - Paris, Bellarmin - Vrin, 1986 (Cahiers d'études médiévales, Cahier spécial-1), p. 81-113.

4. Cette expression se trouve déjà dans le *De Praedestinatione :* IOHANNIS SCOTTI, *De diuina praedestinatione*, éd. G. MADEC, Turnhout, Brepols, 1978 (CCCM, 50), *Praefatio*, 60-65, p. 4; III, 88-90, p. 21; X, 45-51, p. 63; X, 139-143, p. 66; XI, 21-24, p. 67; *Epilogus*, 39-42, p. 122. Dans le *Commentaire de la Hiérarchie céleste* de Denys : IOHANNIS SCOTI ERIUGENAE, *Expositiones in Ierarchiam coelestem*, éd. J. BARBET, Turnhout, Brepols, 1975 (CCCM, 31), IV, 78-79, p. 67; VII, 413-414, p. 102. Dans le *Commentaire de l'Évangile selon saint Jean :* JEAN SCOT ÉRIGÈNE, *Commentaire sur l'Évangile de Jean*, éd. É. JEAUNEAU, Paris, Cerf, 1972 (Sources chrétiennes [désormais SC], 180), I, 304 D, 94-95, p. 142-143; III, 327 D, p. 262-263. Dans l'*Homélie sur le Prologue de saint Jean :* JEAN SCOT ÉRIGÈNE, *Homélie sur le Prologue de Jean*, éd. É. JEAUNEAU, Paris, 1969 (SC, 151), I, 283 B, p. 202-205; VIII, 287 D, p. 238-239. On la trouve même dans les

Là où Boèce affirmait dans sa première définition que « la nature appartient à ces choses qui, pour autant qu'elles sont, peuvent être saisies en quelque matière que ce soit par l'intellect »[2], unissant inséparablement les notions d'être et d'être intelligible, l'Érigène y incluait également ce qui est inintelligible, définissant la nature – comme nous l'avons vu – comme tout ce qui est et ce qui n'est pas. De plus, quand Boèce associait Dieu et la matière à sa définition de la nature, il le faisait positivement en disant que, même si on ne peut les connaître vraiment, on peut quand-même saisir en partie ce qu'ils sont en les définissant par privation de toutes les autres réalités[3], alors que Jean Scot le fait « négativement », en unissant l'être et le non-être, ce dernier mode convenant bien mieux selon lui pour parler de Dieu[4].

Nous le savons, cette *natura* rassemblant « tout ce qui est et tout ce qui n'est pas », est divisée par Jean Scot en quatre grandes espèces

> dont la première consiste dans la Nature qui crée et qui n'est pas créée, la deuxième dans la Nature qui est créée et qui crée, la troisième dans la Nature qui est créée et qui ne crée pas, la quatrième dans la Nature qui ne crée pas et qui n'est pas créée[5].

Le plus étonnant dans l'élaboration érigénienne, c'est qu'il n'y a plus de place pour une quelconque séparation entre le Créateur et la créature

Carmina : JEAN SCOT ÉRIGÈNE, *Carmina*, éd. L. TRAUBE, *Poetae latini aevi carolini*, t. III, [Berlin, Weidmann, 1896], (Monumenta Germaniae Historica), p. 518-556, Pars II, II, 7-8 ; VIII, 15.

1. *Periphyseon*, I, 441 A.

2. BOÈCE, *De persona et duabus naturis*, chap. 1 (l. 67-68), in *Opuscula sacra*, t. II, éd. C. MORESCHINI, trad. fr. A. GALONNIER, Louvain – Paris, Peeters, 2013, p. 294-295. Notons que cette définition n'est pas la seule proposée par Boèce, mais qu'elle s'insère dans un ensemble de quatre définitions (*ibid.*, l. 60-115).

3. *Cf.* BOÈCE, *De persona et duabus naturis*, chap. 1 (l. 70-75).

4. Cf. *Periphyseon*, I, 443 A : « Le premier mode d'opposition entre "être" et "non-être" semble consister en celui par lequel la raison nous enseigne que toutes les choses qui s'offrent à la perception des sens corporels ou à la compréhension de l'intelligence sont appelées en toute vérité et à juste titre"être", alors que toutes celles qui en vertu de l'éminence de leur nature excèdent non seulement tous les sens, mais aussi tout intellect et toute raison, sont appelés à juste titre "non-être". (*Quorum primus uidetur esse ipse per quem ratio suadet omnia quae corporeo sensui uel intelligentiae perceptioni succubunt uere ac rationabiliter dici esse, ea uero quae per excellentiam suae naturae non solum sensum sed etiam omnem intellectum rationemque fugiunt iure uideri non esse*) » ?

5. *Periphyseon*, I, 441 B : « quarum prima est in eam quae creat et non creatur, secunda in eam quae et creatur et creat, tertia in eam quae creatur et non creat, quarta quae nec creat nec creatur. »

puisque le monde sensible dans lequel nous évoluons n'est finalement qu'un état de Dieu,

> car Dieu court à travers tout ce qui existe et il ne stoppe jamais, mais il remplit tout de sa course [...]. Car en Dieu l'acte de courir à travers tout ce qui existe ne diffère pas de l'acte de voir tout ce qui existe, mais tout ce qui existe est produit concurremment par sa course et par sa vision [1].

C'est cette compréhension d'une *natura* traduisant l'expression de l'invisibilité de l'inintelligible dans l'intelligibilité du visible qui a pu conduire certains lecteurs d'Érigène à l'accuser d'acosmisme comme Hegel l'avait fait en son temps pour Spinoza [2], mais il faut reconnaître que cette critique, qui s'est probablement développée dans le constat de déstabilisation du plateau idéal de la nature résultant de l'entrée de Dieu dans le monde comme « Essence de tous les étants » [3], mériterait d'être équilibrée par la prise au sérieux, en parallèle ou en miroir, de cet état extrême de l'expression divine qu'est le monde : ce paroxysme mondain de la course divine, je propose de le désigner ici sous le terme d'objets, au sens d'objets fabriqués, produits par les hommes. On m'objectera sans doute très judicieusement que Jean Scot ne parle pas des objets et limite son propos à « la classe des corps » [4], qui représente selon lui le plus bas degré de l'être, je propose d'entendre ce terme de « corps » dans son acception la plus large, c'est-à-dire d'éléments matériels et donc finalement aussi de « choses », comme l'ont fait un certain nombre de commentateurs de Jean Scot [5]. Les corps chez Jean Scot ne sauraient être limités aux corps biologiques; cette limitation entraînerait la limitation de la course divine à une part du monde quand l'auteur affirme à de nombreuses reprises que « tous les existants sont produits par son mouvement », sans jamais limiter cette affirmation à une quelconque classe d'existants. Dans sa pensée, il n'existe rien en dehors de Dieu, pas même la matière informe à laquelle « la Forme dénuée de forme par

1. *Periphyseon*, I, 452 C-D : « Ipse enim in omnia currit et nullo modo stat sed omnia currendo implet [...]. Non enim aliud est deo currere per omnia quam uidere omnia; sed sicut uidendo, ita et currendo fiunt omnia ».

2. *Cf.* H. GLOCKNER, *Hegel-Lexicon*, Stuttgart, Frommanns, 2ᵉ éd. 1957, t. IV, 2322 : « Spinoza : Gott, nur die eine Substanz; die Natur, die Welt ist... nur Affektion, Modus der Substanz, nicht Substantielles. Der Spinozismus ist also Akosmismus ».

3. *Periphyseon*, IV, 759 A : « essentia omnium est ».

4. *ibid.*, II, 616 C : « corpora ».

5. *Cf.* D. MORAN, « Jean Scot Érigène, La connaissance de soi et la tradition idéaliste », *Les Études Philosophiques*, t. 104, 2013/1, p. 29-56.

éminence » a même donné son « informité » [1]. Il serait impensable dans un tel mouvement théogonique « panenthéisant », que quelque réalité extérieure existe en dehors de la procession.

C'est dans cette *latitudo* allant du Dieu ineffable à la chose fabriquée, privée d'existence naturelle, que nous croyons voir se dessiner le paradoxe de l'idée érigénienne de *natura* et que nous proposons d'interroger notre existence naturelle. L'étonnement que suscite l'invention d'un monde pensé comme expression et autocréation de Dieu exige-t-il de nous une prise au sérieux du monde des choses, des artefacts, à l'autre extrémité de l'échelle naturelle, que celle-ci soit érigénienne ou non ? La procession divine que décrit le penseur irlandais et qui trouve son point de bascule historique entre *exitus* et *reditus* dans l'expérience de la mort, nous permet-elle de reconnaître dans la réalité des objets fabriqués, le terme et le point de renversement matériel corrélatif ? Dans un monde où l'objet est souvent soupçonné d'être le support des dérives idolâtriques de ce que nous appelons souvent improprement le matérialisme, ne serait-il pas possible de repenser les objets, leur fabrication, leur fréquentation, comme le lieu d'une authentique recherche humaine fondamentale, celle de la réception du monde et du désir de l'Absolu qu'est Dieu ?

Dans un premier temps, nous tâcherons de voir comment Dieu est descendu, s'est dit et s'est « engraissé » dans le fond du monde, puis, nous verrons comment l'intellection et l'agir de l'homme sont à la fois le lieu du péché et de la réparation de la *natura* ; enfin, nous tenterons de montrer qu'il est possible de penser, grâce à Jean Scot Érigène, un parallèle entre la mort et les artefacts comme termes et point de basculement de l'histoire et du sensible.

DIEU DANS LE FOND DU MONDE
L'ENGRAISSEMENT DU VERBE

Présentant et commentant dans le livre V de son *Periphyseon*, un certain nombre de textes bibliques symbolisant le retour en Dieu de la nature humaine (et donc de la nature du monde contenue en elle), Jean Scot Érigène en vient à commenter la parabole du Fils prodigue (Lc 15, 11-32) ; en arrivant au déchiffrement du symbole du veau gras, il affirme :

1. *Periphyseon*, I, 502 A : « Nec mirum ex informi forma per excellentiam informitatem quae est formarum omnium priuatione conditam fieri [...] ».

> Et qui est ce veau gras, sinon le Christ fait homme rempli de la grâce septiforme du Saint-Esprit, ou engraissé par la graisse de l'Écriture et de la nature visible ? Car ce sont ces deux catégories, à savoir l'Écriture et la Création visible, qui constituent en quelque sorte la corpulence du Christ, car c'est en elles et par elles qu'on le connaît, pour autant qu'on puisse le connaître [1].

Énumérant les symboles de la robe, de l'anneau et des sandales qu'il associe aux vertus et à la mort du Christ qui rachète l'homme, il en vient donc, comme nous venons de l'entendre, à la mise à mort du veau gras qui, selon lui, est « le Christ fait homme rempli de la grâce septiforme du Saint-Esprit » [2]. En reprenant les paroles de Maxime qui commente le sermon sur la Nativité de Grégoire [3], il affirme que « le Verbe s'est engraissé », et il en vient à dire qu'il s'est engraissé « par la graisse de l'Écriture et de la nature visible » en évoquant « la corpulence du Christ ». Ces termes étonnants qui font résonner le Mystère de l'Incarnation d'une sonorité sourde et profonde, traduisent le parti-pris clairement assumé de l'Érigène : Dieu ne s'est incarné autrement qu'en s'engraissant, en révélant sa présence dans l'épaisseur du monde. Chez lui, cet engraissement divin n'est pas un exil, mais un exode conduisant à la purification et à la libération d'une nature humaine qui s'est perdue dans une convoitise spirituelle, et qui est guérie par la procession divine rejoignant les confins du monde en s'y créant :

> Ainsi donc, descendant d'abord depuis la Suressentialité de sa Nature, où il mérite le nom de non-être, Dieu se crée à partir de Lui-même dans les Causes primordiales, et Dieu devient le principe de tout Être, de toute Vie et de toute Pensée, et de toutes les autres propriétés que notre intuition gnostique peut détecter dans les Causes primordiales. Puis, descendant depuis les Causes primordiales qui assurent une médiation entre Dieu et la Créature, c'est-à-dire qui jouent le rôle d'intermédiaires entre la Suressentialité ineffable qui excède tout entendement et la nature substantiellement concrète qui devient visible par les intelligences pures, Dieu se crée dans les effets de ces causes et il se révèle ouvertement dans

1. *Periphyseon*, V, 1005 B : « Et quis est ille uitulus, nisi homo Christus septena sancti spiritus gratia plenus, uel certe pinguedine litterae uisibilisque naturae incrassatus. His enim duobus, littera uidelicet et uisibili creatura, ueluti quaedam corpulentia Christi apparet, quoniam in eis et per eas intelligitur, quantum intelligi potest ».

2. *Ibid.* : « homo Christus septena spiritus sancti gratia plenus ».

3. MAXIME LE CONFESSEUR, *Ambigua ad Iohannem iuxta Iohannis Scotti Eriugenae*, éd. É. JEAUNEAU, Turnhout, Brepols, 1988 (Corpus Christianorum Series Graeca [désormais CCSG], 18), XXIX, p. 166-167.

> ses théophanies. Enfin, Dieu descend à travers les multiples formes des effets en procédant jusqu'au dernier ordre hiérarchique de toute la nature, qui est celui qu'occupent les corps [1].

Cet exode, cette route hors de lui, Dieu la constitue par son mouvement, elle révèle ce qu'Il est par le mouvement de ce qui n'est pas Lui :

> Dieu est donc à la fois Principe, Milieu et Fin : Principe, parce que c'est de Lui que procèdent tous les existants qui participent à l'essence; Milieu, parce que c'est en Lui et par Lui que tous les existants subsistent et se meuvent; Fin, parce que c'est vers Lui que tous les existants se meuvent en aspirant au repos de leur mouvement et à la stabilité de leur perfection [2].

Dieu n'est pas seulement seulement Principe et Fin de toute chose, il ne s'est pas contenté d'être l'« Avant » et l'« Après » de ce monde dont nous faisons l'expérience, mais il s'est fait le « Pendant » long, lent, lourd et complexe de cette expérience en s'engraissant dans la nature humaine créée à son image, des « quatre qualités élémentaires », de la « vie irrationnelle », des « genres et des espèces », des « quantités », des « accidents ». Il a acquis cette « corpulence » qu'est le monde, dans sa rationalité assumant la réalité sensible jusque dans sa dimension la plus éloignée de la suréminence de laquelle il descend. Cette corpulence assumée n'est pas d'abord pensée par Jean Scot comme une œuvre de rachat, mais comme une offrande à la louange :

1. *Periphyseon*, III, 683 A-B : « Proinde ex superessentialitate suae naturae, in qua dicitur non esse, primum descendens in primordialibus causis a se ipso creatur; et fit principium omnis essentiae, omnis uitae, omnis intelligentiae, et omnium quae in primordialibus causis gnostica considerat theoria. Deinde ex primordialibus causis, quae medietatem quandam inter deum et creaturam optinent (ho est inter illam ineffabilem superessentialitatem super omnem intellectum et manifestam sustantialiter naturam puris animis conspicuam), descendens in effectibus ipsarum fit, et manifeste in theophaniis suis aperitur. Deinde per multiplices effectuum formas usque ad extremum totius naturae ordinem, quo corpora continentur, procedit. »

2. *Ibid.*, I, 451 D – 452 A : « [...] qui solus omnia creans ANAPXOC (hoc est sine principio) intelligitur esse, quia principalis causa omnium quae ex ipso et per ipsum facta sunt solus est. Ac per hoc et omnium quae ex se sunt finis est; ipsum enim omnia appetunt. Est igitur principium et medium et finis : principium quidem, quia ex se sunt omnia quae essentiam participant; medium autem, quia in ipso et per ipsum subsistunt atque mouentur; finis uero, quia ad ipsum mouentur quietem motus sui suaeque perfectionis stabilitatem quaerentia. »

> Car si la Bonté divine était demeurée en repos à l'intérieur d'elle-même, sans exercer aucune opération, elle n'aurait certainement pas fourni d'occasion à sa louange. Mais en se diffusant elle-même dans tous les existants sensibles et dans tous les existants intelligibles, en se faisant toute en tous, en convertissant toutes les créatures rationnelles et toutes les créatures intellectuelles pour les amener à la connaître, en fournissant pour matière à sa louange par les créatures rationnelles et les créatures intellectuelles la beauté des innombrables formes propres aux autres existants, la Bonté divine a tout créé de telle sorte qu'il n'existe aucune créature qui, par elle-même et en elle-même, ou par un autre facteur, ne loue le souverain Bien [1].

Quelques lignes avant d'affirmer cela, le penseur irlandais affirmait :

> tous les existants ont été créés à partir du néant afin que l'amplitude [*amplitudo*]et la largesse [*largitas*] propres à la Bonté divine fussent montrées et louées par les existants qu'elle a créés [2].

Là encore, au terme *largitas* qui traduit la générosité de l'être divin, est associé le terme *amplitudo* choisi dans un vocabulaire jouant sur l'ambiguïté entre les dimensions du prestige, celles de l'espace et celles de la matérialité d'un corps ayant tendance à l'embonpoint.

Un peu plus loin, en commentant Isaïe 9, 1-2 [3], Érigène, après avoir dit que le Christ est le « Zabulon mystique » [4] – Zabulon étant entendu au sens de « demeure de la vertu » [5] qui représente notre nature dans laquelle le Verbe est venu habiter – il ajoute que le Christ est aussi notre Nephtali, terme qu'il traduit par *latitudo*. Ce *latitudo*, Francis Bertin l'a traduit par « largeur » pour le passage dans lequel Jean Scot évoque « l'amour » et « la clémence » du Christ qui « embrassent tout le genre

1. *Periphyseon*, V, 952 A-B : « Si enim sola intra semet ipsam diuina bonitas quieta absque ulla operatione perseueraret, non fortassis laudis suae occasionem faceret. Iam uero in omnia uisibilia et inuisibilia se ipsam diffundens, et in omnibus omnia existens, rationabilem intellectualemque creaturam ad se ipsam cognoscendam conuertens, caeterarum uero rerum pulchras et innumerabiles species rationabili et intellectuali creaturae in materiem suae laudis praestans ita omnia fecit, ut nulla creatura sit quae non, aut per se ipsam et in se ipsa aut per aliud, summum bonum, non laudet. »

2. *Ibid.*, 951 D : « Propterea siquidem, inquis, omnia de nihilo facta sunt, ut diuinae bonitatis amplitudo et largitas per ea quae fecit et ostenderetur et laudaretur. »

3. *Ibid.*, 1002 C-1004 A.

4. *Ibid.*, 1003 B : « spiritualis Zabulon ».

5. *Ibid.* : « habitaculum uirtutis ».

humain »[1], mais il est ensuite contraint de reprendre le terme latin qui correspond mieux à l'idée de surface, d'étendue, ou encore d'ampleur[2]. En effet Jean Scot, poursuivant son commentaire, affirme que « *latitudo* signifie à la fois "apparition" et "surface", ce qui se dit en grec *epiphania* »[3]. De cette insistance sur la *latitudo* qu'est le Christ, Édouard Jeauneau dit qu'elle n'était pas directement rattachée au thème de l'universel retour[4], mais nous nous permettons de le contredire sur ce point en voyant dans cette double interprétation du terme *latitudo* une occasion toute érigénienne de tenir dans un même terme l'apparition-création de l'invisible dans ce qui n'est pas lui, et l'extension-assomption du visible qu'il définit comme la surface divine. Dieu s'est révélé en se faisant surface. Le propre d'une surface est d'appartenir à ce qu'elle recouvre et d'en marquer en même temps l'extériorité; comme la peau qui est composée de l'épiderme, du derme et de l'hypoderme, la surface contient son rapport à l'intérieur qu'elle exprime en le rendant perceptible, et son rapport à l'extérieur (qui ne peut être ici que le Néant par privation), jusque dans la « flore cutanée » des choses fabriquées, qui ne lui appartient pas directement mais qui participe de façon indispensable à sa vie. La *latitudo* qu'est le Christ permet de penser la Théophanie « accessible à nos sens corporels »[5] qui sont les plus extérieures de nos capacités humaines, sous le mode d'une frontière de l'être au-delà duquel il n'y a rien, mais qui foisonne de ces étants-presque-rien par lesquels l'homme s'exerce à retrouver le juste regard sur les étants pour les ramener à Dieu. Dans le livre IV du *Periphyseon*, notre auteur avait pris soin de rappeler que si l'homme n'avait pas péché,

> [il] n'aurait pas eu non plus recours aux sens corporels propres à son corps mortel pour gouverner le monde sensible, [mais il] aurait gouverné le monde sensible [...] en recourant exclusivement à la connaissance

1. *Ibid.*, 1003 C.
2. *Cf.* art. « latitudo », in *Le Grand Gaffiot : Dictionnaire Latin-Français*, Paris, Hachette, 2005.
3. *Periphyseon*, V, 1003 C : « Latitudo quippe est apparitio et superficies, ideoque gratia significatione epiphania dicitur ».
4. É. JEAUNEAU, « Le thème du retour », in *Études érigéniennes*, Paris, Institut d'Études augustiniennes, 1987, p. 367-394, ici p. 382.
5. *Periphyseon*, V, 1003 D : « sensibusque corporeis comprehensibilem se fecit ».

rationnelle des causes naturelles du monde sensible inscrites en lui et à l'usage souverainement facile de sa droite volonté [1].

Ayant malheureusement péché en utilisant ses sens corporels qui ne sont pas seulement des sens de réception, mais également le moyen de sa production des représentations du monde, l'homme doit réapprendre, à partir de ce très-bas de l'échelle des corps que sont les objets, à connaître et à gouverner ce monde sensible vers son Salut.

L'engraissement, la corpulence, l'ampleur, la surface, autant de termes qui expriment dans les limites de la représentation corporelle la manière d'agir du Christ qui ne purifie et n'accomplit que ce qu'il déploie, dans la nature humaine en voie de guérison, au sein du monde sensible. Le véritable élargissement naturel accompli, consommé par le Christ, est chez Érigène le déploiement des étants dans toute leur diversité générationnelle, temporelle, spatiale et accidentelle, du plus noble au plus humble. Notre époque gagnerait sans doute à redécouvrir que l'ampleur de l'univers peut être envisagée avant tout dans cette diversification et multiplication spécifique et historique.

Notons que le terme d'*universitas*, a été utilisé dans le *Periphyseon* comme un terme « équivalent » de celui de *natura* [2], rassemblant à la fois « Dieu et la créature » [3]. Marie-Dominique Chenu avait bien relevé la portée de l'utilisation de ce terme par notre auteur quand il affirmait qu'elle avait permis de « percevoir ce monde comme un tout » [4] et de « découvrir déjà son architecture profonde, le monde des formes au delà de la collection des phénomènes visibles et sensibles » [5]. Dans cet univers, « la totalité pénètre ainsi chacune de ses parties : c'est un univers ; Dieu l'a conçu comme un vivant unique, et son modèle intelligible est un Tout » [6]. La particularité de ce tout érigénien, de ce « monde

1. *Periphyseon*, IV, 782 C : « Non enim homo, si non peccaret, inter partes mundi administraretur, sed eius uniuersitatem omnino sibi subditam administraret, nec corporeis his sensibus mortalis corporis ad illum regendum uteretur, uerum sine ullo sensibili motu, uel locali uel temporali, solo rationabili contuitu naturalium et interiorum eius causarum, facillimo rectae uoluntatis usu, secundum leges diuinas aeternaliter ac sine errore gubernaret, siue in administratione uniuersitatis. »

2. O'MEARA, « The Concept of *Natura* in John Scottus Eriugena », p. 130.

3. *Periphyseon*, II, 524 D : « uniuersitatem dico Deo et creaturam ».

4. M.-D. CHENU, *La théologie au douzième siècle*, Paris, Vrin, 1976 (1957[1]) (Études de philosophie médiévale, 45), p. 23.

5. *Ibid.*

6. *Ibid.*

un et consistant »[1] c'est qu'il est la Révélation divine, le dévoilement divin, au même titre que les Écritures; chez Jean Scot, les natures sont comprises « comme un dévoilement de la nature unique et bonne »[2]. Ce dévoilement est ce qui assure l'unité de l'*universitas*, de la *natura*. Si c'est Dieu qui se déploie dans ce tout, le tout ne souffre aucune espèce de partition :

> le Verbe de Dieu est Lui-même l'unité indivisible et indissociable de tous les existants, car il est Lui-même tous les existants. Mais c'est à juste titre que nous pouvons aussi considérer le Verbe de Dieu comme multiple, parce que le Verbe de Dieu se diffuse à l'infini à travers tous les existants, et parce que c'est cette diffusion même qui fait subsister tous les existants. *Car il déploie sa force d'un bout du monde à l'autre, et il dispose toutes choses avec douceur.* [Sg 8, 1][3].

C'est dans cette perception de l'*universitas* que nous situons notre plaidoyer pour « ce qui occupe le bas de l'échelle »[4], qui « est encore une conséquence inévitable de l'épuisement de la source »[5] et que nous pourrions envisager comme une presqu'île ou plutôt comme la frontière du continent des corps, que sont les objets, les éléments fabriqués, les artefacts dont l'Érigène ne parle pas véritablement mais qui participent au monde de l'homme parce qu'ils sont l'une des expressions les plus fondamentales de cette re-connaissance du monde dont il parle dans son *Homélie sur le Prologue de Jean* :

> Car la divine connaissance ne peut être restaurée en nous que par les lettres de l'Écriture et par le spectacle des créatures. Étudie les paroles de l'Écriture et, dans ton esprit, comprends-en la signification : tu y découvriras le Verbe. Par tes sens corporels, observe les formes et la beauté des choses sensibles : en elles, ton intelligence reconnaîtra le Verbe de Dieu. Et, en tout cela, la vérité ne te montrera rien d'autre que

1. *Ibid.*
2. A. WOHLMAN, *L'homme, le monde sensible et le péché dans la philosophie de Jean Scot Érigène*, Paris, Vrin, 1987, p. 33.
3. *Periphyseon,* III, 642 C-D : « Simplex quidem, quia rerum omnium uniuersitas in ipso unum indiuiduum et inseparabile est; uel certe indiuidua et inseparabilis unitas omnium dei uerbum est, quoniam ipsum omnia est. Multiplex uero non immerito intellegitur esse, quoniam per omnia in infinitum diffunditur, et ipsa diffusio subsistentia omnium est. "Attingit enim a fine usque ad finem fortiter et disponit omnia suauiter" ».
4. WOHLMAN, *L'homme, le monde sensible et le péché*, p. 59.
5. *Ibid.*

> Celui qui a fait toutes choses : en dehors de lui tu n'auras rien à contempler, car il est lui-même toute chose [1].

L'observation des formes et de la beauté des choses sensibles commence en l'homme par la manipulation et la fabrication de ces choses à travers lesquelles l'historien moderne suit à la trace l'humanité au-delà même de l'histoire : que sont ces objets si souvent oubliés, sinon des tentatives humaines de réapprendre à regarder et à réordonner la création dans les profondeurs de son être ?

> Car le spectacle des choses visibles entraîne l'esprit qui raisonne vers les connaissances des choses invisibles [*cf.* Rom. 1,20] [2].

L'AGIR ET L'INTELLECTION DU MONDE DU DÉSIR DÉSORDONNÉ À L'OBJET D'UNE RECHERCHE

Avital Wohlman, avait classifié schématiquement les conceptions érigéniennes du sensible en trois déclinaisons [3] : la première consistait en une vision du sensible comme occasion du péché, « beauté trompeuse qui éveille la concupiscence », même si le sensible n'est pas directement la cause du péché ; la seconde vision comprenait le sensible comme une création fautive et sans consistance de l'homme pécheur, une « création destinée à être dissipée » ; la troisième était étrangement décalée par rapport aux deux premières puisqu'elle consistait en un sensible « créé par Dieu en prévision du péché et même comme remède proposé à l'homme pécheur dont le destin est de ramener la créature au Créateur ».

Bien évidemment ces visions ne doivent pas être considérées comme des options exclusives et il faut les comprendre dans le système qui les rend pensables. Pour comprendre la complexité de la proposition érigénienne, il faut tenter de tenir dans un mouvement les trois visions : si la création s'est déployée dans la réalité sensible que Dieu donne à

1. ÉRIGÈNE, *Homélie sur le Prologue de Jean*, p. 254-256 : « Non enim aliter in nobis diuina cognitio renouatur, nisi per diuinae, scripturae apices et creaturae species. Eloquia disce diuina, et in animo tuo eorum concipe intellectum, in quo cognosces uerbum. Sensu corporeo formas ac pulchritudines rerum perspice sensibilium, et in eis intelliges dei uerbum. Et in his omnibus nichil aliud tibi ueritas declarabit praeter ipsum qui fecit omnia, extra quem nichil contemplaturus es, quia ipse est omnia ».

2. *Ibid.*, p. 290-295 : « species namque uisibilium ad cognitionem inuisibilium ratiocinantem attrahit animum. »

3. *Cf.* WOHLMAN, *L'homme, le monde sensible et le péché*, p. 33-39.

l'homme comme un remède, c'est bien à cause de la concupiscence de la nature humaine originelle qui s'est laissée séduire et qui dans sa chute n'a cessé de produire un monde sensible à l'image des « phantasies » vaines et fausses qu'il désire et qui risquent de le garder prisonnier après leur dissipation [1].

S'appuyant sur Maxime le Confesseur, Jean Scot déclare que

> le mal consiste en l'oubli par l'âme intellectuelle des biens naturels [et] en une défaillance de l'opération des facultés et des puissances naturelles insérées dans la nature qui la polarisaient vers sa fin, une impulsion irrationnelle l'orientant à la suite d'un jugement faux vers autre chose que vers sa fin. J'appelle fin la Cause de tous les existants, à laquelle aspirent naturellement tous les existants [2].

Comme il est dit dans le livre II,

> l'homme s'est tourné vers lui-même au lieu de se tourner vers Dieu, et c'est ce défaut de conversion qui a provoqué sa chute [3].

La conversion éternelle de toute chose vers Dieu, qui devait se produire en la nature humaine, est donc devenue caduque.

C'est donc bien dans la nature humaine que se joue la destinée de l'*universitas* et de sa procession. Reprenant Maxime le Confesseur, Érigène présente l'homme comme une sorte de

> nœud naturel [...] assurant partout une médiation entre les termes extrêmes par ses parties propres [et] réduisant à l'unité en lui-même les

1. Cf. *Periphyseon,* III, 683C–684A. Sur la notion de *phantasia* qui est au cœur de la théologie théophanique de Jean Scot, on consultera : J.-C. FOUSSARD, « Apparence et apparition : la notion de "phantasia" chez Jean Scot », in *Jean Scot Érigène et l'histoire de la philosophie : Actes du IIe colloque international Jean Scot Érigène, Laon 7-12 juillet 1975*, éd. R. ROQUES, Paris, Éd. du CNRS, 1977, p. 337-348.

2. *Periphyseon,* V, 919 B : « "Malitia nanque est animae intellectualis naturalium bonorum obliuio" et "ad finem insitarum naturae uirtutum operationis defectus naturaliumque potentiarum per fallentem iudicationem in aliud praeter finem irrationabilis motus. Finem uero dico eorum quae sunt causam, quam naturaliter appetunt omnia" ». Ce passage est une citation de MAXIME LE CONFESSEUR, *Quaestiones ad Thalassium, I, quaestiones I-LV, una cum latina interpretatione Ioannis Scotti Eriugenae iuxta posita*, éd. C. LAGA – C. STEEL, Turnhout, Brepols, 1980 (CCSG, 7), p. 10-11.

3. *Periphyseon,* II, 582 C : « Prius enim, ut arbitror, ad se ipsum quam ad deum conuersus est atque ideo lapsus ».

> créatures qui se distinguent radicalement les unes des autres selon leur nature [1].

Cette mission a été rendue extrêmement périlleuse à cause de l'abus irrationnel qui a détourné la *natura* – entendons par là, la nature humaine qui contient tout – vers les phénomènes sensibles, qui lui cachent désormais sa beauté constitutive et sa noblesse [2]. Chez l'Érigène c'est l'appétit désordonné des phénomènes sensibles qui conduit l'homme à sa perte : l'homme damné souffrira dans les « phantasies » de ces phénomènes sensibles qu'il continuera de désirer alors même qu'ils auront disparu. Tandis que les bienheureux seront ceux qui

> ont dépassé la chair, le monde et eux-mêmes par les facultés de l'action et de la connaissance, et qui se sont élevés jusqu'à Dieu Lui-même par la hauteur de leur contemplation, reçoivent la récompense de leur labeur non point dans les « phantasies » des phénomènes sensibles, mais dans les théophanies des vertus divines, et ils recevront en outre la grâce de la déification [3].

Comme nous venons de le voir le Salut et la déification ne sont pas seulement du côté du détachement du monde sensible pour Jean Scot : ceux qui « ont dépassé la chair » « se sont élevés jusqu'à Dieu » « par les facultés de l'action et de la connaissance ». Le chemin processionnel de Dieu en l'homme ne peut revenir en arrière ; l'homme ne pourra conduire la Création sensible au *reditus* final qu'en prolongeant jusqu'à son terme ce qu'il a provoqué. L'ignorance du monde n'est plus possible ;

1. *Periphyseon* II, 530 C : « "Et quintam, per quam ipse in omnibus, ueluti quaedam cunctorum continuatissima officina omnibusque per omnem differentiam extremitatibus per se ipsum naturaliter medietatem faciens, bene ac pulcre secundum generationem his quae sunt superadditus homo in masculum feminamque diuiditur, omnem habens profecto naturaliter extremorum omnium mediatibus per ipsam ad extrema omnia copulatiuam propriarum partium proprietatem adunationis uirtutem." Partem siquidem sui, ut idem magister [Maximus] alibi ait, cum sensibilibus possidet in quantum corpus est, partem cum intelligibilibus in quantum anima, ideoque uniuersam creaturam in se continet. Et Paulo post : "Huius rei gratia nouissimus introducitur in his quae sunt homo, ueluti coniunctio quaedam naturalis uniuersaliter per proprias partes medietatem faciens extremitatibus, et in unum ducens in se ipso multum secundum naturam a se inuicem distantia spatio" ».

2. Cf. *Periphyseon,* V, 974 A.

3. *Ibid.*, 977 D-978 A : « Siquidem sancti, qui adhuc in carne constituti uirtute actionis et scientiae carnem et mundum seque ipsos superantes usque ad ipsum deum altitudine contemplationis ascenderunt, non in phantasiis rerum sensibilium, sed in theophaniis diuinarum uirtutum laboris sui mercedem, insuper etiam deificationis gratiam accipient. »

l'homme doit non seulement connaître ce monde, mais il doit aussi agir et il doit peut-être agir pour connaître.

Avital Wohlman le note à juste titre :

> Si étrange et paradoxal que cela paraisse, le péché pourrait être considéré dans la logique de cette vision de Scot, comme une théophanie de l'Un, tant du point de vue de son origine que du point de vue de son châtiment, lequel consiste d'après Scot, en la souffrance du pécheur conscient de son refus [1].

Wohlman poursuit en affirmant que « l'homme pécheur révèle pour ainsi dire l'envers de cette unité ». Il explique que dans la vision érigénienne, à l'infinité du désir de l'homme pécheur, répond une impossibilité de l'assouvir, et que dans cet homme-là qui devrait reconnaître sa connaissance partielle et limitée, le péché est de se refuser comme modalité de l'Un parce qu'il a érigé le partiel en absolu. Il achève son commentaire sur ce point en affirmant que « c'est par l'abîme de son manque qu'il révèle la plénitude de l'Un » [2].

La question qui demeure au constat de cette aporie de l'homme pécheur c'est de savoir si l'homme qui veut échapper à cet abîme doit se soustraire au désir. Ici encore il semble bien que non ; l'homme doit consentir aux limites de son rôle de modalité de l'Un et recevoir le monde pour ce qu'il est, ce qui implique qu'il poursuive l'objet de son désir.

Dieu, qui est la cause unique de tous les effets, se donne comme expression la multitude de toutes les formes de l'univers lorsque le Verbe, idée parfaite et créatrice portant en Lui la pluralité des causes, se fait homme [3].

> En assumant l'homme, Dieu assume le Tout déployé. Il n'est plus seulement l'Un ineffable, mais le Tout manifeste [4].

L'esprit humain est le lieu où la théophanie atteint sa plénitude. Cette nature humaine pleinement restaurée et unie à Dieu dans le Verbe, récapitule toutes les théophanies.

1. WOHLMAN, *L'homme, le monde sensible et le péché*, p. 35.
2. *Ibid.*, p. 35-36.
3. *Cf.* J. TROUILLARD, « La notion de "théophanie" chez Érigène », in *Jean Scot Érigène : études*, présentation F. BERLAND, Paris, Hermann, 2014, p. 99-131, ici p. 102.
4. *Ibid.*, p. 103.

LE MONDE DES ARTEFACTS, ULTIME ÉTAPE DU DÉPLOIEMENT SENSIBLE À RAMENER EN DIEU

En découvrant que la vision érigénienne de la déification ne se pensait nullement comme une fuite du monde, mais plutôt comme une reprise interne de la mission d'intellection et d'action propre à la nature humaine originelle et transposée dans cette école de guérison de la nature humaine qu'est le monde sensible, nous sommes conduits à nous interroger sur le but de cette mission humaine.

Pour Érigène c'est l'Incarnation du Verbe qui en donne le sens, les tenants et les aboutissants. Il affirme en effet :

> Je crois que le Verbe de Dieu n'est pas descendu pour un autre motif, sinon pour sauver et ramener dans leurs causes selon son humanité les effets des causes qu'il contient éternellement et immuablement selon sa Divinité, afin que les effets soient sauvés par une unification ineffable dans leurs causes, comme le sont les causes elles-mêmes. C'est comme si l'Écriture sainte déclarait explicitement : Si le Verbe de Dieu n'était pas descendu dans les effets des causes qui vivent éternellement en Lui, la norme définitrice des causes périrait. Car si les effets des causes devaient périr, aucune cause ne continuerait à subsister. Car les causes et les effets constituent des corrélatifs qui apparaissent ensemble et qui disparaissent ensemble, ou bien qui continuent à subsister ensemble et pour toujours [1].

Il précise que

> ce que le Verbe a accompli en Lui-même [la réintégration du monde] sous un mode individuel, il l'accomplira sous un mode général dans toutes les créatures [...] pas dans tous les hommes seulement, mais dans toutes les créatures sensibles. Car quand le Verbe de Dieu assuma la nature humaine, il n'omit aucune substance créée, qu'il n'aurait pas assumée en assumant la nature humaine. En assumant donc la nature humaine, le Verbe de Dieu a donc assumé toutes les créatures. Et par conséquent, si le Verbe de Dieu sauva et restaura la nature humaine qu'il

1. *Periphyseon,* V, 912 A-B : « Non aliam ob causam, ut opinor, nisi ut causarum, quas secundum suam diuinitatem aeternaliter et incommutabiliter habet, secundum suam humanitatem effectus saluaret inque suas causas reuocaret, ut in ipsis ineffabili quadam adunatione, sicuti et ipsae causae, saluarentur. Ac si aperte diceret : Si dei sapientia in effectus causarum quae in ea aeternaliter uiuunt non descenderet, causarum ratio periret. Pereuntibus enim causarum effectibus, nulla causa remaneret, sicut pereuntibus causis, nulli remanerent effectus. Haec enim relatiuorum rationes simul oriuntur et simul occidunt, aut simul et semper manent ».

> avait assumée, il sauva et restaura aussi incontestablement toutes les créatures sensibles et toutes les créatures intelligibles [1].

C'est « selon son humanité » que le Verbe a amorcé la réintégration et c'est donc la nature humaine qui est appelée à collaborer, qui est conduite, entraînée par le Verbe fait chair à assumer pleinement cette mission d'intégrer et d'unifier en elle-même toutes les natures qui ont été créées en elle et comme inférieures à elle [2]. La nature humaine est véritablement pensée comme une arche [3] permettant aux êtres de retourner vers leur principe et d'accomplir leur vocation pour ne pas se dissoudre [4].

Dans le livre V, Érigène se livre à un véritable plaidoyer pour ce que nous appelons la nature, c'est-à-dire, à peu de choses près, les réalités sensibles à l'exclusion de l'homme. À la question de l'élève qui demande si

> les animaux privés d'entendement, ainsi que les arbres, les plantes et toutes les composantes de ce monde, depuis la plus noble jusqu'à la plus humble [5]

seront restaurés dans le Verbe de Dieu incarné, le Nutritor répond que

> les masses et les formes des corps visibles et sensibles ne ressusciteront pas mais retourneront dans leurs causes et dans leurs raisons normatives, qui ont été créées dans l'homme [6].

1. *Ibid.*, 912 B-C : « Quod enim specialiter in se ipso perfecit, generaliter in omnibus perficiet, non dico in omnibus hominibus solummodo, sed in omni sensibili creatura. Ipsum siquidem dei uerbum, quando accepit humanam naturam, nullam creatam substantiam praetermisit, quam in ea non acceperit. Accipiens igitur humanam, omnem creaturam accepit. Ac per hoc si humanam naturam, quam accepit, saluauit et restaurauit, omnem profecto creaturam uisibilem et inuisibilem restaurauit ».
2. Cf. *ibid.*, 901 B.
3. Cf. *ibid.*, 981 B.
4. *Cf.* J. TROUILLARD, « La notion d'"analyse" chez Érigène », in *Jean Scot Érigène et l'histoire de la philosophie*, p. 349-356, p. 350.
5. *Periphyseon*, V, 913 B : « Num irrationalia animalia, ligna etiam et herbas omnesque huius mundi partes, a summo usque deorsum in uerbo dei incarnato restaurata sunt ? ».
6. *Ibid.*, 913 D : « Visibilium et sensibilium corporum moles et species resurrecturas non dicimus sed, ut sepe inter nos conuenerat, in suas causas et rationes, quae in homine factae sunt, in resurrectione hominis cum homine et in homine reuersuras, in quibus plus animalia omnia dicenda sunt animalia esse, quam in ipsis effectibus corporeis ac sensibilibus ».

Il ajoute :

> En ressuscitant avec l'homme et dans l'homme, ces animaux sont davantage considérés comme des animaux que dans leurs effets corporels et sensibles [1].

Dans le cas des animaux, cela signifie que les corps des animaux individuels ne ressusciteront pas autrement que dans l'homme, sans que cela nuise à leur existence authentique. Alors que l'authenticité de la créature restaurée nous semble garantie par l'autonomie de chaque sujet individuel rendu à la vie, Jean Scot nous invite à déplacer notre regard vers une restauration plus parfaite, entièrement centrée sur la relation entre la créature et le Créateur que l'homme permet. Cette restauration des créatures avec et dans l'homme n'est pas pensée comme la forme faible d'une restauration du monde tel que nous le connaissons ici-bas, mais comme une révélation de ce que sont les créatures, qui sont privées dans cette même réalité sensible de leur vie véritable [2].

En vertu du principe selon lequel les natures inférieures « désirent naturellement les natures supérieures et aspirent à s'unir avec elles » [3], et dans lequel Érigène soutient l'idée assez originale d'une résurrection authentique de ces natures dans la résurrection de la nature humaine, nous pensons qu'il est utile de d'envisager l'ultime conséquence de ce geste théologique en associant à cette réintégration générale ce monde des choses par lequel l'homme aura exercé ses capacités d'intellection et d'action au sein du monde sensible. Notre auteur interroge :

> Si donc les passions, que la nature rationnelle a contractées en elle à partir des propriétés irrationnelles, peuvent se transformer en vertus naturelles de l'âme, pourquoi serait-il incroyable que l'irrationalité elle-même puisse se transformer en se haussant au niveau de la rationalité [4] ?

Nous pensons que des passages comme celui-ci nous obligent à ne pas en rester à l'idée d'une transformation de l'irrationalité des êtres

1. Voir *supra* note précédente.

2. *Periphyseon*, V, 915 D-916 A : « C'est pourquoi le Psalmiste déclare : "Tu envoies ton esprit vital, et ils sont créés." C'est comme si le Psalmiste déclarait : "Tu envoies ton esprit vital, que tu as créé, c'est à dire envoie ton esprit vital et retourne dans les corps, que l'esprit vital a quitté temporairement, et tu permets que l'esprit vital revienne volontairement par un désir naturel." "Et tu renouvelles la face de la terre", c'est à dire une fois que les corps ont été unifiés inséparablement avec leurs formes vitales, tu restaures l'intégrité de la nature, que l'on désigne symboliquement sous le mot de "terre". »

3. *Ibid.*, 916 A. Voir également : *ibid.*, 916 D.

4. *Ibid.*, 916 C.

doués de vie animale ou végétative à la vie rationnelle de la nature humaine. Ce que l'Érigène dit de la conversion des passions en vertus naturelles permet d'envisager une autre conversion, tout aussi cohérente du point de vue de la procession et qui est celle de l'ensemble de la matérialité du monde. Cette « flore cutanée », selon l'expression que nous avons employée plus haut, de la « peau humaine du Verbe » contenant l'univers, et qui aura donné à l'homme son ultime expression sensible autant que ses premiers pas vers la juste intellection du monde, demeure le lieu de vérification du Salut apporté dans la procession théogonique décrite par Jean Scot. En faisant le choix de cette procession ne revenant pas en arrière, Dieu acceptait définitivement que l'unité de la création, même restaurée, ne soit jamais identique à sa perception du créé :

> Pour l'homme, cette unité ne sera jamais qu'unification, c'est-à-dire terme d'un processus de réduction et de retour. Quoi qu'il fasse, il reste dans le multiple et il le garde tel dans sa réduction même [1].

Conclusion
La mort et les objets, comme terme et commencement

> Personne parmi les philosophes ne met en doute le fait que les mouvements irrationnels, qui inhèrent naturellement à la vie animale, et qui inhèrent comme des passions à la vie humaine, consistent donc dans ces propriétés, qui ont entraîné la chute de l'homme, et c'est à partir de ces propriétés que l'homme a été entraîné dans la mort corporelle et dans la décomposition. L'homme ne pouvait pas tomber plus bas, car dans la nature il n'existe rien de plus inférieur que la vie privée de raison et de sensation, et le corps corruptible figure en dernier parmi tous les existants car aucune nature ne peut retourner au néant, et là où l'homme a marqué le terme final de sa ruine, là même il a entamé son retour [2].

1. Wohlman, *L'homme, le monde sensible et le péché*, p. 42.

2. *Periphyseon*, V, 875 B-C : « In hos itaque irracionales motus, qui bestiali uitae naturaliter, humanae uero passibiliter insunt, hominem cecidisse nullus sapientum ambigit ; et ex his iterum in mortem corporis et solutionem corruit. Neque enim plus inferius uenire potuit, siquidem in natura rerum nichil inferius est uita ratione et sensu carente. Infimum autem omnium corpus corruptibile, quoniam ad nichilum redire nulla natura sinitur, et ubi ruinae suae finem posuit, inde iterum redire inchoauit. »

Ces quelques lignes tirées du commencement du livre V du *Periphyseon* pourraient à elles-seules servir de conclusion à notre propos, tant elles unissent dans le souffle propre à notre penseur irlandais, la « vie privée de raison et de sensation » qui nous fait apparaître les cadavres de ceux que nous aimons comme d'étranges objets, et le terme historique de la procession théogonique qu'est la mort. Oui, ce monde des objets privés de toute vie dans lequel finissent par entrer les corps que l'on expose parfois dans des musées, dont certains capucins romains ou calabrais ont fait des décors architecturaux[1], se présente dans l'ordre de la réalité sensible et spatiale comme un terme comparable, dans l'ordre de l'histoire et du temps, à la mort. Et Jean Scot Érigène nous permet à travers toute son œuvre, de penser que le Dieu qui est est entré dans l'histoire et en a assumé tous les termes, est aussi celui qui s'est avancé, a procédé jusqu'à ce qu'il appelle les « laideurs » et les « corruptions les plus basses du monde »[2] qui désignent en fait la part la plus faible et la plus changeante de ce monde sensible. Selon lui c'est d'ailleurs « par un abus de langage qu'on appelle du nom de corruption la variation des natures temporelles à travers les accroissements et la résolution de ces accroissements dans leurs causes »[3], et la béatitude des hommes sera de ne plus juger la réalité sensible selon cette intelligence

1. Nous pensons ici à l'église Santa Maria della Concezione dei Cappuccini, via Veneto, à Rome.

2. *Periphyseon*, III, 684 B : « Car comment Dieu, qui demeure invisible, incorporel, incorruptible et transcendant à tous les existants, pourrait-il descendre de Lui-même et se créer Lui-même dans tous les existants afin de devenir tout en tous, et comment Dieu pourrait-il procéder jusqu'aux laideurs et aux corruptions les plus basses du monde sensible et jusqu'à ses formes et ses figures les plus viles, au point de devenir également immanent à celles-ci, si Dieu est vraiment tout en tous ? Mais quiconque émet une telle objection semble ignorer qu'aucune laideur ne peut exister dans l'univers envisagé comme un Tout, qu'aucun mal ne peut lui nuire et qu'aucune erreur ne peut le tromper ou le séduire. Car Dieu ne permet point qu'un défaut qui affecte l'univers dans l'une de ses parties se répercute dans le Tout, à l'échelle duquel la laideur cesse d'être laide, le mal cesse d'être nocif et l'erreur cesse d'être erronée (*Quomodo enim super omnia deus inuisibilis, incorporalis, incorruptibilis potest a se ipso descendere et se ipsum in omnibus creare, ut sit omnia in omnibus et usque ad extremas huius mundi uisibiles turpitudines et corruptiones uilissimasque formas et species procedere, ut ipse etiam in eis sit, si omnia in omnibus est? Ignorans qui haec dicit nullam turpitudinem in uniuersitate totius creaturae posse esse, nullam malitiam ei nocere, nullo errore falli uel seduci. Quod enim partim contingit in toto fieri deus non sinit, cuius uniuersitatis nec turpitudo turpis est, nec malitia nocet, nec error errat*) ».

3. *Periphyseon*, V, 958 C.

partielle mais de voir finalement toutes créatures « d'après leurs raisons et leurs causes immuables »[1], « car la Bonté divine à la fois opèrera et apparaîtra dans toutes les natures »[2]. Il est permis de penser que s'« il n'y a pas d'autre fin du monde, sinon que Dieu soit tout en tous »[3], tout ce qui aura tenu la place de « terme final » dans l'ordre de l'histoire comme dans celui de la division matérielle sera aussi auréolé de la gloire du commencement et du « retour », et que les objets faits de main d'homme tiendront une place non négligeable dans cette chair étendue qui tissera la réalité du Royaume[4].

1. *Ibid.*, 970 C.
2. *Ibid.*, 918 C.
3. *Ibid.*, 935 C.
4. *Cf.* R. GUARDINI, *Les fins dernières*, Versailles, Saint Paul, 1999 (1951[1]), p. 80-81.

LES AUTEURS CHARTRAINS
ET LA CAUSALITÉ NATURELLE

IRENE CAIAZZO

C'est au XIIe siècle qu'une réflexion théorique à part entière sur la nature et la causalité naturelle fait son apparition dans l'Occident latin. Selon les auteurs, la nature (Dame Nature) peut aider Dieu à créer le monde et/ou à assurer, après la création, le cours régulier des choses créées, contingentes et muables[1]. Plusieurs facteurs concomitants contribuent à l'émergence d'une telle réflexion : l'appropriation du savoir grec et arabe par le biais des traductions – spécialement d'ouvrages portant sur le corps de l'homme et sa composition élémentaire ; une lecture renouvelée des *Commentaires sur le Songe de Scipion* de Macrobe et du *Timée* de Platon accompagné du commentaire de Calcidius – les deux théorisent un cosmos vivant et animé, ordonné selon des proportions mathématiques, une conception de la nature comme *nexus causarum* ainsi qu'une relation homme/monde envisagée comme analogique et exprimée par les termes microcosme/macrocosme ; l'apport, qui reste encore à évaluer de manière exacte, du *De natura deorum* de Cicéron – qui véhicule les doctrines des stoïciens sur la philosophie naturelle.

1. La bibliographie sur la nature au XIIe siècle est vaste ; je me bornerai à citer ici seulement les contributions pertinentes à mon propos. Je reprends certaines idées avancées dans I. CAIAZZO, « Nature et découverte de la nature au XIIe siècle : nouvelles perspectives », *Quaestio. Annuario di storia della metafisica*, t. 15, 2015, p. 47-72.

À plusieurs occasions, j'ai insisté sur le rôle fondamental joué par la physique élémentaire, c'est-à-dire des quatre éléments, dans la construction des nouvelles cosmologies du XIIe siècle. Dans la présente contribution, je soulignerai d'abord les points de contact entre les cosmogénèses de Guillaume de Conches et de Thierry de Chartres et je me concentrerai ensuite sur les définitions de la nature en tant que « force qui fait naître le semblable du semblable » et en tant que « feu artisan ».

LES COSMOGÉNÈSES DE GUILLAUME DE CONCHES ET DE THIERRY DE CHARTRES

Guillaume de Conches est très probablement le premier à remettre la nature à l'honneur et à définir clairement ses tâches. Le cistercien Guillaume de Saint-Thierry lui reproche de restreindre cruellement la place de Dieu dans le monde : « non aliud esse Deum in mundo quam concursum elementorum et temperaturam naturae »[1]. Son perspicace censeur a en effet saisi la signification profonde de la *Philosophia*. Selon Guillaume de Conches, Dieu a créé les quatre éléments, les âmes, les astres. Ces derniers étant composés des quatre éléments, avec une prévalence de feu, « ont commencé à se mouvoir et, par leur mouvement, à réchauffer l'air placé sous eux ». L'air, élément intermédiaire, a transmis la chaleur à l'eau, et c'est précisément de l'eau chauffée que plusieurs genres d'animaux ont été formés : les oiseaux, les poissons, les animaux terrestres, l'homme. De surcroît, les zones habitables de la terre sont apparues, car sous l'effet de la chaleur une partie des eaux qui recouvraient la terre s'est évaporée. « Nos enim dicimus in omnibus rationem esse quaerendam (il faut chercher la raison de toute chose) »[2], écrit Guillaume dans la *Philosophia*, pour qui il est inconcevable de prendre le récit biblique au pied de la lettre et de penser, par exemple, que Dieu a enlevé une côte à Adam pour créer Ève; il faut plutôt comprendre qu'il a créé Ève « à coté » d'Adam et non pas « de sa côte ». Ses explications ont suscité les critiques de Guillaume de Saint-Thierry qui l'accuse d'interpréter le récit biblique dans un sens physique :

1. GUILLELMUS A SANCTO THEODORICO, *De erroribus Guillelmi de Conchis*, 8, éd. P. VERDEYEN, Turnhout, Brepols, 2007, (Corpus Christianorum Continuatio Mediaevalis [désormais CCCM], 89A), p. 70.

2. GUILLELMUS DE CONCHIS, *Philosophia*, t. I, 13, 45, éd. G. MAURACH, Pretoria, University of South Africa, 1980, p. 39.

« philosophice seu magis physice describens, physico sensu interpretans »[1]. C'est ce que revendique d'ailleurs ouvertement Thierry de Chartres, comme on va le voir plus loin.

Tullio Gregory, suivi par tous les historiens de la philosophie médiévale, a affirmé que les astres sont les causes secondes qui continuent la création du monde :

> Guillaume de Conches [...] élabore une cosmologie où l'œuvre directe de Dieu est limitée à la création des éléments et de l'âme humaine, tandis que la constitution toute entière de l'*ornatus*, c'est-à-dire le cosmos est l'effet de causes secondes, et avant tout des astres[2].

Après vérification, le syntagme « causes secondes » ne se lit pas chez Guillaume de Conches : la distinction formelle entre la cause première et les causes secondes est connue par les auteurs occidentaux latins grâce aux traductions de l'arabe effectuées en Espagne. Dominique Gundissalvi traduit la *Métaphysique* (*Liber de philosophia prima sive scientia divina*) d'Avicenne et Gérard de Crémone le *Liber de causis*. Avant cela, les « causes secondes » ne font pas partie du vocabulaire philosophique latin; on trouve tout au plus les « causes inférieures » dans le sillon d'Augustin. La distinction *causa prima/causae secundae* se rencontre, à la fin du XIIe siècle, chez Alain de Lille, l'un des tous premiers lecteurs du *Liber de causis*[3]; elle sera par la suite très répandue chez les auteurs du XIIIe siècle. Écrire, comme l'a fait Tullio Gregory, que les astres agissent comme des causes secondes revient en fait à plaquer un modèle métaphysique plus tardif sur les auteurs chartrains de la première moitié du XIIe siècle. Plus pertinemment, Guillaume de Conches explique la constitution du monde à partir des quatre éléments et de leurs qualités : Dieu les a créés, les a situés à leur place dans le cosmos et, à partir de là, leurs qualités ont déclenché le processus de création des êtres vivants. Guillaume de Saint-Thierry a affirmé, nous

1. GUILLELMUS A SANCTO THEODORICO, *De erroribus Guillelmi de Conchis*, 9, p. 70-71.

2. T. GREGORY, « La nouvelle idée de Nature et de savoir scientifique au XIIe siècle », in *The Cultural Context of Medieval Learning, Proceedings of the First international Colloquium in Philosophy, Science and Theology in the Middle Ages (September 1973)*, éd. J. E. MURDOCH – E. D. SYLLA, Dordrecht – Boston, D. Reidel, 1975, p. 193-218; désormais in *Mundana Sapientia : Forme di conoscenza nella cultura medievale*, Roma, Éd. di Storia e Letteratura, 1992, p. 118 (pour la citation).

3. I. CAIAZZO, « La première réception du *Liber de causis* en Occident (XIIe-XIIIe siècles) », in *Reading Proclus and the Book of Causes (5th-16th Centuries), Western Scholarly Networks and Debates*, éd. D. CALMA, Leiden, Brill, 2019, t. I, p. 46-69.

l'avons vu, que : « dans le monde Dieu n'est que la rencontre des éléments et le "thermostat" de la nature ».

Dans sa quête de la raison de toute chose, Guillaume de Conches nie aussi la présence des eaux au-dessus du firmament pour des raisons physiques : l'eau étant plus lourde que le feu et l'air, elle se dirige nécessairement vers le bas[1]. Si les auteurs bibliques n'ont pas parlé de la « physica rerum », ce n'est pas parce qu'elle est contraire à la foi – explique Guillaume de Conches dans les *Gloses sur la Consolation de Philosophie* de Boèce – mais parce que la physique n'était pas utile à l'édification de la foi, leur objectif principal[2]. Dieu peut, en cas exceptionnels, réaliser des miracles qui paraissent aller contre les lois de la nature, notamment l'accouchement d'une vierge ou la résurrection des morts.

Dans le *Tractatus de sex dierum operibus*, Thierry de Chartres se propose d'exposer la lettre de la première partie de la *Genèse*, tout en en fournissant une interprétation *secundum physicam*, à savoir une explication de la formation du cosmos, qui tienne compte des lois de la physique. Tel que Jean Scot dans le *Periphyseon*, Thierry explique qu'il ne s'adonnera pas à une interprétation morale et allégorique, puisque les « saints docteurs » l'ont déjà fait, et qu'il privilégiera le sens « historique » de la lettre. Le ciel et la terre, dont on parle au début de la *Genèse*, sont en effet les quatre éléments : le feu, l'air, l'eau, la terre. L'action de Dieu se déploie dans la création des quatre éléments, appelés aussi « cause matérielle ». Par la suite, la génération du monde sublunaire se réalise à travers la chaleur du feu et les rotations du ciel, qui se succèdent pendant les six jours de la création. Il est fort possible qu'au sujet des rotations du ciel et de l'action du feu, Thierry de Chartres (et peut-être Guillaume de Conches) se soit inspiré du *De opificio hominis* de Grégoire de Nysse, traduit en latin à deux reprises, par Denys le Petit et par Jean Scot Érigène, ouvrage dont l'importance n'a sans doute pas été appréciée à sa juste valeur. Max Lejbowicz avait jadis souligné des affinités entre Thierry de Chartres, Grégoire de Nysse et Basile de

1. GUILLELMUS DE CONCHIS, *Philosophia*, II, 2, 4, p. 42. L'existence des eaux au-dessus du firmament est également discutée (sans les implications religieuses) dans les *Glosae super Macrobium*, toujours inédites. *Cf.* H. RODNITE LEMAY, « Science and theology at Chartres : the case of the supracelestial waters », *The British Journal for the History of Science*, t. 36, 1977, p. 226-236.

2. GUILLELMUS DE CONCHIS, *Glosae super Boetium*, III, m. 9, éd. L. NAUTA, Turnhout, Brepols, 1999, (CCCM, 158), p. 159.

Césarée, dont les *Homélies sur l'Hexaéméron* avaient été adaptées en latin par Ambroise de Milan[1]. En outre, il faut rappeler le rôle primordial de la chaleur joué dans les cosmologies stoïciennes, telles qu'elles sont brossées par Cicéron dans le livre II du *De natura deorum*. Cette piste avait été indiquée par quelques spécialistes du XIIe siècle[2] et mériterait d'être creusée davantage. Plusieurs manuscrits du *De natura deorum* étaient en fait disponibles et ont été copiés dans le Nord de la France à cette époque, sans oublier que dans sa *Mathesis*, Firmicus Maternus reprend à son compte de nombreux passages du traité cicéronien[3]. Ce maillage d'auteurs et de textes constitue le cadre dans lequel se développent les cosmogénèses de Guillaume de Conches et de Thierry de Chartres, qui reposent en dernière analyse sur l'action du feu : sa chaleur et ses mouvements circulaires réchauffent l'air puis l'eau, de sorte que tous les êtres vivants sont créés à partir du feu et de l'eau[4].

1. M. LEJBOWICZ, « Cosmogénèse, traditions culturelles et innovation (sur les sections 18-22 du *Tractatus de sex dierum operibus* de Thierry de Chartres) », in *Langage, sciences, philosophie au XIIe siècle : Actes de la table ronde internationale organisée les 25 et 26 mars 1998*, éd. J. BIARD, Paris, Vrin, 1999, p. 39-59 ; T. GREGORY, « Le acque sopra il firmament : *Genesi* e tradizione esegetica », in *L'acqua nei secoli altomedievali* (Spoleto, 12-17 aprile 2007, Settimane di studio della Fondazione Centro Italiano di studi sull'Alto Medioevo), Spoleto, Presso la sede della Fondazione, 2008, p. 1-41. Dans cette contribution, Tullio Gregory passe en revue les commentaires sur la *Genèse* de l'Antiquité et du haut Moyen Âge, tandis que Guillaume de Conches et Thierry de Chartres sont discutés à partir de p. 38 ; la possible influence de Grégoire de Nysse n'y est pas mentionnée.

2. *Cf.* M. LAPIDGE, « The Stoic Inheritance », in *A History of Twelfth-Century Western Philosophy*, éd. P. DRONKE, Cambridge, Cambridge University Press, 1988, p. 81-112, surtout p. 100-102 et p. 106 ; voir aussi DRONKE, « Thierry of Chartres », p. 378. *Cf.* CICERO, *De natura deorum*, II, IX, 23 : « Sic enim res se habet ut omnia quae alantur et quae crescant contineant in se uim caloris sine qua neque ali possent nec crescere. Nam omne quod est calidum et igneum cietur et agitur motu suo ; quod autem alitur et crescit motu quodam utitur certo et aequabili ; qui quam diu remanet in nobis tam diu sensus et vita remanet, refrigerato autem et extincto calore occidimus ipsi et extinguimur » ; *ibid.*, II, IX, 24 : « Omne igitur quod uiuit, siue animal siue terra editum, id uiuit propter inclusum in eo calorem. Ex quo intellegi debet eam caloris naturam uim habere in se uitalem per omnem mundum pertinentem ». Je cite la nouvelle édition : CICÉRON, *De natura deorum*, Livre 2, éd. et trad. fr. C. AUVRAY-ASSAYAS, Caen, Presses Universitaires de Caen (@ Fontes & Paginæ – Sources antiques), 2019, en ligne : https://www.unicaen.fr/puc/sources/ciceron/FR_livre2.xml/fr_livre2_1/lat_livre2_1, consulté le 8 mars 2023.

3. FIRMICUS MATERNUS, *Mathesis*, livre III, 1-2, éd. P. MONAT, Paris, Les Belles Lettres, 1994, p. 14-15 (sur l'homme microcosme, les quatre éléments, la nature) ; *ibid.*, 16, p. 20 (la *natura artifex* crée l'homme).

4. Les similitudes entre les cosmogénèses de Guillaume de Conches et Thierry de Chartres ont déjà été remarquées par d'autres spécialistes avant moi, quoique dans une

La nature et les raisons séminales

Après les six jours, tout est produit et engendré à partir des propriétés des éléments, telles que la légèreté ou la lourdeur, ainsi que par d'autres causes séminales, que Dieu avait insérées dans les quatre éléments au moment de la création[1]. La théorie augustinienne des *rationes seminales* joue donc un rôle, et pas des moindres, dans le *Tractatus de sex dierum operibus* : elles sont mentionnées deux fois par Thierry de Chartres qui explique qu'aucune création nouvelle ne peut avoir lieu après les six jours ; même si de nouveaux « monstres » apparaissaient, ils seraient engendrés d'une manière différente (*aliquo modo*) à partir des causes séminales[2]. Thierry s'est de toute évidence servi du *De Genesi ad litteram* d'Augustin, qu'il passe pourtant sous silence. En revanche, comme l'ont indiqué plusieurs spécialistes, dans un passage du *Commentum in Boethii De Trinitate* le traité augustinien est expressément cité[3].

Dès ses gloses sur la *Consolation de Philosophie*, rédigées dans les années 1120, en reprenant la distinction de Calcidius entre l'œuvre de Dieu, l'œuvre de la nature et l'œuvre de l'artisan qui imite la nature, Guillaume de Conches livre la définition suivante : « Opus naturae est quod similia nascantur ex similibus, ut homines ex hominibus et similia »[4]. La nature, conçue comme causalité naturelle, assure ainsi

optique différente. Une analyse soignée avec les renvois à la bibliographie se trouve dans la thèse inédite de R. M. Ziomkowski, *Science, Theology, and Myth in Medieval Creationism : Cosmogony in the Twelfth Century*, PhD, Cornell University, 2000, p. 166-193.

1. Theodoricus Carnotensis, *Tractatus de sex dierum operibus*, 16, éd. N. M. Häring, *Commentaries on Boethius by Thierry of Chartres and His School*, Toronto, Pontifical Institute of Mediaeval Studies, 1971, p. 562.

2. Mon interprétation de ce passage du *Tractatus* diffère de celle de T. Gregory, Anima Mundi : *La Filosofia di Guglielmo di Conches e la Scuola di Chartres*, Firenze, G. C. Sansoni, 1955, p. 183.

3. D. Luscombe, « La création du monde chez Thierry de Chartres », in *Vie spéculative, vie méditative et travail manuel à Chartres au* XII*e siècle (autour de Thierry de Chartres et des introducteurs de l'étude des arts mécaniques auprès du quadrivium). Actes du colloque International des 4 et 5 juillet 1998*, Chartres, Association des amis du Centre médiéval européen de Chartres, 1998, p. 84 ; Lapidge, « The Stoic Inheritance », p. 110. Theodoricus Carnotensis, *Commentum in Boethii De Trinitate*, éd. N. M. Häring, *Commentaries on Boethius by Thierry of Chartres and His School*, Toronto, Pontifical Institute of Mediaeval Studies, 1971, p. 98.

4. Guillelmus de Conchis, *Glosae super Boetium*, III, m. 9, p. 150 : « Omne enim opus uel est opus creatoris uel opus naturae uel artificis imitantis naturam. Opus creatoris fuit ubi omnia creauit ex nichilo in principio, uel aliquid contra naturam, ut illa quae

la propagation et la conservation des différentes espèces : elle est – pour employer un mot vieilli – une consuetude selon laquelle les semblables sont produits des semblables. Ce n'est pas « la volonté divine » qui fait naître au quotidien l'homme de l'homme et de la femme, mais la nature [1], et Dieu gouverne le monde précisément à travers l'ordre de la nature [2], tout en agissant conformément à la nature. Dieu peut bien sûr faire des choses qui sortent de l'ordre naturel, contre la nature, comme dans le cas des miracles, puisque sa volonté est supérieure à tout ordre naturel, mais – se demande Guillaume dans la *Philosophia* – pour quelle raison ferait-il quelque chose de contraire à la nature, telle que faire naître un mouton d'un tronc d'arbre, par exemple ? Dieu agit de manière rationnelle, en respectant la rationalité de l'ordre de la nature qu'il a lui-

Sedulius enarrat et quae saepe uidemus contingere. Opus naturae est quod similia nascantur ex similibus, ut homines ex hominibus et similia. At dicet aliquis : nonne hoc est opus creatoris quod homo ex hominibus nascatur ? Ad quod respondendum : nichil per hoc deo detraho. Omnia quae in mundo fiunt deus facit praeter malum. Sed alia facit operante natura rerum, quae est instrumentum diuinae cuiusdam operationis. Et ea dicuntur opera naturae, quia a deo fiunt natura subseruiente. Alia facit non ex aliqua natura sed sola uoluntate quae, ut ait Plato, maior est omni nexu naturae ; et illa dicuntur a philosophis opera creatoris. Opus est artificis imitantis naturam uel in imaginibus uel in uestimentis et similibus in quibus homo imitatur naturam. Iuxta enim quod natura format hominem, et homo hominis imaginem uel uestimentum quod est aptum etiam rusticis. Hoc opus extranea causa, id est indigentia eorum quae extra se sunt, fit ab homine, ut uestimentum contra extraneum frigus uel contra pudorem naturae. Opus uero creatoris uel naturae fit a deo nulla indigentia sed sola beniuolentia ».

1. *Ibid.*, p. 159 : « Sed modo non est diuina uoluntas sic hominem nasci, cum sit masculus et femina ex quibus homo esse potest, quemadmodum uult aues ex germine nasci modo, non ex calore et humore ut in prima creatione. Sed cum moderni diuini hoc audiunt, quia in libris suis ita scriptum non inueniunt, obstrepunt statim, hoc ignorantes quod auctores diuinitatis phisicam rerum tacuerunt non quia contra fidem esset, sed quia ad aedificationem fidei de qua laborant non pertinet. Nec uolunt quod aliquid supra id quod scriptum est inquiramus, sed ut rustici simpliciter credamus. Et ita impletum est quod dixit Propheta : *Erit plebs sicut sacerdos*. Quod uero effectu, id est calore caelestium, factus sit homo ex limo terrae, per hoc potest probari quod uiuere non posset sine calore ; sed limus est naturaliter frigidus. Non ergo ex se habuit naturaliter calorem, nec erat ex quo haberet calorem nisi ex superioribus, quia inferiora sunt naturaliter frigida. Et ita limo calefacto ex superioribus homo factus est. Si dicat deum ex nichilo uel alio illum potuisse calefacere, respondeo quod non pono terminum in diuina potentia, sed conuenientius est dicere, cum esset ex quo calefaceret, ex illo calefactum esse quam ex nichilo. Si iterum dicat : hoc est diuinae potentiae et miraculis detrahere sic naturae rerum ascribere ? dicam : non, immo est diuinam potentiam et miraculum comprobare, qui talem naturam rebus tribuit ».

2. *Ibid.*, III, pr. 12, p. 194 : « Probat hoc idem, scilicet deum gubernare per ordinem naturae. Et est ordo naturae quod similia nascuntur de similibus ut homines de hominibus et cetera ».

même établi. Il faut en effet toujours se demander si une chose existe, pourquoi elle est ainsi faite et à quoi elle sert. C'est la raison pour laquelle les eaux au-dessus du firmament n'existent pas, car elles n'ont aucune utilité et vont contre les lois de la physique des éléments[1]. Toujours au sujet des eaux au-dessus du firmament, dans les années 1170-1180, Raoul de Longchamp récrit le passage en question de la *Philosophia* de Guillaume de Conches avec un ton plus sec, moins de fioritures, et une formulation plus nette de ce qu'est un argument philosophique :

> Si autem aliquis assignet pro solutione quod Deus ita vult, non est philosophica solutio. Deus enim omnia facit rationabiliter ut in operacionibus nature, vel utiliter ut in miraculis. Non enim Deus facit quicquid potest facere : posset enim facere de trunco vitulum, non tamen facit. Istis rationibus inductis et pluribus aliis, credimus aquas cristallinas non esse supra ignem[2].

La définition de la nature est peaufinée par Guillaume de Conches dans les *Gloses sur le Timée* de Platon, écrites vers 1130. Le point de départ est encore une fois la distinction entre l'œuvre du Créateur, celle de la nature et celle de l'artisan, avec cette définition de la nature destinée à un grand succès et reprise par de nombreux auteurs à travers les siècles : « Et est natura uis rebus insita similia de similibus operans ». La nature devient une force à l'intérieur des choses, une sorte de principe biologique. Guillaume de Conches ajoute que l'œuvre rassemble à son ouvrier : l'œuvre du créateur est perpétuelle et ne se dissout pas, l'œuvre de la nature ne connaît pas de fin, dans la mesure où elle se perpétue à travers la semence. L'œuvre du Créateur subsiste grâce à son ouvrier,

1. GUILLELMUS DE CONCHIS, *Philosophia*, II, 2, 5, p. 43 : « Quid miserius quam dicere istud est : "Quia deus illud facere potest", nec videre sic esse nec rationem habere, quare sic sit, nec utilitatem ostendere, ad quam hoc sit ? Non enim quidquid deus potest facere facit. Ut autem verbis rustici utar : "Potens est deus de trunco facere vitulum" : Fecitne umquam ? Vel igitur ostendat rationem, quare ; vel utilitatem, ad quam hoc sit ; vel sic esse iudicare desinant. Sic ergo nec aquae congelatae ibi sunt nec super eas aliae sunt ». Guillaume répète le même argument presque avec les mêmes mots dans le *Dragmaticon philosophiae*, III, 2, 8-9, éd. I. RONCA, Turnhout, Brepols, 1997, (CCCM, 152), p. 60.

2. RADULFUS DE LONGOCAMPO, *Summa de philosophia*, 9, in « La *Somme de philosophie* de Raoul de Longchamp », *Archives d'Histoire doctrinale et littéraire du Moyen Âge*, éd. I. CAIAZZO, t. 89, 2022, p. 136 ; *ibid.*, 50, p. 159 : « Quidam hoc attribuunt tantummodo divine potentie, et dicunt ita esse, quia Deus ita vult. Quia tamen Deus in rebus naturalibus naturaliter agit, naturam huius rei et philosophiam sic possumus assignare ».

l'œuvre de la nature se poursuit à travers sa progéniture[1]. Dans un essai publié il y a une dizaine d'années, Steven Epstein a suggéré que Guillaume de Conches est peut-être le premier à avoir formulé cette définition de la nature et que, malgré les échos chez Cicéron et Augustin, elle ne se trouve pas telle quelle avant lui[2]. En fait, un autre passage du *De natura deorum*, non remarqué jusqu'ici, pourrait avoir inspiré la définition de Guillaume de Conches ; je le cite dans la nouvelle traduction française de Clara Auvray-Assayas :

> Car les uns pensent que la nature est une force dépourvue de raison qui suscite dans les corps des mouvements nécessaires ; selon d'autres, c'est une force rationnelle et ordonnée qui procède avec une sorte de méthode et dévoile les moyens qu'elle utilise pour produire chaque chose et la fin qu'elle poursuit, sans qu'aucun art, aucune main d'homme, aucun artisan puisse, en l'imitant, égaler son habileté. C'est ainsi que la semence, malgré sa petitesse, recèle une telle puissance que si elle tombe dans un élément qui l'accueille et qui l'enveloppe et si elle rencontre l'aliment qui lui permette de croître, elle façonne et produit chacun des êtres dans sa propre espèce : dans certains cas, ils se nourrissent

1. GUILLELMUS DE CONCHIS, *Glosae super Platonem,* 37, éd. É. JEAUNEAU, Turnhout, Brepols, 2006, (CCCM 203), p. 69-70 : « Et sciendum quod omne opus uel est opus Creatoris, uel opus naturae, uel artificis imitantis naturam. Et est opus Creatoris prima creatio sine praeiacente materia, ut est creatio elementorum et spirituum, uel ea quae uidemus fieri contra consuetum cursum naturae, ut partus uirginis, etc. Opus naturae est quod similia nascuntur ex similibus, ex semine uel ex germine. Et est natura uis rebus insita similia de similibus operans. Opus artificis est opus hominis quod propter indigentiam operatur, ut uestimenta contra frigus, domum contra intemperiem aeris. Sed in omnibus quae agit naturam imitatur. [...] Sed ex artifice opus contrahit qualitatem. Opus enim Creatoris perpetuum est, carens dissolutione : neque enim mundus neque spiritus dissoluuntur. Opus naturae, etsi in se esse desinat, tamen in semine remanet. Opus vero artificis naturam imitantis nec in se remanet nec aliquid ex se gignit. Opus ergo Creatoris contrahit ex suo artifice perpetuo subsistere, opus naturae per prolis subsequentiam, opus uero hominis omnino transire ». La même définition dans le *Dragmaticon philosophiae*, I, 7, 3, p. 30 : « PHILOSOPHVS : Vt ait Tullius, difficile est naturam diffinire ; sed tamen, ut hic hoc nomen accipitur, natura est uis quaedam rebus insita, similia de similibus operans. Opus igitur est naturae, quod homines nascuntur ex hominibus, asini ex asinis, sic de aliis ».

2. S. A. EPSTEIN, *The Medieval Discovery of Nature*, New York, Cambridge University Press, 2012, p. 10. *Cf.* CICERO, *De natura deorum*, II, XI, 28 : « [...] calidum illud atque igneum ita in omni fusum esse natura ut in eo insit procreandi uis et causa gignendi, a quo et animantia omnia et ea quorum stirpes terra continentur et nasci sit necesse et augescere ».

seulement par leurs racines, dans d'autres, ils peuvent se mouvoir, sentir, désirer et engendrer des êtres semblables à eux-mêmes [1].

En revanche, après Guillaume de Conches et fort probablement à sa suite, on rencontre cette définition chez maints auteurs : Alain de Lille, Robert de Melun, Godefroid de Saint-Victor, Albert le Grand et tant d'autres. Une conception "biologique" de la nature est également arborée dans l'*Expositio in Hexameron* d'Abélard, où elle est une « force accolée aux choses dès la création qui leur permet de naître de manière autosuffisante », c'est-à-dire sans l'intervention de la volonté divine après l'œuvre des six jours [2]; définition jadis étudiée par Jean Jolivet et par David Luscombe [3]. Un autre élément qui mérite d'être ici souligné est que, dans les *Glosae super Platonem* attribuées à Bernard de Chartres, nous avons une autre définition "biologique" de la nature, qui comporte également un arrière-fond cicéronien ; elle est introduite pour distinguer l'œuvre de Dieu, de la nature et de l'homme imitant la nature : « Natura quidem est uis et ratio gignendi » [4]. Les œuvres de la nature sont celles

1. CICERO, *De natura deorum*, II, XXXII, 81 : « Namque alii naturam esse censent uim quandam sine ratione cientem motus in corporibus necessarios, alii autem uim participem rationis atque ordinis tamquam uia progredientem declarantemque quid cuiusque rei causa efficiat, quid sequatur, cuius sollertiam nulla ars, nulla manus, nemo opifex consequi possit imitando. Seminis enim uim esse tantam ut id, quamquam sit perexiguum, tamen, si inciderit in concipientem conprehendentemque naturam nanctumque sit materiam qua ali augerique possit, ita fingat et efficiat in suo quidque genere, partim ut tantum modo per stirpes alantur suas, partim ut moueri etiam et sentire et appetere possint et ex sese similia sui gignere ».

2. PETRUS ABAELARDUS, *Expositio in Hexameron*, 123, éd. M. ROMIG – D. LUSCOMBE, Turnhout, Brepols, 2004, (CCCM, 15), p. 34 : « Naturam itaque dicimus uim rerum ex illa prima preparatione illis collatam, ad aliquid inde nascendum, hoc est efficiendum, sufficientem » ; *ibid.*, 150-151, p. 39 : « Vnde ergo, secundum naturam rerum, terra tunc germinare ista potuerit uel conseruare, nonnulla est questio. Sed, sicut iam supra meminimus, in illis operibus sex priorum dierum sola dei uoluntas uim naturae obtinuit, quando etiam ipsa natura creabatur ; hoc est uis quedam conferebatur illis rebus que tunc fiebant, unde ipsae postmodum ad multiplicationem sui sufficerent uel ad quoscumque effectus inde processuros uel tamquam nascituros. Quippe, ut dictum est, nichil nunc naturam aliud dicimus, nisi uim et facultatem illis operibus tunc collatam, unde illa sufficerent ad efficiendum hec que postmodum inde contigerunt ».

3. J. JOLIVET, « Éléments du concept de Nature chez Abélard », in *La Filosofia della Natura nel Medio Evo. Atti del III Congresso internazionale di Filosofia Medievale (Passo della Mendola, 31 agosto-5 settembre 1964)*, Milano, Vita e pensiero, 1966, p. 297-304 (surtout p. 302), et D. LUSCOMBE « Nature in the Thought of Peter Abelard », *ibid.*, p. 314-319 (surtout p. 314-315).

4. BERNARDUS CARNOTENSIS, *Glosae super Platonem*, 4. 33-34, éd. P. DUTTON, Toronto, Pontifical Institute of Mediaeval Studies, 1991, p. 158.

quae habent semina in uisceribus terrae ad arbores et segetes et cetera procreanda, uel quae habent semina in genitalibus membris ad fetus animalium, quae omnia in tempore nascuntur et occidunt, et ideo dicuntur temporalia [1].

Cette idée de reproduction du semblable à partir du semblable et d'espèce est présente aussi dans le *De tribus diebus* d'Hugues de Saint-Victor [2]. Mais c'est surtout dans le *Didascalicon* qui « a été mis en circulation avant l'été 1121 » [3], qu'on lit plusieurs réflexions remarquables. Hugues écrit que les astrologues (*mathematici*) ont divisé le monde en deux : la partie supralunaire qui peut également être appelée nature (*natura*), puisque toutes les choses y persistent selon l'ordre primordial, et la partie sublunaire qui est l'œuvre de la nature (*opus naturae*), puisque tous les êtres vivants reçoivent la nourriture de la partie supérieure pour naître et pouvoir se développer [4]. Quelques pages plus loin, après avoir rappelé, à la suite du *De inventione* (I, 24) de Cicéron, que la nature est difficile à définir, Hugues livre trois définitions, dont la troisième a fait couler beaucoup d'encre :

1. *Ibid.*, 4. 35-38, p. 158. Sur ces définitions, voir A. J. HICKS, *Composing the World : Harmony in the Medieval Platonic Cosmos. Critical Conjunctures in Music and Sound*, New York, Oxford University Press, 2017, p. 52. Andreas Speer avait parlé d'une « théorie unifiée de la Nature », *cf.* A. SPEER, « Discovery of Nature : The Contribution of the Chartrians to Twelfth-Century Attempts to Found a *Scientia Naturalis* », *Traditio*, t. 52, 1997, p. 135-151, en part. 148-151, et ID., *Die entdeckte Natur : Untersuchungen zu Begründungsversuchen einer « scientia naturalis » im 12. Jahrhundert*, Leiden – New York – Köln, Brill, 1995, p. 96.

2. HUGO DE SANCTO VICTORE, *De tribus diebus*, 820B-C, éd. D. POIREL, Turnhout, Brepols, 2002, (CCCM, 177), p. 24-25, l. 383-388 : « Est adhuc aliud uerum et euidens diuinae sapientiae argumentum, quod omne genus simile sibi procreat, et in tam multis similitudo una propagata primae originis formam non immutat. Non ouis uitulum, non uacca agnum, non cerua leporem, non leo uulpem, sed in sibi simile propaginem suam extendit omne quod est. Hoc quoque insensibilis natura custodit ».

3. D. POIREL, « *Tene fontem et totum habes* : l'unité du *Didascalicon* d'Hugues de Saint-Victor », *in* Universitas scolarium. *Mélanges offerts à Jacques Verger par ses anciens étudiants*, éd. C. GIRAUD – M. MORARD, Genève, Droz, 2011, p. 293-328.

4. HUGO DE SANCTO VICTORE, *Didascalicon de Studio Legendi*, I, 7, éd. C. H. BUTTIMER, Washington D. C., The Catholic University of America, 1939, p. 14 : « De mundo superlunari et sublunari. Hinc est quod mathematici mundum in duas partes diviserunt : in eam videlicet partem quae est a circulo lunae sursum, et in eam quae deorsum est. Et superlunarem mundum, eo quod ibi omnia primordiali lege consistant, naturam appellabant, sublunarem, opus naturae, id est, superioris, quia omnium genera animantium, quae in eo vitalis spiritus infusione vegetantur, a superioribus per invisibiles meatus infusum nutrimentum accipiunt, non solum ut nascendo crescant, sed etiam ut alendo subsistant ».

> Tertia definitio talis est : Natura est ignis artifex ex quadam vi<a> procedens in res sensibiles procreandas. Physici namque dicunt omnia ex calore et humore procreari [1].

Michael Lapidge avait signalé que la source d'Hugues de Saint-Victor était la définition de la nature de Zénon donnée par Cicéron dans le *De natura deorum*. De surcroît, sur la base du texte grec et de la relative traduction de Cicéron, il proposait d'amender le texte du *Didascalicon*, c'est-à-dire de lire « via » plutôt que « vi » [2]. Or, s'il ne fait pas de doute que la source lointaine est le *De natura deorum*, la source immédiate d'Hugues de Saint-Victor est en fait le commentaire de Marius Victorinus sur le *De inventione* de Cicéron où nous lisons :

> Denique sapientes quidam sic definiere naturam : *natura est ignis artifex quadam uia uadens in res sensibiles procreandas* ; etenim manifestum est omnia principe igne generari [3],

c'est-à-dire mot pour mot la définition du *Didascalicon*. D'ailleurs, nous retrouvons la même définition de la nature (tirée de Marius Victorinus) dans le commentaire de maître Menegaldus sur le *De inventione* [4], écrit à la fin du XIe ou au début du XIIe siècle.

1. HUGO DE SANCTO VICTORE, *Didascalicon de Studio Legendi*, I, 10, p. 18.

2. LAPIDGE, « The Stoic Inheritance », p. 107 ; *cf.* CICERO, *De natura deorum*, II, XXII, 57 : « Zeno igitur naturam ita definit ut eam dicat ignem esse artificiosum ad gignendum progredientem uia. Censet enim artis maxime proprium esse creare et gignere, quodque in operibus nostrarum artium manus efficiat id multo artificiosius naturam efficere, id est, ut dixi ignem artificiosum magistrum artium reliquarum. Atque hac quidem ratione omnis natura artificiosa est quod habet quasi uiam quandam et sectam quam sequatur » ; *ibid.*, 58 : « Atque ut ceterae naturae suis seminibus quaeque gignuntur, augescunt, continentur, sic natura mundi omnis motus habet uoluntarios conatusque et adpetitiones, quas ὁρμὰς Graeci uocant et his consentaneas actiones sic adhibet ut nosmet ipsi qui animis mouemur et sensibus ». Dans *De nat. deorum*, II, XI, 28, cité *supra* n. 2, p. 87, c'est bien « uis » et non pas « uia ».

3. MARIUS VICTORINUS, *Explanationes in Ciceronis Rhetoricam*, I, 24, éd. A. IPPOLITO, Turnhout, Brepols, 2006, (Corpus Christianorum Series Latina, 132), p. 108.

4. *Menegaldi in Ciceronis Rhetorica Glose*, éd. F. BOGNINI, Firenze, SISMEL – Ed. del Galluzzo, 2016, p. 73 : « Verumtamen quidam philosophorum naturam sic diffiniverunt : natura est ignis artifex quadam via vadens in res sensibiles procreandas ».

L'INTERPRÉTATION DE CLAREMBAUD D'ARRAS ET D'ALAIN DE LILLE

La nature doit être distinguée de l'âme du monde chez Guillaume de Conches qui, dès ses *Gloses sur la Consolation de Philosophie*, les sépare : la première a une fonction biologique telle que la reproduction et la conservation de l'espèce[1], la seconde est une force vitale naturelle (*vigor naturalis*) qui anime et insuffle la vie aux êtres selon leurs capacités, qu'elle soit identifiée ou pas avec le Saint-Esprit[2]. La définition de la nature de Guillaume de Conches est commentée par Clarembaud d'Arras, élève de Thierry de Chartres, qui dans son commentaire sur la *Genèse* (1155 ?) s'érige, pour ainsi dire, en historien de la philosophie. Il explique que la *ratio naturalis* ou la *similitudo nascendi*, dont parlent les philosophes naturels, est en fait appelée par les auteurs sacrés *ratio seminalis*. Celle-ci est une force insérée dans les éléments par le Créateur, qui doit être comprise comme une attitude naturelle permettant la production des semblables à partir des semblables selon une habitude (*consuete*). En empruntant sans doute la perspective de Clarembaud d'Arras, Tullio Gregory qui cite le passage en question sans connaître son auteur - le *Liber de eodem secundus* étant considéré comme anonyme, à l'époque où Tullio Gregory écrivait son *Anima mundi* - affirme que, malgré le fait que Guillaume de Conches ne mentionne jamais les *rationes seminales*, sa définition de la nature possède un arrière-fond augustinien[3]. Quoi qu'il en soit, Clarembaud d'Arras, en insistant sur l'idée que le cours de la nature est *consuete* ou *solitum*, peut soutenir, d'une part, que les « choses monstrueuses » ne sont pas produites *secundum solitum cursum naturae* et, d'autre part, que Dieu a la faculté

1. Voir les textes cités n. 1, 2 et 3, p. 85.

2. GUILLELMUS DE CONCHIS, *Glosae super Boetium*, III, m. 9, p. 169-170. La question de l'identification de l'âme du monde avec le Saint-Esprit ne peut pas être discutée ici ; je me permets de renvoyer le lecteur à I. CAIAZZO, « La discussione sull'*Anima mundi* nel secolo xii », *Studi Filosofici*, t. 16, 1993, p. 27-62.

3. GREGORY, Anima Mundi : *La Filosofia di Guglielmo di Conches e la Scuola di Chartres*, p. 179-181 ; LAPIDGE, « The Stoic Inheritance », p. 110-111. *Cf.* AUGUSTIN, *De Genesi ad litteram*, II, 15 ; V, 23 ; IX, 17. Augustin utilise « vis seminalis » (X, 21), « causales rationes » (VII, 22), « causalis ratio » (VII, 28). *Cf.* CLAREMBALDUS ATREBATENSIS, *Tractatulus super Librum Genesis*, 17, in *Life and Works of Clarembald of Arras, a Twelfth-Century Master of the School of Chartres*, éd. N. M. HÄRING, Toronto, Pontifical Institute of Mediaeval Studies, 1965, p. 233 : « Seminalis vero ratio est vis occulta inserta elementis vel eis quae constant ex elementis. Secundum quam vim alia ex aliis suo quaeque tempore consuete nascuntur ».

d'agir sur le cours naturel habituel (*super motum cursumque naturalem*), notamment dans le cas des miracles. Ces derniers ne proviennent pas des raisons séminales mais des causes qui restent cachées dans l'esprit du Créateur : par exemple, dans l'eucharistie (que Clarembaud considère comme un miracle), ce n'est pas la *ratio seminalis* qui provoque la transformation du pain dans le corps du Christ. C'est à partir des causes cachées en lui que Dieu déploie des miracles pour montrer sa grâce, en modifiant, si besoin était, le cours habituel de la nature. En prenant appui sur la *Lettre aux Colossiens* 1 : 26, Clarembaud affirme que le mystère du salut de l'homme n'est pas dans le monde, dans lequel se trouvent les raisons séminales, mais bel et bien caché en Dieu. Autrement dit, le miracle serait un signe de la grâce. De surcroît, rien n'est contre la nature, car la nature est la volonté même de Dieu (selon une formulation ancienne remontant au *De inventione* de Cicéron), et les miracles vont, tout au plus, contre le cours "habituel" de la nature[1]. Clarembaud répond très vraisemblablement à la *Philosophia* de Guillaume de Conches[2], tout en apportant un nouvel éclairage sur le concept de nature et d'ordre naturel.

1. CLAREMBALDUS ATREBATENSIS, *Tractatulus super librum Genesis*, 26-28, p. 238-239 : « Amplius de seminali ratione agendum est quae a philosophis "naturalis ratio" sive "similitudo nascendi", a divinis vero auctoribus "seminalis ratio" vocatur. Est itaque, ut diximus, ratio seminalis vis insita elementis etc. Quod ita debet intelligi : vis, scilicet aptitudo naturalis iuxta quam similia ex similibus producuntur. Unde fit ut de grano tritici non nascatur faba vel de faba triticum, vel de pecore homo vel de homine pecus. Iuxta quod ait Augustinus : "In semine arboris tota arbor primitus fuit, non mole corporeae magnitudinis sed vi potentiaque causali. Quam arborem ex grano exiguo vis illa mirabilis produxit qua valuit adiacens humor commixtus terre tanquam materie verti in ligni qualitatem". Illa itaque aptitudo naturalis qua hoc fit, vis insita elementis vel eis quae constant ex elementis dicitur. Et est aliud aptitudo aliud possibilitas. Et quamvis in eodem queant inveniri, aliunde tamen possibilitas et aliunde provenit aptitudo. Possibilitas namque ex materia, aptitudo vero ex artifice, scilicet Deo, rebus inest. Aptitudo enim, quae est seminalis ratio, semen est quo alia ex aliis similia producuntur. Et sicut semen ex viro vel mare emittitur in matricem, sic ratio seminalis, scilicet aptitudo naturalis iuxta quam alia ex aliis consuete nascuntur ab artifice Deo, qui cuncta creavit, inserta est materiae vel elementis. Nec est ex ipsa materia ut iuxta eam quaelibet res alias res eiusdem generis producant consuete : scilicet non contra solitum cursum naturae [...]. Sunt enim duo causarum genera : unum genus causarum est quae insertae sunt elementis ex quibus alia ex aliis suo quaeque tempore consuete producuntur. Aliae vero causae sunt in mente Creatoris ab aeterno absconditae quas ipse rebus conditis non inseruit. Ex quibus miracula ad ostentionem suae gratiae quando vult depromit ».

2. *Ibid.*, 29, p. 239 : « [...] quidam dicentes nichil posse evenire contra naturam, scilicet contra solitum naturae cursum ».

« La nature est la puissance présente dans les choses sensibles, qui permet l'engendrement des semblables à partir des semblables » : cette définition se lit, parmi beaucoup d'autres sur la nature, dans les *Distinctiones dictionum theologicarum*[1] d'Alain de Lille, écrites avant 1190, et elle est constamment évoquée dans d'autres ouvrages, même dans ceux qui n'ont pas, à première vue, une connotation franchement naturaliste, comme l'*Expositio prosae de angelis*[2] ou la *Summa « Quoniam homines »* rédigée vers 1160, selon son éditeur Palémon Glorieux. Dans celle-ci, Alain s'inspire d'Augustin expressément cité ; il y distingue les causes supérieures des causes inférieures : les premières sont en Dieu, les secondes dans la nature. Les causes inférieures sont temporelles, ou séminales, et sont logées dans les choses depuis la création, afin que les semblables naissent des semblables ; ces causes sont dans la nature et, d'après elles et grâce à elles, les choses se réalisent selon le cours de la nature. Dieu contient les causes supérieures selon lesquelles il agit de manière miraculeuse, comme lorsqu'il a fait parler l'ânesse de Balaam ou a créé la femme à partir de la côte de l'homme[3]. Quand il évoque la

1. ALANUS AB INSULIS, *Distinctiones dictionum theologicarum*, éd. J. P. MIGNE, *Patrologiae cursus completus. Series latina*, t. 210, Paris, Petit-Montrouge, 1855, col. 871 : « Dicitur potentia rebus naturalibus indita, ex similibus procreans similia ».

2. ALANUS AB INSULIS, *Expositio prosae de angelis*, in ALAIN DE LILLE, *Textes inédits*, éd. M.-T. D'ALVERNY, Paris, Vrin, 1965, p. 200 : « Hec autem generantur nature ministerio, que nichil aliud est quam potentia inferioribus causis indita ex similibus procreandi similia. Natura ergo non creatrix, sed procreatrix dicitur, quasi ex alio creatrix. Eius operatio, procreatio, eius vero opus, procreatum dicitur ».

3. ALANUS AB INSULIS, *Summa « Quoniam homines »*, II, 2, 155, éd. P. GLORIEUX, « La Somme *"Quoniam homines"* d'Alain de Lille », *Archives d'histoire doctrinale et littéraire du Moyen Âge*, t. 20, 1953, p. 296 : « Et notandum, ut dicit Augustinus [*Super Genesim ad litt.* IX, c. 17], quod causarum alie sunt inferiores, alie superiores, alie naturales, alie supercelestes, alie temporales, alie eternales. Inferiores sive temporales sunt sensitive cause sive seminales rationes que rebus a creatione indite sunt ; secundum quas proveniunt similia ex similibus, ut bos de bove, homo de homine, quercus de glande. Hee autem que fiunt secundum istas causas dicuntur fieri secundum cursum nature. Et hee cause et in natura sunt, quia secundum eas natura operatur, et in Deo quia et de eis et secundum eas ad nutum suum agit. Superiores autem cause sive eterne rationes sunt ille secundum quas operatur supra cursum nature, non secundum seminales rationes set supra eas, quando scilicet aliquid miraculose operatur, ut mulierem formari de costa viri, asinam Balaam loqui, et consimilia. Hee rationes dicuntur tantum esse in Deo et non in natura, quia talia non fiunt seminali ratione set sola Dei auctoritate. Et quamvis plurali numero dicatur superiores cause vel rationes, tamen una est superior causa et eterna, ratio scilicet divina, voluntas vel sapientia, secundum quam operatur aliquando supra legem nature. Referenda ergo est ad pluralitatem causalium ; non ad pluralitatem causarum ; ad pluralitatem rationabilium, id est eorum que a Deo rationabiliter fiunt, non ad diversitatem rationum ;

création d'Ève, Alain explique que Dieu s'est servi des quatre éléments qui étaient dans la côte d'Adam pour créer Ève, en agissant indubitablement au-dessus des règles de la nature mais pas contre elles [1]. La typologie des causes établie par Alain de Lille nous amène dans un cadre conceptuel différent par rapport aux premiers auteurs chartrains, un cadre proche de Clarembaud d'Arras. La source d'Alain de Lille est Augustin, puisque à l'époque de la rédaction de la *Summa « Quoniam homines »*, le *Liber de causis* n'avait pas encore circulé en France et n'avait peut-être même pas encore été traduit par Gérard de Crémone († 1181). Les causes inférieures sont certes évoquées par Avicenne dans le *Liber de philosophia prima sive scientia divina*, traduit vers 1150 (?) mais comme Alain de Lille ne mentionne qu'Augustin (tout comme Clarembaud d'Arras), il faut sans doute exclure une influence avicennienne. Des échos de la distinction entre les causes supérieures et les causes inférieures se discernent, me semble-t-il, chez Gautier de Saint-Victor, Simon de Tournai et Alexandre de Halès. Cependant, suivre la réception d'Alain de Lille ne rentre pas dans les limites chronologiques de la présente étude et nous éloignerait de ses objectifs.

que rationes vel cause dicuntur in Deo esse abscondite. Ideo autem dicuntur in Deo esse abscondite quia ita est in divina dispositione ut hoc vel illud fiat quod non est in seminali creature ratione. A regula ergo nature aliquid sibi Deus excepit, id est aliquid sibi retinuit quod legibus nature non dedit, scilicet se ita posse supra cursum nature ».

1. ALANUS AB INSULIS, *Summa « Quoniam homines »*, II, 2, 155 : « Unde Augustinus supra genesim ait : omnis nature cursus habet naturales leges ; supra hunc naturalem cursum creator habet apud se posse de omnibus facere aliud quam eorum naturalis ratio habet, ut virga scilicet arida repente floreat, fructum gignat, et in iuvenca sterilis femina in senectute pariat. Huiusmodi autem dedit naturis ut ex hiis etiam hec fieri possent, non ut in naturali motu haberent. Ex hiis verbis Augustini liquet quod in costa Ade non fuit ut ex ea fieret mulier, sed in costa fuit ut ex ea posset fieri mulier. Deus enim hoc etiam contulit rebus ut preter earum seminales rationes de eis posset operari ad nutum suum. In costa etiam erant quatuor elementa ex quibus congruo ordine dispositis poterat fieri corpus Eve ; et ita in costa erat, ratione quatuor elementorum, ut ex ea mulier posset fieri ; set non in ea erat ut de ea fieret mulier, quia non erant in ea ita disposita elementa ut ex ipsis sic dispositis fieret corpus mulieris. Et quamvis costa subtracta sit Ade, tamen non diminuta fuit humana natura in Adam ; integritas enim et perfectio humane nature in hiis consistit sine quibus non est perfecta humana natura. Set non minus fuit perfecta subtractione coste. Fuerunt tamen heretici qui dicerent corpora mulierum non fore suscitanda quia cum Adam surrecturus sit cum omni plenitudine humane nature, resurget cum costa sua ».

Une lecture suivie de l'élaboration et de la fortune du concept de nature montre que l'héritage stoïcien est tout aussi présent que l'arrière-plan platonicien, comme l'avait jadis indiqué Michael Lapidge. Le feu artisan décrit dans le *De natura deorum* de Cicéron croise les *rationes seminales* (*spermatikoi logoi*) tout comme l'œuvre de la nature (*opus naturae*) ébauchée par Calcidius. C'est dans cette hybridation de sources et de traditions philosophiques qu'il faut situer l'intérêt renouvelé pour la nature et la causalité naturelle chez les auteurs chartrains de la première moitié du XIIe siècle. Les cosmogénèses de Guillaume de Conches et de Thierry de Chartres reposent sur la primauté du feu et de l'eau ; les définitions biologiques de la nature proviennent en dernier lieu du *De natura deorum* ; la présence d'Augustin se révèle fondamentale chez Clarembaud d'Arras et Alain de Lille, la seconde génération chartraine.

LE PERSONNAGE DE *NATURA* DANS LA POÉSIE ALLÉGORIQUE LATINE DU XIIe SIÈCLE

JEAN-YVES TILLIETTE

Les années 1180-1185 représentent un moment très remarquable dans l'histoire de la poésie latine. Ce bref laps de temps voit en effet la parution quasi-simultanée de quatre épopées en hexamètres de plusieurs milliers de vers, qui sont autant de chefs d'œuvre, l'*Alexandréide* de Gautier de Châtillon, l'*Iliade* de Joseph d'Exeter, l'*Anticlaudianus* d'Alain de Lille et l'*Architrenius* de Jean de Hanville [1]. Je n'entrerai pas dans le détail technique de leur chronologie relative, qui serait pourtant d'un certain intérêt dans la perspective où l'on se situe ici, mais je veux croire que leur élaboration conjointe est aussi l'effet d'une certaine émulation. Leurs auteurs appartiennent en effet à des aires géographiques et des milieux culturels voisins, la cour de Champagne pour l'*Alexandréide*, le monde anglo-normand des Plantagenêt pour l'*Iliade*, l'*Architrenius* et peut-être l'*Anticlaudianus*, sur lequel nous avons moins de certitudes, car la biographie de son auteur donne lieu à de rudes controverses [2].

1. GAUTIER DE CHÂTILLON, *Alexandréide*, éd. M. COLKER revue par J.-Y. TILLIETTE, introd., trad. fr. et notes J.-Y. TILLIETTE, Turnhout, Brepols, 2022 (Témoins de notre histoire); JOSEPH ISCANUS, *Werke und Briefe*, éd. L. GOMPF, Leiden – Köln, Brill, 1970; ALAIN DE LILLE, *Anticlaudianus*, éd. R. BOSSUAT, Paris, Vrin, 1955; JOHANNES DE HAUVILLA, *Architrenius*, éd. P.G. SCHMIDT, München, Fink, 1974.

2. Les hypothèses de Françoise Hudry qui, sur la base de l'attribution à Alain de Lille d'un petit corpus anonyme de lettres conservé dans le manuscrit de Paris, BNF lat. 13575, fol. 44-57v, lui prête une biographie tourmentée et l'identifie à Alain de Tewkesbury, disciple et biographe de Thomas Becket, ont été accueillies avec circonspection, voire scepticisme (voir par ex. F. DOLBEAU, compte rendu de F. HUDRY, *Alain de Lille (?). Lettres*

Autant dire des régions qui, dans le dernier quart du XII e siècle, brillent au zénith de la création littéraire, en latin comme en langue vulgaire.

Il est d'usage de regrouper deux à deux nos quatre poèmes, ceux de Gautier de Châtillon et de Joseph d'Exeter relevant du genre du *carmen historicum*, tandis que les deux autres sont des épopées allégoriques – qualificatif sans doute à nuancer pour l'*Architrenius*, qui mêle à des abstractions personnifiées des types sociaux, des héros littéraires et des personnages bien réels et use tour à tour du ton épique, didactique et satirique. Tous, du moins, ils empruntent leur modèle à des grandes œuvres antiques, dont ils se revendiquent plus ou moins explicitement : l'*Alexandréide* reconnaît le patronage de Lucain et de Claudien, l'*Iliade*, si elle met en vers le récit de Darès le Phrygien, le fait dans le style de Stace. Avec les épopées allégoriques, on s'inscrit plutôt dans la continuité de Prudence et de sa *Psychomachie*, si populaire dans l'art du haut Moyen Âge[1] (j'entends donc ici « allégorie », une notion dont on pourrait débattre longuement, au sens vulgaire et commun que lui donne le langage courant de « personnification d'une idée abstraite », selon la définition du dictionnaire « Le Robert »). À ce titre, il est nécessaire de signaler l'influence formelle (mais pas seulement) de deux textes tardoantiques qui ne sont que partiellement versifiés, les prosimètres de Martianus Capella et de Boèce, si passionnément lus au XII e siècle, en particulier par les penseurs de l'école de Chartres[2].

Prudence mettait en scène les vices et les vertus, Martianus les arts libéraux, Boèce les prosopopées de Philosophie et de Fortune. L'écriture allégorique n'est pas tout à fait ignorée de l'épopée hexamétrique du haut Moyen Âge – je pense entre autres au trop méconnu *De nuptiis*

familières (1167-1170), Paris, Vrin, 2003, *Archivum latinitatis Medii Aevi*, t. 61, 2003, p. 338-342). Je m'en tiendrai donc sur ce sujet à la reconstruction moins précise, mais plus prudente et vraisemblable, de M.-T. D'ALVERNY, *Alain de Lille. Textes inédits, avec une introduction sur sa vie et ses œuvres*, Paris, Vrin, 1965, p. 11-29.

1. Voir A. KATZENELLENBOGEN, *Allegories of the Virtues and Vices in Medieval Art : from early Christian Times to the Thirteenth century*, London, The Warburg Institute, 1939 ; J. S. NORMAN, *Metamorphoses of an Allegory. The Iconography of Psychomachia in Medieval Art*, New York – Bern – Paris, P. Lang, 1988.

2. Voir (entre autres) W. WETHERBEE, *Platonism and Poetry in the Twelfth Century. The Literary Influence of the School of Chartres*, Princeton (NJ), Princeton University Press, 1972, p. 74-125 ; É. JEAUNEAU, « *Lectio philosophorum* ». *Recherches sur l'École de Chartres*, Amsterdam, A. M. Hakkert, 1973 ; T. GREGORY, « The Platonic Inheritance », in *A History of Twelfth-Century Philosophy*, éd. P. DRONKE, Cambridge, Cambridge University Press, 1988, p. 54-80 ; É. JEAUNEAU, *L'Âge d'or des écoles de Chartres*, Chartres, Houvet, 1995 ; M. LEMOINE, *Théologie et platonisme au XII e siècle*, Paris, Cerf, 1998.

Christi et Ecclesiae de Foulcoie de Beauvais[1] –, qui lui préfère toutefois les figures plus incarnées du saint évangélisateur ou du souverain chrétien, combattants de la foi. Ce qui me semble en tous les cas frappant, c'est la présence massive, pour ne pas dire envahissante, de dame *Natura* dans la poésie de la seconde moitié du XIIe siècle, alors que, comme l'a démontré Peter Dronke contre la médiocre thèse de George Economou[2], elle est presque absente des siècles précédents[3] – le « presque » est de moi, je suis un peu moins catégorique que Dronke qui voit dans la pensée des auteurs chartrains une innovation radicale à cet égard[4], mais je pense quand même comme lui que, contrairement à ce qui se passe le plus souvent, il y a sur ce point rupture de continuité entre les cultures antique et médiévale. Ainsi, Nature est une des protagonistes des scénarios développés par l'*Anticlaudianus* et par l'*Architrenius*, et joue un rôle moins central, mais néanmoins crucial, dans l'*Alexandréide*; dans l'*Iliade* de Joseph d'Exeter, elle n'a droit qu'à deux brèves mentions[5], mais qui attestent que son rôle de mère, *Natura*

1. FULCOIUS BELVACENSIS, *Utriusque De nuptiis Christi et Ecclesiae libri septem*, éd. M. I. J. ROUSSEAU, Washington D.C., The Catholic University of America, 1960. Ce poème en forme de dialogue entre *Homo* et *Spiritus*, qui croise la thématique nuptiale héritée de Martianus Capella et une lecture allégorique de l'histoire sainte, n'a guère suscité d'études littéraires.

2. G. D. ECONOMOU, *The Goddess Natura in Medieval Literature*, Cambridge (Mass.) – London, Harvard University Press, 1972. Les comptes rendus qui ont accueilli cette thèse d'un auteur sans doute trop jeune pour affronter un tel sujet sont tous dévastateurs. Ernst Robert Curtius, lorsqu'il consacre le chapitre 6 de son maître-livre *La littérature européenne et le Moyen Âge latin* (trad. fr. J. BRÉJOUX, Paris, P.U.F., 1986[2]) à « La déesse nature » (p. 187-217), passe quant à lui presque sans transition de l'ancienne tradition orphique à Bernard Silvestre.

3. P. DRONKE, « Bernard Silvestris, Natura and Personification », *Journal of the Warburg and Courtauld Institutes*, t. 43, 1980, p. 16-31 [réimpr. in *Intellectuals and Poets in the Middle Ages*, Roma, Éd. di Storia e Letteratura, 1992, p. 41-62].

4. Il me semble que chez Claudien, dans le *Rapt de Proserpine* (1, 250) ou l'*Éloge de Stilicon* (2, 432 et 442 – *infra* n. 2, p. 107), l'hypostase de *Natura* est un peu plus qu'une « fantaisie rococo », comme le voudrait Dronke (« Bernard Silvestris, Natura… », p. 18-19). Même s'il écrit en latin, ce poète est Égyptien de naissance, et peut-être de ce fait imbu de traditions orphiques ou magiques. Dronke a d'ailleurs ultérieurement nuancé son point de vue en signalant que, lorsque Calcidius, la source majeure de Bernard, expose le point de vue des stoïciens ou des pythagoriciens, il est difficile de ne pas affecter d'une majuscule le mot *Natura* (P. DRONKE, *The Spell of Calcidius. Platonic Concepts and Images in the Medieval West*, Firenze, SISMEL – Éd. del Galluzzo, 2008, p. 30-33).

5. *Ylias* 1, 375 : « (meatu) quem genitrix Natura dedit » ; 2, 280-283 : « Cum provida mundum / Digereret Natura suum, sine coniuge coniunx / […] Stabat adhuc, cum sic mater Natura : "Cur heres, / Celi heres ?…" » (éd. GOMPF, p. 91 et p. 108).

genitrix, et d'ordonnatrice de l'univers est d'ores et déjà passé au rang de lieu commun. Aussi est-il indispensable d'intégrer à l'enquête les deux textes qui fixent ce rôle, deux prosimètres, une forme décidément accueillante à l'allégorie, la *Cosmographia* de Bernard Silvestre (un peu avant 1150) et le *De planctu Naturae* d'Alain de Lille (sans doute au début des années 1170) [1] ; leur influence durable se mesure entre autres indices, outre le grand nombre des manuscrits qui les transmettent, au fait qu'il s'agit de deux sources importantes du *Roman de la Rose* de Jean de Meun [2], une œuvre parfois définie comme le vecteur par excellence au moyen âge d'une pensée naturaliste – encore un mot employé, je le crains, sans trop de précautions.

Aussi, contre le titre trop restrictif que j'ai donné à cette étude, prendrai-je en compte ces deux œuvres, celle de Bernard Silvestre, non seulement parce que, jouissant d'une rapide et notable popularité, elle est à la racine des autres, mais parce que c'est elle qui introduit résolument le personnage de *Natura* au centre de la scène littéraire, celle d'Alain parce que, comme l'indique son titre, elle y joue le tout premier rôle. J'avais d'abord imaginé d'analyser mon petit corpus sous l'angle théorique, à la lumière de l'« idée de nature » telle qu'a pu l'élaborer et qu'en use le platonisme chartrain, celui de Guillaume de Conches et de

1. BERNARDUS SILVESTRIS, *Cosmographia*, éd. P. DRONKE, Leiden, Brill, 1978 ; ALAN OF LILLE, *De Planctu naturae*, éd. N. M. HÄRING, *Studi Medievali*, 3a serie, t. 29/2, 1978, p. 797-879. On trouve de ces textes difficiles de bonnes traductions françaises récentes : BERNARD SILVESTRE, *Cosmographie*, introd., trad. fr. et notes M. LEMOINE, Paris, Cerf, 1998 ; ALAIN DE LILLE, *La Plainte de la Nature (De Planctu Nature)*, introd., trad. fr. et notes F. HUDRY, Paris, Les Belles Lettres, 2013 ; ID., *La plainte de Natura. De planctu Naturae*, texte traduit du latin, présenté et annoté par Y. DELÈGUE, Grenoble, Millon, 2013. Enfin, on trouve une brève mais incisive présentation de ces deux textes par Peter Dronke, qui souligne la communauté de leur milieu d'origine, qu'il situe à Tours, et la similitude des scénarios qu'ils mettent en scène, dans P. DRONKE, *Verse with Prose From Petronius to Dante. The Art and Scope of the Mixed Form*, Cambridge Mass. – London, Harvard University Press, 1994, p. 46-47.

2. W. WETHERBEE, « The Literal and the Allegorical : Jean de Meun and the "De planctu Naturae" », *Mediaeval Studies*, t. 33, 1971, p. 264-291 ; D. POIRION, « Alain de Lille et Jean de Meun », in *Alain de Lille, Gautier de Châtillon, Jakemart Giélée et leur temps*, éd. H. ROUSSEL – F. SUARD, Lille, Presses Universitaires de Lille, 1980 (Bien dire et bien aprandre, 2), p. 135-151. Les deux auteurs, l'un plus spécialiste d'Alain de Lille, l'autre du *Roman de la Rose*, s'attachent à montrer, derrière l'imitation, les nuances idéologiques qui séparent les deux auteurs. La dimension littéraire de l'influence d'Alain sur Jean de Meun (ainsi que sur Geoffrey Chaucer et John Gower) est bien mise en évidence par W. WETHERBEE, « Alan of Lille, *De planctu Naturae* : the Fall of Nature and the Survival of Poetry », *The Journal of Medieval Latin*, t. 21, 2011, p. 223-251.

Thierry de Chartres, à l'aide de travaux comme ceux de Tullio Gregory[1]. D'autres, à commencer par Irene Caiazzo, dont on lira la contribution dans ce volume, en sont bien mieux capables que moi. Je m'en tiens donc à ce que crois savoir faire, à savoir lire la poésie. Le point de vue adopté ici sera donc essentiellement celui de la rhétorique qui, comme l'on sait, est dès le XIIe siècle l'instrument principal de la poétique. Je commencerai par décrire les traits sous lesquels *Natura* est dépeinte par les auteurs et œuvres concernés, puis examinerai le rôle qu'elle joue dans les intrigues qu'ils ont imaginées.

Il ne me revient pas d'entrer ici dans le détail de ces intrigues, complexes et pleines de rebondissements, mais, histoire de fixer les idées, et quitte à être outrageusement simplificateur, je rappelle :

– que la *Cosmographia* revisite le mythe développé par le *Timée* de Platon, en racontant en deux temps le façonnage, à partir de la matière informe, *Silva* (alias *Yle*), du monde (*megacosmus*) et de l'homme (*microcosmus*) par l'opération de tout un ensemble d'entités théophaniques[2], parmi lesquelles *Natura* ;

– que le *De planctu Naturae* est le récit d'une apparition : au narrateur qui se lamente de l'outrage que font subir à la nature les hommes, et en particulier leurs conduites sexuelles, celle-ci apparaît en majesté, et lui expose les causes de la corruption de l'univers, avant de prendre les moyens de le restaurer dans son intégrité ;

1. De cet auteur, voir notamment T. GREGORY, « L'idea di natura nella filosofia medievale prima dell'ingresso della fisica di Aristotele. Il secolo XII », in *La filosofia della natura nel Medioevo. Atti del III Congresso internazionale di filosofia medievale*, Milano, Vita e pensiero, 1966, p. 27-65 [réimpr. in *Mundana sapientia. Forme di conoscenza nella filosofia medievale*, Roma, Éd. di Storia e Letteratura, 1992, p. 77-114] ; « La nouvelle idée de nature et de savoir scientifique au XIIe siècle », in *The Medieval Context of Cultural Learning. Proceedings of the First International Colloquium on Philosophy, Science, and Theology in the Middle Ages*, éd. J. E. MURDOCH – E. D. SYLLA, Dordrecht – Boston, D. Reidel, 1975, p. 193-218 [réimpr. in *Mundana sapientia*, p. 115-143] ; « Riscoperta della natura e nuove scienze nel secolo XII », in *Storia della filosofia*, vol. I : *Il Medioevo*, éd. P. ROSSI – C.A. VIANO, Roma – Bari, Laterza, 1994, p. 60-77 [réimpr. in *Speculum naturale. Percorsi del pensiero medievale*, Roma, Éd. di Storia e Letteratura, 2007, p. 15-34] ; « Nature », in *Dictionnaire raisonné de l'Occident médiéval*, éd. J. LE GOFF – J.-C. SCHMITT, Paris, Fayard, 1999, p. 806-820 [réimpr. sous le titre « Nature au Moyen Âge », in *Speculum naturale*..., p. 1-14].

2. C'est Peter Dronke qui applique le terme de *theophaniae* aux personnages mis en scène par Bernard, d'après l'usage qu'en fait dans son *Periphyseon* Jean Scot, qui l'a importé en latin (DRONKE, « Bernard Silvestris, Natura... », p. 26). Au demeurant, l'influence de l'Érigène sur Bernard est bien documentée.

– que l'*Anticlaudianus* suit un peu le même mouvement : en vue d'obvier à la dégradation patente du monde, *Natura* décide avec l'aide des vertus et le concours des sciences libérales de façonner un « homme nouveau » (liv. 1-4). Au terme de nombreuses péripéties qui voient notamment *Fronesis*, la Prudence, s'élever jusqu'au sommet du ciel pour y recueillir auprès de Dieu l'étincelle qui allumera une âme en l'homme nouveau (liv. 4-6), la Fortune exercer ses caprices, les Vices perdre le combat qui les oppose aux Vertus (liv. 7-9), *Natura* et ses amis réussissent dans leur entreprise de re-création de l'homme ;

– que l'*Architrenius* enfin est aussi le récit d'un voyage, mais celui d'un individu de chair et d'os, Architrenius, l'« Archigeignard » du titre, qui, désespéré de sa propre nullité, entreprend d'en aller demander compte à Nature. Après avoir traversé divers lieux et milieux (ecclésiastiques, universitaires, nobiliaires) qui le mettent en présence des causes et des effets de la corruption qui gangrène le monde (liv. 1-5), il parvient dans l'île paradisiaque de Tylos, où les anciens philosophes grecs lui donnent l'un après l'autre des leçons de morale (liv. 6-8). Nature, enfin, lui y apparaît pour lui expliquer le fonctionnement de l'univers. Elle le console pour finir en lui donnant pour épouse sa propre fille, Modération (liv. 8-9). Comme le *De planctu Naturae* s'achevait sous l'invocation d'Hyménée, l'histoire se termine donc en conte de fées, par un mariage.

J'ai honte de ces esquisses par trop sommaires, qui ne rendent pas justice à l'imagination des trois poètes. Du moins commencent-elles déjà peut-être à suggérer l'existence de quelques parentés thématiques entre les récits qu'elle leur a inspirés. Et qui ont pour dénominateur commun, le seul peut-être, en tous les cas le principal, la centralité du personnage de *Natura*.

Figures de Natura

Venons-en donc, comme promis, à sa description – lieu rhétorique majeur, comme l'a mis en évidence Edmond Faral, de la littérature narrative du XIIe siècle. À cet égard, la *Cosmographia* est pourtant décevante. Sous la plume de Bernard Silvestre, *Natura* qui y apparaît dès le vers 3 et y affirme sa présence jusqu'à la fin du texte n'est pas portraiturée – non plus d'ailleurs que la dizaine d'autres entités abstraites, toutes de sexe féminin, qui lui donnent la réplique. En quoi l'ouvrage se distingue de ceux qui lui font suite, mais aussi de ses devanciers, les

Noces de Philologie et de Mercure et la *Consolation de Philosophie*, qui individualisaient physiquement leurs héroïnes. Cette absence de visage – mais la Nature n'aime-t-elle pas à se voiler ? – ne fait pas pourtant de *Natura* et de ses compagnes des ectoplasmes : chacune d'entre elles est clairement définie par sa fonction. On aura donc à y revenir. Signalons entre-temps que les seuls éléments d'identification de *Natura* concernent sa parenté : elle est fille de *Noys*, la Providence divine, et sœur d'Uranie, la muse de l'astronomie promue reine des corps célestes, avec qui elle collabore dans la confection du microcosme humain.

Tout à l'inverse de la *Cosmographia*, l'autre prosimètre, le *De planctu Naturae* d'Alain de Lille, fournit de *Natura* une description méticuleuse et luxuriante. Comme celle de Philosophie dans la *Consolation*, elle survient au moment précis où l'apparition se fait corps devant les yeux du narrateur, mais est encore beaucoup plus détaillée. Avec près de 300 lignes dans l'édition Häring, c'est le chapitre le plus long de l'ouvrage. On se souvient sans doute que Boèce, après avoir caractérisé le physique de sa visiteuse en quelques traits porteurs de valeurs symboliques, évoque ensuite son vêtement, lui aussi « parlant ». Alain de Lille ne procède pas de façon différente, à ceci près qu'il est beaucoup moins allusif. Concernant le physique de *Natura*, j'ai été frappé de ce qu'il coïncide trait pour trait avec celui d'Hélène de Sparte, tel que, dans son *Ars versificatoria*, Matthieu de Vendôme le décrit comme le modèle de la beauté féminine idéale[1]. Le rapprochement, qui n'a pas été souvent relevé par la critique[2] mais permettrait peut-être de préciser la chronologie du *De planctu Naturae*, me semble garanti par plusieurs parallèles textuels, mais aussi et surtout par le fait que le portrait de la belle femme par Matthieu s'ouvre sur l'incipit suivant : *Pauperat artificis nature dona venustas / Tindaridis*, « La nature s'appauvrit de ses dons au profit de la grâce de la fille de Tyndare ». En somme, Alain ne fait que rendre à celle-là son bien. Sur le plan de l'énonciation, la reprise souligne le fait que le

1. MATHEI VINDOCINENSIS, *Opera*, éd. F. MUNARI, vol. III, *Ars versificatoria* 1, 56, Roma, Ed. di Storia e Letteratura, 1988, p. 82-84.

2. Il est toutefois souligné par G. RAYNAUD DE LAGE, *Alain de Lille poète du XIIe siècle*, Montréal – Paris, Vrin, 1951, p. 105, p. 109-112 et p. 147-155. Voir aussi D'ALVERNY, *Alain de Lille*, p. 34. Il s'est fait une sorte de consensus pour dater le *De planctu Naturae* des années 1160-1170, mais la seule certitude positive, c'est qu'il est antérieur à 1176. Ce n'est pas incompatible avec la datation, floue elle aussi – mais pour Faral, en tous cas antérieure à 1175 –, de l'*Ars versificatoria*. Au demeurant, les deux auteurs viennent du même milieu, les écoles d'Orléans et de Tours, et les influences peuvent s'exercer dans un sens ou dans l'autre.

style flamboyant et torturé de notre auteur reflète bien les conseils donnés par le poéticien, qui définissent alors l'idéal esthétique en littérature. Sur le plan de la référence, elle identifie *Natura* à la beauté parfaite – une idée qui me semble bien platonicienne – mais une beauté qui, on le sait depuis la guerre de Troie, peut se révéler dangereuse.

La description de la parure de la dame, qui se signale par sa profusion, est peut-être un peu plus convenue, dans la mesure où elle reprend pour l'essentiel, en forme d'*ekphrasis*, l'inventaire du monde, l'énumération raisonnée des êtres qui peuplent l'univers sensible, que fournissait déjà le chapitre 3 du *Megacosmus* de Bernard Silvestre. Elle se compose de quatre parties, comme les quatre éléments, bien ordonnées entre elles. Le diadème, correspondant au feu, qui ceint le chef de *Natura* est serti de pierres précieuses étincelantes, qui désignent respectivement les douze constellations du zodiaque, les sept planètes et leurs mouvements (éd. Häring, p. 810, l. 40 à p. 813, l. 137) ; son vêtement extérieur, le *peplum*, fait de la soie la plus légère, comme est l'air, porte brodée ou peinte – c'est le même mot, *pingere*, en latin – l'image des oiseaux dont sont mentionnés les principaux caractères physiques et symboliques (p. 813, l. 138 à p. 816, l. 195) ; en-dessous, un voile, *sindo* (Yves Delègue traduit par « mousseline »), que sa couleur, celle de la mer, rend apte à servir de support à la représentation des poissons et autres créatures aquatiques (p. 816, l. 196 à p. 817, l. 229) ; enfin, le vêtement de dessous, une tunique damassée, *polimita*, est couverte, comme on s'en doute, par l'image des animaux terrestres, de l'éléphant et du lion à la martre et à l'écureuil (p. 817, l. 230 à p. 819, l. 278). La pudeur – … mais sans doute aussi le souci de ne pas briser la belle structure élémentaire quadripartite – interdit au narrateur de découvrir la chemise de la dame, dont tout laisse à croire qu'elle est semée de fleurs et d'arbres. Et les mouvements de *Natura* semblent mettre en branle toutes ces images, joignant ainsi l'illusion du temps à celle de l'espace. En somme, la nature pour Alain de Lille, si l'on s'en tient à la lecture de ce chapitre, c'est celle de nos modernes écologistes, avant l'érosion de la biodiversité.

À ce portrait glorieux, l'*Anticlaudianus* apporte pourtant quelques nuances, et cela dès les premiers vers, où *Natura* annonce son intention de remettre sur le métier, ou plutôt sur l'enclume, la fabrication d'un être qu'elle n'avait pas totalement réussi lors de sa première tentative – après la nature naturée, donc, la nature naturante… Là, nous n'avons pas de portrait en pied de l'héroïne [1], mais la description détaillée du palais où elle convoque les vertus chargées de l'aider dans son entreprise. S'il est vrai que les lieux où l'on demeure renvoient le reflet de votre personnalité, il vaut la peine de scruter aussi cette description. L'espace que surplombe le château de Nature présente tous les traits du *locus amoenus* – le développement est d'ailleurs ouvert par l'embrayeur traditionnel *Est locus* –, avec cette particularité toutefois qu'il est très à l'écart de toute zone habitée : c'est sans doute là encore, même si la chose n'est pas soulignée, que la dame aime à se cacher, comme on le sait depuis Héraclite. Sinon, tous les éléments ordinaires du mobilier topique sont présents : perpétuel printemps, végétation généreuse, bois ombreux, chants d'oiseaux, sources rafraîchissantes... C'est l'intérieur du palais qui est original, car il est orné de fresques – l'imagination d'Alain est décidément très visuelle – représentant non les créatures, mais les artefacts humains comme produits dérivés de l'œuvre de Nature. Sont ainsi exaltés, sous les traits de leurs inventeurs, la physique d'Aristote, la théologie de Platon, la morale de Sénèque, la science des astres de Ptolémée, et ainsi de suite, de même que quelques vertus, la force d'Hercule, l'intelligence d'Ulysse. Mais à ces représentations qualifiées de « festives » fait pendant une « peinture un peu triste » (*pictura subtristis*) d'exécution plus récente : elle figure la cruauté de Néron, l'avarice de Midas, Paris effondré de luxure [2] et même quelques mauvais poètes comme Gautier de Châtillon – les erreurs de la nature, en somme [3]. Puis le poème se poursuit sans transition par l'évocation du savoir profond de *Natura*, les lois secrètes qui gouvernent la marche du

1. C'est *Prudentia*, alias *Fronesis* ou *Sophia* (Alain emploie indifféremment les trois noms), l'héroïne de la première partie du poème, qui se voit réserver la description topique, héritée de Mathieu de Vendôme (ALAIN DE LILLE, *Anticlaudianus* 1, 270-302, p. 65-66).

2. Sur les allusions plus ou moins voilées à des personnages et des événements contemporains qui seraient à déchiffrer dans cette galerie de monstres, voir C.-M. HUTCHINGS, « L'*Anticlaudianus* d'Alain de Lille. Étude de chronologie », *Romania*, t. 197, 1924, p. 1-13. Cette lecture politique du texte n'est sans doute pas à exclure, mais elle ne parvient pas selon moi à en épuiser les intentions.

3. Selon Perrine Galand-Hallyn, cette ambiguïté situe le règne de Nature à distance moyenne entre le séjour de Fortune, décrit sous des traits plutôt inquiétants (ALAIN DE LILLE, *Anticlaudianus* 7, 405-480), et le palais resplendissant de Dieu (*ibid.*, 6, 234-272) (P. GALAND-HALLYN, *Le Reflet des fleurs. Description et métalangage poétique d'Homère à la Renaissance*, Genève, Droz, 1994, p. 442-481). Je tendrais pour ma part à le voir plus proche du premier de ces lieux, marqué lui aussi par l'ambivalence, même si les traits en sont bien plus accusés.

monde, l'émergence de l'univers à partir du chaos, les relations tantôt pacifiées tantôt brutales entre les éléments, la succession des saisons… Après quoi elle jouera un rôle plus effacé, pour laisser la vedette aux personnages de Raison et de Prudence. Mais il est intéressant de constater que son statut est ici ambigu, un pied dans l'univers physique, un pied dans l'univers moral.

C'est également le cas de *Natura* telle que Jean de Hanville la met en scène dans l'*Architrenius*. Elle a longtemps fait attendre son apparition, puisque ce n'est qu'au milieu du livre 8 et avant-dernier qu'elle daigne se manifester aux yeux du protagoniste qui la cherche depuis le début. Le chapitre qui la décrit s'intercale entre les leçons de morale des philosophes grecs et sa propre intervention au discours direct qui développe au fil de près de 300 vers des questions cosmologiques plutôt ardues. À côté de l'image solennelle et majestueuse qui en est donnée par le poète, la *Natura* du *De planctu* fait presque figure de jeune coquette. Elle apparaît au ciel, au milieu d'un halo de feu, tandis que la terre fécondée se couvre de fleurs printanières. Cependant, sa caractéristique principale, sur laquelle Jean insiste beaucoup, est d'être une *puella senex*, à la fois jeune fille et matrone chargée d'ans[1] :

> Hec mulier vultu roseo phebescit, ephebis
> Defecata genis ; senio matura, virentis
> Servat adhuc laurum faciei, temporis evo
> Non minor, ut Pilios longe precesserit annos.
> […] Anus est etas faciesque puella.
> (Jean de Hanville, Architrenius 8, 298-303)

En somme, elle a le teint rosé et le visage lisse de la prime jeunesse tout en étant aussi vieille que la durée du temps (*temporis evo non minor*), plus âgée que Nestor « le Pylien » lui-même. Tout ensemble vénérable et impérieuse, elle a le maintien grave, des gestes mesurés. Et elle doit être de taille gigantesque, puisque la foule des vieillards qui, tels ceux de l'Apocalypse, entourent le trône où elle siège ne lui arrivent pas aux genoux[2]. Ces éléments de description nous permettent de lui assigner un modèle littéraire très précis, celui de *Philosophia* telle qu'elle

1. Sur ce topos, voir CURTIUS, *La littérature européenne et le Moyen Âge latin*, t. 1, p. 181-186 (« La vieille femme et la jeune fille »), qui cependant ne met pas à profit le passage.

2. JEAN DE HANVILLE, *Architrenius* 8, 309-311 : « Illasciva sedet, quovis reverenda, chorusco / Imperiosa throno, quem lactea crine coronat / Turba senum, domine genibus minor ».

apparaît au premier chapitre de la *Consolation* de Boèce, à la fois inépuisable de vigueur et *aevi plena*, capable lorsqu'elle se redresse de toucher le ciel de sa tête [1]. Mais l'on peut aussi et peut-être plus encore songer à un passage du *Panégyrique de Stilicon* de Claudien, qui fait de *Natura* la gardienne de l'entrée de la grotte où réside le Temps, et la décrit comme *grandaeva vultu decoro*; elle trône en majesté aux côtés d'un vieillard qui fixe la marche des astres [2]; or, la description de ce phénomène constitue le sujet même du discours de *Natura* dans l'*Architrenius*. Elle y revêt donc vraiment une attitude royale, et même mieux que cela, puisqu'elle est à deux reprises, dans le bref passage que je viens d'évoquer (8, 313 et 317), qualifiée de *dea* [3] – une désignation que se sont rigoureusement interdite tant Bernard Silvestre qu'Alain de Lille. Aussi bien les savants modernes me paraissent-ils se fourvoyer lorsqu'ils parlent à propos du Moyen Âge de *Goddess Natura* comme George Economou ou de *Göttin Natura* comme Mechthild Modersohn : personnification n'est pas déification [4].

Fonctions de Natura

Qualifier Nature de « déesse », outre que cela pose quelques problèmes du point de vue de l'orthodoxie chrétienne, c'est manquer le fonctionnement proprement littéraire de nos textes, escamoter au profit

1. BOÈCE, *Cons. Phil.* 1, pr. 1, 1-2 : « … mulier reverendi admodum vultus […] colore vivido atque inexhausti vigoris, quamvis aevi plena foret… pulsare caelum summi vertice cacuminis videbatur ». Voir P. COURCELLE, *La Consolation de Philosophie dans la tradition littéraire. Antécédents et postérité de Boèce*, Paris, Études augustiniennes, 1967, p. 17-28, 77-81 et pl. 22-27.

2. CLAUDIEN, *Laus Stiliconis* 2, 431-432 : « … uultu longaeua decoro / Ante fores Natura sedet ». L'identité du vieillard dont Nature garde la porte est discutée (voir CLAUDIEN, *Œuvres*, t. III : *Poèmes politiques (399-404)*, éd. J.-L. CHARLET, Paris, Les Belles Lettres, 2017, p. 321, n. 72).

3. Le terme est encore appliqué à Nature aux vers 9, 5, 156 et 213.

4. M. MODERSOHN, *Natura als Göttin im Mittelalter. Ikonograpische Studien zu Darstellungen der personifizierten Natur*, Berlin, Akademie Verlag, 1997. Celle-ci, à la différence d'Economou, se donne beaucoup de mal, mais sans convaincre, pour justifier l'épithète. En fait, il me semble qu'ils se sont laissé fourvoyer par E. C. KNOWLTON (« The Goddess Natura in Early Periods », *The Journal of English and Germanic Philology*, t. 19/2, avril 1920, p. 224-253) et Curtius (*La littérature européenne et le Moyen Âge latin*), qui ne qualifient Nature de « déesse » que parce qu'ils ouvrent un empan chronologique beaucoup plus large, commençant avec l'Antiquité où en effet, Physis / Nature, dans certains hymnes orphiques et chez certains auteurs stoïciens, est divinisée. Dès lors, l'hapax que constitue dans notre corpus l'attribution de la divinité à Nature par Jean de Hanville est encore plus remarquable. On y reviendra.

d'un exposé doctrinal la part d'incertitude, ou plus exactement d'ouverture à la démarche herméneutique, qui gît toujours au cœur du mythe platonicien. Comme l'a fortement montré Pierre Hadot, le *Timée*, tout autant qu'un exposé de physique, est aussi et peut-être d'abord le lieu d'un jeu poétique [1]. C'est sous son influence que nos auteurs, nourris de Calcidius et de Macrobe, élaborent leur propre *narratio fabulosa*, en mettant en scène des *personnages* – j'insiste sur le terme – qui ont autant de consistance textuelle que les héros de l'*Énéide* ou des *Métamorphoses*. À propos de celui qui nous intéresse aujourd'hui, *Natura*, il est donc temps de passer du descriptif au narratif, en examinant ce qu'une analyse actantielle nous dit de sa, ou de ses, fonction(s). J'en envisagerai tour à tour trois, celles de coadjutrice de la Création (1), d'instrument d'une théodicée (2) et de marqueur des limites de l'humain (3).

1) La première, tout à fait dans l'esprit du platonisme chartrain, relève de la simple évidence de lecture. *Natura*, définie par Alain de Lille « vicaire de Dieu », apporte son concours à la création de l'univers sensible – la description de son vêtement dans le *De planctu*, qui rejoue le premier chapitre de la Genèse, est assez parlante pour que j'aie besoin d'y revenir –, mais aussi de l'univers intelligible. Revenons au scénario de la *Cosmographia*. Ce dont *Natura*, dès les premiers vers, vient se plaindre à sa mère *Noys*, c'est de voir l'univers réduit à l'état de matière sans forme ni sens, *Ylè*, en latin *Silva*, que qualifient les adjectifs *discolor, dissona, turbida, rudis, hispida* [2], une masse livrée à un hasard confus, où les éléments se combattent et se confondent. C'est donc sur l'initiative de *Natura*, ou en tous cas à sa demande, que la Providence divine va façonner cet objet, que le chaos va se muer en cosmos. De fait, l'œuvre du mégacosme est plutôt confiée à *Noys* en personne, avec le concours d'un personnage nommé *Endelichia*, qui correspond à peu près à ce que la tradition hermético-platonicienne appelle l'« âme du monde » [3]. Mais

1. P. HADOT, « Physique et poésie dans le *Timée* de Platon », *Revue de Théologie et de Philosophie*, t. 115, 1983, p. 113-133.

2. BERNARDUS SILVESTRIS, *Cosmographia* 1, 1, 19-20, éd. DRONKE, p. 97.

3. T. GREGORY, *Anima mundi. La filosofia di Guglielmo di Conches e la Scuola di Chartres*, Firenze, G. C. Sansoni, 1955. Sur l'histoire de cette notion, voir *World Soul – Anima Mundi. On the Origines and Fortunes of a Fundamental Idea*, éd. C. HELMIG, Berlin – Boston, De Gruyter, 2020. Sur le terme d'*endelichia*, à ne pas confondre avec l'entéléchie aristotélicienne, voir l'édition Dronke de la *Cosmographia*, p. 52 ; sur sa fonction dans le scénario élaboré par Bernard Silvestre, voir S. ROUDAUT, « La personnification des principes de la nature dans la *Cosmographie* de Bernard Silvestre : entre philosophie naturelle et théologie », in *Philosophie et fiction de l'Antiquité tardive à la*

c'est bien à *Natura* que sa mère donne mission de réaliser le microcosme sur le modèle de l'autre. Elle doit pour cela s'assurer le concours de deux adjointes : sa sœur Uranie, la maîtresse des corps célestes, qui fournira l'âme, et *Physis*, qui façonne le corps. On est dans une configuration mythographique un peu différente de celle que met en place l'*Anticlaudianus*, où l'âme que Prudence – *Fronesis* est allée réclamer à Dieu est procurée par *Noys* et le corps par le travail de *Natura* et de ses acolytes. Dans la *Cosmographia*, *Natura* fait-elle donc double emploi avec *Physis* ? Non, car elle y joue – à un niveau hiérarchique supérieur – un rôle plutôt d'ordonnatrice, ou d'organisatrice, que de simple ouvrière : c'est à elle que revient l'assemblage harmonieux, ou l'harmonie de l'assemblage, de l'âme et du corps formé par ses deux sœurs, et qui inscrit dans le temps et la destinée l'être nouvellement créé.

Il me semble qu'à la lumière d'un tel dispositif, il serait réducteur de considérer avec Gilson la *Cosmographia* comme le simple rhabillage du récit de la Genèse à l'aide de concepts vaguement platoniciens [1]. Contre un tel point de vue, Peter Dronke considère que la mise en scène poétique par Bernard de la pensée sur la création d'un Thierry de Chartres, le dédicataire de l'œuvre, a une vraie portée philosophique. Et elle l'acquiert par le fait même que le maître tourangeau, héritier selon Dronke de la pensée de Jean Scot Érigène, confère à chacune des théophanies qui peuplent son ouvrage une effective individualité : ainsi, on vient de voir ce qu'il en est de la précision dans la distribution des rôles à propos de *Physis* et de *Natura*. Dès lors, le mythe acquiert une vraie puissance dramatique. Loin d'être de froides allégories, ses acteurs et leurs actions revêtent une dimension très concrète [2]. Ainsi, Jean Jolivet a montré de façon plutôt convaincante que la description de *Gramison*, le jardin paradisiaque où *Physis* cultive ses herbes médicinales, pouvait être lue non seulement comme celle de l'Éden originel, mais aussi

Renaissance, éd. F. POMEL – S. VAN der MEEREN, Leuven – Paris, Peeters, 2021, p. 241-258 (spéc. p. 243-249).

1. É. GILSON, « La cosmogonie de Bernardus Silvestris », *Archives d'histoire doctrinale et littéraire du Moyen Âge*, t. 3, 1928, p. 5-24 (p. 24 : « Ce souci de la forme [...] l'entraîn[e] à revêtir de manière déconcertante un fonds chrétien d'une forme païenne. [...] Surchargée de ces oripeaux, la théologie chrétienne et la Bible y deviennent parfois assez méconnaissables »).

2. DRONKE, « Bernard Silvestris, Natura... », spéc. p. 29-31 (p. 31 : « Bernard's heroines have their individual functions in his universe [...] They speak and are addressed, they act and suffer and move, with a fullness of life... »).

comme celle d'un sexe féminin[1] – lointaine anticipation de ce qui deviendra le tableau le plus célèbre de Gustave Courbet… Les puissances à l'œuvre dans la marche du monde sont donc par la grâce du talent poétique de Bernard incarnées au sens plein.

2) Or, cette marche est claudicante. Cela me conduit à la deuxième lecture, moins immédiate peut-être, du personnage de *Natura*. On aura sans doute remarqué que toutes les œuvres considérées ont en commun le même point de départ, une plainte, une lamentation. Dans la *Cosmographia*, Nature déplore le désordre de l'univers plongé dans l'informe chaos ; dans le *De planctu Naturae*, le narrateur, auquel elle joint sa voix, s'insurge en pleurant contre les mœurs déréglées, et proprement contre-nature, des hommes de son temps ; dans l'*Anticlaudianus*, c'est plus généralement la décadence, ou la déchéance, de l'homme qu'elle a forgé qui provoque le mécontentement de Nature et son désir de mieux faire ; enfin, dans l'*Architrenius*, le héros qui voit inscrit dans son nom même son tempérament chagrin renverse les rôles en faisant dès ses premières paroles un crime à Nature de ses propres insuffisances, défauts ou manquements. Une situation de départ dysphorique donc, qu'il conviendra de redresser en vue de restaurer l'harmonie absente ou perdue. À partir de là, on pourrait sans trop forcer les textes interpréter tous ces récits à l'aide des catégories sémiotiques d'analyse des contes élaborées par Vladimir Propp[2], et cela d'autant plus qu'ils relatent, sauf le *De planctu*, une quête, un voyage initiatique, et se terminent pour deux d'entre eux par un mariage heureux. Sans dédaigner complètement cette approche formaliste, à quoi je reviendrai, je souhaite quand même d'abord donner à ce schéma sa profondeur historique. Car s'il est un texte ancien, modèle assumé et admiré par nos auteurs, qui le met en scène, ce schéma, c'est bien la *Consolation de Philosophie*, qui s'ouvre sur la plainte de Boèce emprisonné pour relater son accession progressive et parfois contrariée vers la sérénité.

1. J. JOLIVET, « Les principes féminins dans la "Cosmographia" de Bernard Silvestre », in *L'homme et son univers au Moyen Âge. Actes du septième congrès de philosophie médiévale (30 août-4 septembre 1982)*, éd. C. WENIN, Louvain-la-Neuve, Éditions de l'Institut Supérieur de Philosophie, 1986, p. 296-305 [repris dans *Philosophie médiévale arabe et latine*, Paris, Vrin, 2009, p. 269-278].

2 V. PROPP, *Morphologie du conte*, suivi de *Les transformations du conte merveilleux* et d'*E. Mélétinski, L'étude structurale et typologique du conte*, trad. fr. M. DERRIDA – T. TODOROV – C. KAHN, Paris, Seuil, 1973. Voir aussi A. J. GREIMAS, *Sémantique structurale : recherche de méthode*, Paris, Larousse, 1966.

Le problème posé par la *Consolation* est celui du mal : pourquoi le juste peut-il subir à en mourir la violence des hommes ? Comment la puissance bonne qui est supposée gouverner le monde peut-elle le tolérer ? Selon des inflexions diverses, je crois que c'est également ce qui se joue dans nos textes, de façon peut-être encore plus explicite. Car, comme Boèce, mais à l'aide non du raisonnement philosophique et de la méditation lyrique, mais du récit et de l'allégorie, Alain de Lille et Jean de Hanville posent la question de savoir comment un monde déclaré bon par Dieu au jour de la création – et d'autant meilleur que sa structure reflète les proportions idéales de l'arithmétique platonicienne – peut se mettre à dysfonctionner.

Or, c'est à ce point que nous retrouvons le personnage de *Natura*, dans la fonction, cette fois, d'instrument d'une théodicée. Comme il n'apparaît pas forcément à première lecture, c'est elle qui joue, dans le schéma actantiel proppien, le rôle de l'agresseur (opposant selon la terminologie de Greimas). J'ai déjà dit en commentant les fresques qui ornent son palais dans l'*Anticlaudianus* combien son œuvre s'est dégradée : Platon et Aristote ont cédé la place à Néron, le chaste Hippolyte à Pâris, Virgile à Gautier de Châtillon. Du moins est-elle consciente de ces manquements et décidée à prendre les moyens d'y remédier. Tel est d'ailleurs le programme annoncé dès les premiers vers du poème :

> Pristina sic operum peccata repensat in uno
> Ut quod deliquit alias compenset in isto [1].

Le verdict d'Architrenius est plus sévère. Pour lui, le spectacle du monde atteste que Nature a fait mauvais usage de sa puissance. Dès son premier monologue, il expose qu'elle l'a employée à enfanter des monstres : Cornelia hermaphrodite, Ariston tour à tour mâle et femelle, Curius né avec toute sa denture, les Éthiopiens qui n'ont pas de nez, et toute une série de *monstruosa* empruntés à Pline et Solin [2]. En somme, la

1. Alain de Lille, *Anticlaudianus* 1, 6-7, p. 57. Les pronoms à l'ablatif (*uno, isto*) désignent le futur *homo novus* destiné à rédimer les « péchés » de Nature : on aura noté l'écho étymologique entre les verbes *repensat* et *compenset* situés à la même place dans le vers, et jouant sur le contraste sémantique entre les modes indicatif et subjonctif.

2. Jean de Hanville, *Architrenius* 1, 9, « *De Nature potencia* », v. 244-247, p. 135 : « Ipsa potest rerum solitos avertere cursus, / Enormesque serit monstrorum prodiga formas, / Gignendique stilum variat, partuque timendo / Lineat anomalos larvosa puerpera vultus ». Les sources du copieux chapitre 10, « *De monstruosis* », v. 248-319, catalogue d'*exempla* sans doute fortement teinté d'ironie, sont données par Schmidt, p. 293-296.

Nature, loin de façonner l'homme à la ressemblance de Dieu, fait de cette terre une *regio dissimilitudinis* au sens le plus littéral du terme. Le *De planctu Naturae* semble pourtant quant à lui défendre la thèse d'une nature originellement bonne, puisque c'est *contre* elle que les sodomites exercent leur vice infâme. En est-elle pour autant innocente? Le narrateur lui pose la question de savoir comment, eu égard au pouvoir et à la beauté de son artisane, le monde a pu être envahi par le vice. À quoi elle répond par le récit d'un mythe dont la cocasserie a parfois échappé aux commentateurs. En sa qualité de « vicaire » de « l'artisan universel » (*universalis artifex*), elle a été chargée de polir les êtres qu'Il a ébauchés, d'y apporter les finitions en les modelant à l'image de Dieu. Seulement, voilà, *Natura* est une grande dame, les travaux manuels la fatiguent vite, et, dans l'espace exigu de l'ici-bas, elle en vient tôt à regretter le confort de ses demeures éthérées. Elle décide donc de planter là l'ouvrage et de le confier à une « sous-vicaire » (*subuicaria*) dont elle connaît l'habileté, Vénus. Mauvaise idée! Car, malgré les consignes strictes qui lui ont été données, celle-ci ne tarde pas à modeler les êtres à sa façon, c'est-à-dire en les rendant susceptibles des brutalités et des perversités du désir charnel. D'où le dérèglement du monde. Mais dont Nature est bel et bien, par sa négligence, la responsable indirecte[1].

Du moins l'héroïne de Bernard Silvestre semble-t-elle plus consciencieuse. Mais elle n'est pas non plus tout à fait à l'abri de mal faire. Car, bien qu'elle se plaigne d'elle, une étrange parenté la lie à *Silva*, le chaos informe qui représente, dit Bernard, son « apparence la plus ancienne » (*vultus antiquissimus*). Or *Silva*, matière première de toutes choses, sans cesse en mouvement et par là infiniment créative, représenterait de ce fait pour Nature une tentation constante, et un risque, si l'âme du monde, *Endelichia*, n'y mettait pas bon ordre[2].

Je pense donc que les mythes conçus par deux de nos trois auteurs apportent à leur manière une réponse à la question de l'origine du mal. Comment imaginer sa présence dans un monde voulu par le Dieu bon,

1. ALAIN DE LILLE, *De planctu Naturae* 8, l. 217-246, éd. HÄRING, p. 840-841.

2. BERNARDUS SILVESTRIS, *Cosmographia* 1, 2, 4, éd. DRONKE, p. 100 : « Erat Yle Nature vultus antiquissimus, generationis uterus indefessus, formarum prima subiectio, materia corporum, substantie fundamentum ». Sur l'ambiguïté foncière de Nature, voir A. LAMY, « Defining Nature in Medieval Cosmological Literature : The Founding Principle of Contradiction in the *Cosmographia* of Bernardus Silvestris, the Anonymous *Placides et Timeo*, and the *Image du monde* of Gossuin de Metz », *Journal of Medieval and Early Modern Studies*, t. 49, 2019, p. 457-478.

Tugaton, comme le nomme, après Macrobe, Bernard Silvestre[1] ? Selon moi, les entités, intermédiaires et subordonnées, imaginées par celui-ci et par Alain de Lille, au premier rang d'entre elles *Natura*, sont là pour faire écran entre l'Être suprême et les éventuels ratés de sa création, pour l'exonérer de sa responsabilité, qu'elles prennent en charge – c'est en ce sens que j'ai parlé de théodicée. Lorenzo Carlucci et Laura Marino y voient, un peu trop hardiment peut-être, une manière de réponse au dualisme[2] : toute collaboratrice qu'elle soit de l'œuvre créatrice de Dieu, la Nature, en tant qu'elle est muable et qu'elle a partie liée avec la matière, est susceptible de faute, mais par là même de rachat ; elle permet ainsi de faire l'économie d'un principe du Mal, conclusion qui n'est pas sans enjeu dans le climat religieux de la seconde moitié du XIIe siècle finissant : les années 1160-1170 voient un net raidissement de la position de l'Église contre les « hérésies » dualistes. N'oublions pas qu'Alain de Lille a prêché dans le Midi contre les cathares. Quoi qu'il en soit, dans la fiction somme toute optimiste que développe l'*Anticlaudianus*, Nature finit par être rémunérée de ses services, puisqu'elle réussit dans la confection de l'homme parfait, grâce au don totalement gratuit (ou gracieux) et totalement incompréhensible que Prudence est parvenue à ramener du ciel.

3) L'homme parfait, sans doute, mais qu'en est-il de l'homme quelconque, Architrenius ? Peut-être doit-on l'envisager – mais mon propos se fait ici, pour finir, beaucoup plus incertain et conjectural – à la lumière d'une troisième fonction de la Nature, celle de marqueur des limites de l'humain. Je n'ai pas encore évoqué la scène de l'*Alexandréide* où *Natura* fait une apparition brève, mais frappante. Elle se situe au début du chant 10 et dernier. Le prince macédonien, ivre de ses conquêtes, vient, après s'être rendu victorieux des Indiens, d'atteindre le rebord du monde et s'apprête à franchir le fleuve Océan qui en marque la frontière ultime. Dès lors, les secrets de Nature se trouvent menacés. Celle-ci, indignée, descend en Enfer auprès de Satan et de sa cour de vices personnifiés pour quérir auprès d'eux le moyen d'arrêter l'intrus.

1 BERNARDUS SILVESTRIS, *Cosmographia* 2, 5, 3 et 2, 7, 4 : « Tugaton suprema divinitas » (*cf.* MACROBE, *Commentaire sur le Songe de Scipion* 1, 2, 14).

2 L. CARLUCCI – L. MARINO, « Echoes Of Manichaeism In The *Architrenius* », *Dianoia*, t. 28, 2019, p. 49-80. Je sais gré à Laura Marino de m'avoir soumis son essai encore *in progress* « Estasi, intelletto e grazia in due maestri del XII secolo. Una discussione sul dualismo nei poemi mediolatini *Anticlaudianus* e *Architrenius* », dont les conclusions savamment argumentées sont assez proches des miennes.

Natura, qui parviendra à ses fins[1], apparaît ici sous un jour plutôt antipathique, puisqu'elle n'hésite pas à aller solliciter Lucifer, son locataire depuis qu'elle l'a accueilli en son sein lorsqu'il fut précipité du haut de l'empyrée. La scène répond symétriquement au passage du livre 8 de l'*Anticlaudianus* où l'on voit le démon rassembler en enfer l'armée des vices pour qu'elle aille combattre Nature et les vertus et les empêcher de la sorte de réaliser l'homme parfait. Abstraction faite du problème délicat de chronologie relative entre les deux œuvres[2], ce que suggère Gautier de Châtillon, c'est que l'homme parfait, hors le Christ, n'existe pas.

C'est peut-être également ce que veut montrer l'*Architrenius* de Jean de Hanville. Nous avons vu son héros partir à la recherche de Nature, non pour en percer les secrets, mais pour lui demander des comptes. Lorsqu'enfin elle lui apparaît en majesté, il n'a pas le temps d'ouvrir la bouche qu'elle lui assène un discours d'une très grande complexité sur la marche des astres, lui dévoilant ainsi ses secrets dont il n'a cure (liv. 8, cap. 7-11, v. 324-470). Car, si ce propos pris au premier degré peut éventuellement revêtir quelque efficacité didactique au profit d'un public savant[3], le personnage d'Architrenius n'en fait pas partie. Lorsqu'il peut enfin s'exprimer, c'est pour dire : *Mirari faciunt magis hec quam scire, rudisque ingenii non est*, « Ces choses suscitent l'étonnement plutôt que la connaissance, et ne sont pas pour une intelligence mal dégrossie. » « Les paroles de la déesse dépassent l'homme », *Trans hominem sunt verba dee*, poursuit-il (liv. 9, cap. 1, v. 1-2 et 5). Mais elle, impitoyable, de rebondir en se lançant dans une nouvelle dissertation cosmologique, encore plus abstruse s'il se peut que la précédente (liv. 9, cap. 2-7,

1 GAUTIER DE CHÂTILLON, *Alexandreis* 10, 6-167, éd. COLKER, p. 300-308. C'est *Proditio*, la Trahison, qui ira fournir le poison à Antipater, l'assassin d'Alexandre.

2. Il est indubitable qu'Alain de Lille prend pour cible l'*Alexandréide* au livre 1, v. 166-170, de l'*Anticlaudianus*. Mais il ne l'est pas moins que la description du cortège des vices qui peuplent la cour infernale au chant 10 de l'*Alexandréide* (v. 31-54) répond plutôt vertement à celle de l'armée du diable dans l'*Anticlaudianus* (8, 218-298). Face à ce qui semble une aporie, je fais mienne l'hypothèse de Paul Gerhard Schmidt, selon qui, la composition de l'*Alexandréide* ayant été lente et laborieuse, rien n'interdit de penser que « des parties en aient été connues avant sa publication définitive » (« L'*ornatus difficilis* nell'epica latina », in *Retorica e poetica tra i secoli XII e XIV*, éd. C. LEONARDI – E. MENESTÒ, Perugia – Firenze, Regione dell'Umbria – La Nuova Italia, 1988, p. 133) – et réciproquement.

3. Comme l'a montré Paul Gerhard Schmidt (JEAN DE HANVILLE, *Architrenius*, p. 73-76), ce passage paraphrase fidèlement les *Differentie scientie astrorum* de l'astronome arabe Alfraganus (al-Fârghâni) récemment traduites en latin par Jean d'Espagne.

v. 13-148). Architrenius alors de s'écrouler en pleurs à ses pieds, reproduisant le geste qui était celui du narrateur au début du *De planctu Naturae* : mais s'il marquait ici révérence et admiration, ce geste traduit là désespoir et supplication [1]. La prière, *oracio*, qu'exhale alors le personnage, déclinant tout le lexique de la tristesse, des larmes et du chagrin [2], est pour demander à Nature de se comporter désormais en mère, et non plus en marâtre [3].

Elle de s'adoucir enfin : elle renonce à ne s'occuper que des seules réalités supralunaires, abandonnant ainsi le qualificatif de *dea* pour celui de *mater*. C'est que la leçon a porté : Architrenius, image de l'humaine condition toujours insatisfaite, en voulait trop (un peu comme, sur le mode sublime, Alexandre le Grand). Le voici ramené à sa nature réelle, celle non du *puer senex*, mais, par inversion du topos, celle d'un *senex puer*, homme mûr doté des minces capacités intellectuelles d'un enfant [4] – reconduit en somme à la pauvreté essentielle qui est le lot ici-bas de l'homme. Une fois cela admis, il ne lui reste pour être heureux qu'à épouser la plus simple et la plus prosaïque des filles de *Natura*, *Moderancia*, Modération… C'est à ce prix, celui d'une complète dépossession de soi-même, qu'il atteint paradoxalement à la satiété paradisiaque métaphorisée par le banquet nuptial qui clôt le poème.

De ce portrait éclaté de Dame Nature, quels sont, au bout du compte, les traits principaux ? Au-delà de sa caractéristique essentielle, inscrite dans l'étymologie même de son nom, qui est d'être puissance génératrice, elle revêt au fil des œuvres des aspects contrastés, sans être pour autant contradictoires. Ce qui me paraît en tous les cas assuré, c'est que

1. ALAIN DE LILLE, *De planctu Naturae* 6, l. 175-176, éd. HÄRING, p. 830 : « […] ad Nature deuolutus uestigia, salutationis uice pedes osculorum multiplici inpressione Signaui » ; *Architrenius* 9, v. 153-155, éd. SCHMIDT, p. 272 : « […] pedibusque loquentis / Irruit et genuum demissos complicat artus, et cubitos sternens iunctis iacet infimus ulnis ».

2. On trouve en moins de dix vers les mots *fletus* (et *flere*), *lacrimae* (deux fois), *maeror*, *suspiria*, *planctus*, *luctus*, *querelae* (*Architrenius* 9, v. 156-164, éd. SCHMIDT, p. 272). Leur emploi donne lieu à une profusion d'images référant à l'élément liquide (« fletus fonticul[i], stagna lacrime, meroris abyss[i] … »), qui répondent à l'évocation, quelques vers plus haut, de l'éloquence littéralement torrentielle de *Natura* (« eloquii fluvius… aures exundans »). Comment mieux souligner le rapport de continuité entre la dissertation astronomique et le chagrin du héros ?

3. *Architrenius* 9, v. 208-210, éd. SCHMIDT, p. 274 : « Tolle, parens, odium ! tandem mansuesce, novercam / Exue, blanda fave ! Morum bona singula mater / Possidet, et nato nec libra nec uncia servit ».

4. *Ibid.*, v. 234-237, p. 275 « Rorancia mores / Ubera nutricis senio lactandus hanelas, / Annosusque puer nec pectore canus ut annis, / Imberbique senex animo ».

les œuvres en question entretiennent entre elles un dialogue, même s'il nous est difficile, à nous qui n'y accédons que dans leur état d'achèvement, d'en reconstituer les conditions concrètes. Nature, unique personnage commun à l'ensemble des fictions ici étudiées, est de ce fait même un des vecteurs de ces échanges [1]. Ainsi, on peut imaginer qu'à la description du vêtement de Nature, détaillée par le *De planctu*, répond symétriquement celle de la parure de sa fille *Moderancia*, à la fin de l'*Architrenius* (9, 302-385) : sa ceinture porte gravés les portraits d'hommes célèbres pour leur chasteté, Hippolyte, Démosthène résistant aux avances de Laïs, Démocrite qui préfère se châtrer que de céder à l'appel des sens ; et son collier s'orne de l'image de femmes vertueuses, Lucrèce, Pénélope, la vestale Claudia, Marcia l'épouse de Caton… D'un côté, le monde physique, le fourmillement du vivant non humain, de l'autre, l'univers de la morale, la résistance, propre à l'homme et à lui seul, vis-à-vis des pulsions naturelles.

À la lumière de ces signes discordants, faut-il considérer comme antagonistes le propos développé par les « chartrains » Bernard Silvestre et Alain de Lille et celui du moraliste qu'est Jean de Hanville ? ou même faire avec Peter Godman de l'*Architrenius* une parodie passablement grotesque de l'*Anticlaudianus* [2] ? En fait, je pense que l'on doit répondre négativement à la première de ces questions (ce serait perdre son temps que d'examiner la seconde, dépourvue d'intérêt autant que de pertinence [3]) et que l'examen du rôle de Nature peut y aider. C'est qu'en réalité, plus que des bienfaits et méfaits de celle-ci, mais à travers eux, c'est de la destinée humaine que parlent nos textes. Ce n'est pas en vain que deux d'entre eux, l'*Anticlaudianus* et l'*Architrenius*, ont pu être qualifiés de *Bildungsepos*. Le problème du mal, on l'a vu, est au centre de leur questionnement. Or, pas plus que Boèce, ils ne l'affrontent en termes explicitement chrétiens : la chute originelle et son corollaire, le libre-arbitre humain, en sont tout-à-fait absents. Or, de même que,

1. Il faudrait bien sûr étudier ses interactions avec les autres personnages, par exemple *Noys*, présente dans la *Cosmographia* et l'*Anticlaudianus*, *Moderancia*, que l'on rencontre dans l'*Anticlaudianus* et l'*Architrenius*, Vénus, qui joue un rôle dans le *De planctu Naturae* et l'*Architrenius*, mais cela excéderait beaucoup le cadre de cette étude.

2. P. GODMAN, *The Silent Masters. Literature and its Censors in the High Middle Ages*, Princeton, Princeton University Press, 2000, p. 294-333.

3. L'hypothèse – si postmoderne ! – de Godman, outre qu'elle est peu et mal argumentée et ignore le fait que jamais l'*Architrenius*, pourtant assez populaire jusqu'à l'époque moderne, n'a été lu dans cette perspective, a le principal tort d'appauvrir tristement le sens du poème, en le réduisant à une lecture univoque peu imaginative et peu spirituelle.

pour Guillaume de Conches ou Thierry de Chartres, le récit révélé de la Création du monde peut se doubler d'une explication physique avec laquelle il n'est pas incompatible, de même Nature est apte, chez nos auteurs, à éclairer les voies du perfectionnement. D'un côté, l'illumination qui conduit la Sagesse terrestre, Prudence ou *Fronesis*, à sortir d'elle-même, lui permettant d'animer l'homme nouveau, au terme d'une quête dont Nature est l'initiatrice ; de l'autre, le retour sur soi-même, le renoncement à ce qui est hors d'atteinte face au spectacle incompréhensible de l'harmonie universelle, dont Nature est garante.

J'y verrais volontiers les deux faces d'une même médaille. Selon les *Règles de théologie*, l'homme est, selon Alain de Lille, appelé « à excéder les limites de [son] état ... en s'élevant par la contemplation des choses célestes. On nomme un tel état "sortie hors de soi" (*extasis*) [...]. Cette puissance fait de lui un homme-Dieu »[1]. Pour autant, le même auteur, dans sa prédication, invite avec insistance l'homme à « vivre selon la nature », *secundum naturam vivere* selon la maxime de Sénèque (ep. 41, 9), c'est-à-dire « vivre en simplicité et pauvreté, modérer ses sentiments et scruter ses désirs »[2]. S'il y a réponse à l'*Anticlaudianus* de la part de l'*Architrenius*, c'est dans la reprise par ce dernier de cet idéal modeste quand l'autre parcourt les chemins qui conduisent à l'*apotheosis*. Faut-il pour autant voir chez Jean de Hauville réticence vis-à-vis de l'optimisme des chartrains quant à la possibilité de restaurer le monde dans toute son harmonie morale et mathématique ? Mais il n'a pas hésité, pour l'établir, à emprunter à son tour le langage de la philosophie morale et de la science mathématique. Décidément, le jeu poétique ne se laisse pas facilement saisir. La littérature a toujours un coup d'avance sur nous.

1. « Magister Alanus de Insulis Regulae caelestis iuris », éd. N. Häring, *Archives d'Histoire Doctrinale et Littéraire du Moyen Âge*, t. 48, 1981, p. 97-226, ici § 99, 2, p. 204 « Aliquando homo excedit istum statum... ascendendo in celestium contemplationem. Et talis excessus dicitur extasis [...]. Excessus superior dicitur apotheosis quasi deificatio ».

2. F. Siri, « *Et natura mediocritatis est amica* : empreintes philosophiques dans la prédication d'Alain de Lille », *Revue des sciences philosophiques et théologiques*, t. 97, 2013, p. 299-343 (p. 317). *Cf.* Alain de Lille, *Summa de arte praedicatoria* 6, éd. J. P. Migne, *Patrologiae cursus completus. Series latina*, Paris, PL 210, col. 124.

UNE EXPÉRIENCE COSMOTHÉANDRIQUE AU XII e SIÈCLE ? L'ÉCOLE DE SAINT-VICTOR À LA LUMIÈRE DE L'ÉCOSOPHIE DE RAIMON PANIKKAR [*]

ANTONIO SORDILLO

Longtemps encore je suis resté sans comprendre cette langue inconnue que forment en se mêlant ensemble le murmure des fleuves, la vapeur des lacs, le bruissement des forêts et le parfum des fleurs. Enfin peu à peu se souleva le voile qui couvrait mes yeux, et le poids qui oppressait mon cœur. Dès lors je commençai à croire que ces rumeurs du soir et ces bruits du crépuscule n'étaient qu'un hymne universel par lequel les choses créées rendaient grâces au Créateur.

ALEXANDRE DUMAS, *Le Capitaine Paul*, XIV

Dans le sillage de Paul, qui fut le premier dans la chrétienté à établir le lien en miroir entre la réalité des créatures et leur Créateur, plusieurs auteurs au Moyen Âge et dans l'ère moderne ont utilisé avec bonheur l'image du livre de la nature écrit par Dieu [1]. La grande fortune de cette

* On récolte ici les fruits d'une idée née à Paris en 2018, dans les murs de l'Institut de Recherche et d'Histoire des Textes. Je suis redevable à ses habitants de la qualité du temps que j'y ai passé, mais en particulier mes plus grands remerciements vont à Dominique Poirel, mon professeur sur l'école Saint-Victor et le premier lecteur de ces pages. Mes remerciements les plus sincères vont également à Licia Inicco pour la discussion fructueuse sur la pensée de Raimon Panikkar.

1. À titre d'exemple seulement, pour une discussion générale sur le sujet, voir : H. BLUMENBERG, *Die Lesbarkeit der Welt*, Frankfurt am Main, Suhrkamp, 1979 ; O. PEDERSEN, *The Book of Nature*, Vaticano – Notre Dame, Vatican Observatory

métaphore permet donc de présenter une approche méta-historique du concept de nature, qui ne tienne pas simplement compte du contexte historico-philosophique des auteurs, principalement médiévaux, qui l'ont utilisé, mais qui soit capable de sortir de ces limites chronologiques. Compte tenu de ces prémisses, loin de vouloir faire uniquement une archéologie de la pensée, on espère pouvoir démontrer l'utilité pratique que renferme, pour l'homme d'aujourd'hui, l'approche du sujet de la nature par les maîtres de l'école parisienne de Saint-Victor au XIIe siècle, en suivant la proposition du théologien contemporain Raimon Panikkar.

En effet, au cours des dernières décennies, la réflexion sur le rapport entre l'homme et la nature, qui se limitait au départ à décider des bonnes pratiques pour protéger l'environnement, est devenue de plus en plus profonde, au point de définir une nouvelle façon de considérer le problème environnemental. Dans cette ligne se concentrent les études pionnières du philosophe polonais Henryk Skolimowski, l'un des principaux représentants du courant appelé éco-philosophie qui, dans l'une de ses œuvres les plus connues, *Living Philosophy* : *Eco-Philosophy as a Tree of Life*, prophétise la naissance de l'*homo oecologicus*, un nouveau stade évolutif de la conscience humaine qui sait reconstruire la relation de respect et d'amour de l'homme pour la nature[1]. Un changement de perspective, donc, qui a non seulement stimulé les diverses tentatives de récupération des racines historiques et philosophiques qui sous-tendent la nécessité de sauvegarder la planète (les études d'histoire de l'environnement et du paysage de ces dernières décennies en sont une preuve

Publications – University of Notre Dame Press, 1992. Et, pour une analyse du thème au Moyen Âge et à la Renaissance, avec un accent sur le XIIe siècle, voir au moins : D. F. DUCLOW, « Nature as Speech and Book in John Scotus Eriugena », *Mediaevalia*, t. 3, 1977, p. 131-140 ; P. FINDLEN, « Empty Signs ? Reading the Book of Nature in Renaissance Science », *Studies in History and Philosophy of Science*, t. 21, 1990, p. 511-518 ; D. POIREL, *Livre de la nature et débat trinitaire au XIIe siècle. Le* De tribus diebus *de Hugues de Saint-Victor*, Turnhout, Brepols, 2002 (Bibliotheca Victorina, 14) ; C. J. MEWS, *The World as Text. The Bible and the Book of Nature in Twelfth-Century Theology*, in *Scripture and Pluralism. Reading the Bible in the Religiously Plural Worlds of the Middle Ages and Renaissance*, éd. T. J. HEFFERNAN – T. E. BURMAN, Leiden, Brill, 2005, p. 95-122 ; ID., *The Book of Nature in Antiquity and the Middle Ages* éd. A. VANDERJAGT – K. VAN BERKEL, Paris – Leuven – Dudley MA, Peeters, 2005 ; ID., *The Book of Nature and Humanity in the Middle Ages and the Renaissance*, éd. D. HAWKES – R. G. NEWHAUSER, Turnhout, Brepols, 2013. Cette métaphore sera rendue célèbre plus tard par Galilée. Voir A. SALUCCI, « La metafora del libro della natura in Galileo Galilei », *Angelicum*, t. 83/2, 2006, p. 327-375.

1. H. SKOLIMOWSKI, *Living Philosophy. Eco-Philosophy as a Tree of Life*, London – New York, Arkana, 1992.

évidente) [1], mais qui a également déclenché une révolution de la pensée, un changement radical de paradigme, qui a permis de passer d'une réflexion sur la nature conçue comme un objet, à une réflexion sur la nature conçue comme un sujet.

La proposition de l'écosophie dont parle Raimon Panikkar va précisément dans cette direction. Pour reprendre ses propres termes lors d'une conférence intitulée « Repenser la nature d'une nouvelle manière », qui s'est tenue à Francfort en 1993, l'écosophie (du grec « oikos », la *maison,* notre foyer) est la sagesse de la terre, où la terre n'est pas comprise comme un objet, c'est-à-dire comme « un simple fournisseur de matières premières pour l'humanité », mais est « le corps extérieur de l'homme lui-même, son espace de vie, sa maison » [2].

Penser la nature comme un sujet et non plus comme un objet n'est cependant pas, pour Panikkar, une simple question écologique, ni économique ou politique. La métamorphose qui s'impose à l'humanité dans son ensemble est de nature métaphysique, religieuse, et doit conduire à un changement radical de la conception de l'homme et de sa position dans le cosmos : l'homme n'en est pas le seigneur incontesté, mais une synthèse de l'homme avec l'environnement qu'il habite doit être définie afin d'en révéler le sens caché.

Pour parvenir aux conditions d'une telle métamorphose, Panikkar lit l'histoire humaine dans une perspective métaphysique, en analysant et en reconstruisant les dynamiques changeantes entre l'homme et le cosmos : dans une phase antérieure, plus ancienne, que Panikkar appelle œcuménique, il y avait une cohabitation pacifique de l'homme avec les forces naturelles et divines du cosmos, mais l'équilibre s'est ensuite rompu, conduisant à une individualisation progressive de l'une des deux composantes, d'abord celle du cosmos (phase cosmocentrique), puis celle de l'homme (phase économique ou anthropocentrique). Mais là où il n'y a pas d'équilibre, il n'y a pas d'harmonie : c'est pourquoi Panikkar espère une nouvelle ère de l'homme, une nouvelle dimension de

1. En commençant par les études environnementales de Vidal de la Blache, en passant par l'École des Annales, la sensibilité à la combinaison de l'histoire et de l'environnement est devenue de plus en plus intense du XX e siècle jusqu'à aujourd'hui. Sur ce thème, voir en particulier G. MASSARD-GUILBAUD, « Gli storici francesi dal "milieu" all'ambiente », *Contemporanea*, t. 5/1, 2002, p. 154-160. Les autres contributions de ce numéro retracent les étapes de l'histoire de l'environnement dans d'autres contextes historiographiques européens et extra-européens.

2. *Cf.* R. PANIKKAR, *Ecosophy, an Interculture Reflexion* (inédit), trad. it. D. RIVAROSSA, *Ecosofia, la saggezza della Terra*, Milano, Jaca Book, 2015, p. 14.

l'humanité, dans laquelle celui-ci, fort de l'expérience de son histoire, est appelé à générer de nouvelles harmonies avec le monde qu'il habite et avec Dieu. C'est ce que Panikkar appelle l'expérience cosmothéandrique[1].

La nouvelle approche de l'expérience écosophique doit alors être moins dialectique et plus contemplative, plus mystique. En cela, sa biographie l'aide : catalan du côté maternel, indien du côté paternel, le théologien récupère les deux traditions, orientale et occidentale, à la recherche d'une vérité commune aux deux – et donc à l'humanité entière –, une vérité placée sous le signe de l'interculturalité, de l'interreligiosité, que l'homme nouveau, que l'on pourrait appeler *homo oecosophicus*, est amené à embrasser.

En regardant vers l'Orient, Panikkar suggère alors que le modèle parfait représentant l'harmonie cosmothéandrique (monde-Dieu-homme) est donné par le *mandala* : une unité, une centralité, une individualité, constituée d'un cercle, représentant la matière, qui à son tour ne peut être saisie que par la circonférence, représentant l'homme ; les deux, homme et matière, cercle et circonférence, sont et existent parce qu'il y a un Dieu-centre, sans dimensions, et qui a un centre en lui-même[2].

En regardant vers l'Occident, Panikkar lit dans la tradition mystique chrétienne, et en particulier dans les écrits de Hugues et Richard de Saint-Victor, la meilleure approche d'une nouvelle philosophie que nous pouvons définir aujourd'hui comme écologique, une écosophie qui prend en compte la nature, l'homme et Dieu[3], qui peuvent être saisis tels qu'ils sont, c'est-à-dire comme une unité systémique, dans laquelle la rationalité humaine ne s'enferme pas dans le périmètre du rationnel en mettant à l'extérieur tout ce qui ne lui appartient pas comme irrationnel. La dimension dialectique qui oppose thèse et antithèse et qui doit absolument être dépassée au profit d'une dimension

1. *Cf.* R. PANIKKAR,, *The Cosmotheandric Experience. Emerging Religious Consciousness*, éd. S. EASTHAM, Maryknoll NY, Orbis, 1993.

2. Cf. R. PANIKKAR, *La nueva inocencia*, Pamplona, Éd. Verbo Divino, 1999, p. 50-51 ; ID., *La intuición cosmotheándrica. Las tres dimensiones de la realidad*, Madrid, Éd. Trotta, 1999, p. 29 ; ID., *Elogio de la sencillez. El arquetipo universal del monje*, Navarra, Verbo Divino, 2000, p. 166.

3. Ici, on se réfère à la triade de Richard de Saint-Victor de *experientia*, *ratio* et *fides*. Voir RICHARDUS DE SANCTO VICTORE, *De Trinitate*, I, 1, éd. J. P. MIGNE, *Patrologiae cursus completus. Series latina*, t. 196, Paris, Garnier-J. P. Migne, 1880, col. 891A, repr. éd. J. RIBAILLIER, Paris, Vrin, 1958 (Textes philosophiques du Moyen Âge, 6), p. 86, l. 3.

« contempl-active »[1] qui est capable de dépasser les limites humaines pour atteindre un type de connaissance supérieure, l'intuition noétique du divin, qui, chez Richard, mais aussi chez Hugues et tous les Victorins, prend le nom de *contemplatio*, et se réalise à travers un processus actif (*vita activa* et *vita contemplativa* sont parallèles dans la mystique médiévale) par l'action de l'*oculus mentis*[2]. Panikkar connaît bien cette doctrine victorine et la cite à plusieurs reprises, mais jamais en profondeur : il faut donc préciser et clarifier ses références à la tradition chrétienne médiévale et, en particulier, au magistère victorin[3].

Le processus cognitif conduisant l'homme à Dieu n'est pas naturellement immédiat chez l'homme. Panikkar utilise donc la question apophatique du Pseudo-Denys l'Aréopagite pour affirmer l'ineffabilité de Dieu et de sa connaissance, retrouvant le même message véridique dans le *Corpus hermeticum* (Dieu ne peut être vu que par le cœur) et dans la religion védique[4]. Face à l'abîme infranchissable de l'incommunicabilité humaine du divin, Panikkar suggère que la contemplation n'est cependant pas une séparation nette du monde sensible et du monde rationnel, et que la voie du *contemptus mundi* n'est pas praticable car elle marque la séparation entre un monde vrai et un monde faux.

1. Panikkar trouve l'étymologie de *contemplatio* dans le mot *templum*, entendu comme l'enceinte sacrée à l'intérieur de laquelle le sacré est coupé de la sphère profane. Voir R. PANIKKAR, *The Rhythm of Being. The Gifford Lectures*, Maryknoll NY, Orbis, 2010, p. 366 (pour ce texte, on se référera aux numéros de page de la version ebook).

2. Sur cette métaphore chez les Victorins, voir P. SICARD, *Diagrammes médiévaux et exégèse visuelle. Le* Libellus de formatione arche *de Hugues de Saint-Victor*, Paris – Turnhout, Brepols, 1993 (Bibliotheca Victorina, 4). Sur la relation entre la vie active et la vie contemplative de l'Antiquité classique au XVI e siècle, voir *Arbeit, Musse, Meditation. Betrachtungen zur « Vita activa » und « Vita contemplativa »*, éd. B. VICKERS, Zürich – Stuttgart, VDF – Teubner, 1985. Plus précisément sur ce thème à Saint-Victor, voir : D. POIREL, *L'unité de la sagesse chez Hugues de Saint-Victor : un équilibre précaire*, in *Vers la contemplation. Études sur la syndérèse et les modalités de la contemplation de l'Antiquité à la Renaissance*, éd. C. TROTTMANN, Paris, H. Champion, 2007, p. 81-119.

3. C'est une entreprise très complexe que de découvrir comment Panikkar a connu les maîtres de Saint-Victor. Son érudition, en effet, était impressionnante, mais l'a-systématicité de sa pensée et les traits ascétiques de son enseignement rendent également difficile l'identification de ses sources et influences culturelles. L'un de ses biographes a cependant effectué un voyage dans la vaste bibliothèque de Panikkar, rendant compte de la vie de Panikkar à travers ses livres, et faisant un travail philologiquement précis de ses lectures. Celles-ci comprennent, outre de nombreux textes sur le mysticisme d'auteurs tels que Henri Suso et Meister Eckhart, les études de De Lubac sur l'exégèse médiévale et le volume d'Ivan Illich sur l'art de lire chez Hugues de Saint-Victor. *Cf.* M. BIELAWSKI, *Canto di una biblioteca*, Alzano Lombardo, Éd. Lemma Press, 2016.

4. *Cf.* PANIKKAR, *The Rhythm of Being*, p. 343-344.

La mystique a le mérite non pas de nous projeter dans un autre monde, mais de nous faire expérimenter que la dimension divine fait partie d'un monde unique :

> The injunction to leave behind the sensible and intelligible worlds is not in order to cling to a supernatural world, thereby escaping from what we call the World. The spiritual experience that many call "mystical" does not put us in touch with a third world, but lets us experience the third dimension of the one and same World, opening us up to a more real union with reality [1].

Chez les Victorins, ce message est particulièrement clair dans les écrits de Richard, qui parle souvent d'une réalité unique mais tripartite, accessible et connaissable par l'homme à des degrés divers selon ses possibilités. Dans le *De Trinitate*, par exemple, Richard présente un triple royaume (immortel, incorruptible et éternel), qui est respectivement propre à l'homme, aux anges et au divin, et auquel l'homme peut accéder *actualiter*, *virtualiter* et *intellectualiter* dans son itinéraire mystique [2]. Que Richard place cette triade dans le prologue du *De Trinitate* est donc une preuve de plus de la stratégie herméneutique victorine visant à déchiffrer le code qui permet de lire la réalité, une réalité inéluctablement trinitaire, même si elle est sans doute unique [3].

1. PANIKKAR, *The Rhythm of Being*, p. 343.

2. Sur le récit de l'expérience immédiate de Dieu, qui se construit au Moyen Âge autour de métaphores, d'images et d'allégories, en les reliant à l'épisode de l'enlèvement de Paul au troisième ciel (II Cor 12,1-4), nous renvoyons à l'étude de Németh, qui insère la tentative de narration mystique de Richard de Saint-Victor dans une tradition qui va d'Ambroise et d'Augustin à Bonaventure, Thomas Gallus et David d'Augsbourg. *Cf.* C. NÉMETH, « Ascending to the Third Heaven ? A Missing Tradition of Latin Mysticism », in *The Immediacy of Mystical Experience in the European Tradition*, éd. M. VASSÁNYI – E. SEPSI – A. DARÓCZI, Cham, Springer, 2017, p. 39-61.

3. RICHARDUS DE SANCTO VICTORE, *De Trinitate*, *prol.*, PL 196, col. 890C, éd. RIBAILLIER, p. 83, l. 30. Panikkar croit également que l'élément triadique est présent dans chaque aspect de la réalité, de Dieu à la conscience humaine en passant par le monde. En outre, pour Panikkar, la dimension cosmothéandrique est constituée d'éléments inter-indépendants, c'est-à-dire des principes qui sont liés les uns aux autres comme dans la périchorèse inter-trinitaire, mais aussi indépendants les uns des autres. Selon Panikkar, en effet, Dieu ne serait pas Dieu sans l'homme ni le cosmos, ce qui signifie que Dieu est toujours un Dieu relationnel. Ce fait est intéressant car il nous permet de comprendre que pour Panikkar Dieu, l'homme et le monde ne sont pas dans un rapport hiérarchique, mais sont en relation constante et chaque élément de la triade se voit attribuer une égale dignité. Sur la trinité radicale de Panikkar, voir M. BIELAWSKI, « Raimon Panikkar e la Trinità radicale », in *Elaborare l'esperienza di Dio. Contributi teologici. Atti del Convegno « La*

Panikkar trouve dans les écrits de Richard une image qui lui est très utile pour décrire l'approche tri-unitaire de la réalité, à savoir celle de l'œil de l'esprit. Il s'agit d'une image qui semble effectivement résonner avec la mystique orientale (elle rappelle le troisième œil dans la tradition hindoue et bouddhiste), mais les Victorins parlent de l'*oculus mentis* comme de l'une des trois composantes de l'organe de la connaissance humaine, avec l'*oculus carnis* et l'*oculus rationis*.

Si Panikkar fait référence à cette doctrine, l'attribuant tantôt à Richard, tantôt à Hugues, il est également vrai qu'une brève recherche dans les sources victorines donne une multitude d'occurrences de la doctrine du *triplex oculus*, l'œil unique mais triple, comme la Trinité, comme le réel, dont la triple action permet à l'homme d'entrer en contact avec la réalité, de la lire, de l'interpréter [1].

Le drame de la pensée victorine, cependant, est tout entier consommé dans le discours anthropologique : suite à la chute, en effet, l'œil triple est devenu myope, voire aveugle. Dans une conception éminemment gnoséologique du péché, cela signifie que la connaissance complète de la réalité est refusée à l'homme mortel, et que l'effort spéculatif victorin est tout entier orienté vers une tentative de retrouver l'état et les modes de connaissance propres à l'homme *ante peccatum*. Cet effort ne peut partir que d'en bas, de ce qui est immédiatement compréhensible pour l'homme : c'est pourquoi l'*oculus carnis* constitue chez Hugues le premier instrument d'investigation d'un processus obligatoire d'acquisition de la connaissance et d'ascension vers Dieu qui doit partir du monde, du *liber creaturae*. L'enquête primaire, qui doit donc d'abord être menée dans le domaine de l'*extra hominem*, permet cependant à l'homme de percevoir déjà, après la Révélation, les limites

Trinità », Roma, 26-28 maggio 2009 (en ligne), publié sous le titre *Teologia dell'esperienza*, éd. D. BERTINI - G. SALMERI - P. TRIANNI, Roma, Éd. Nuova Cultura, 2010.

1. La formulation victorine la plus systématique de cette doctrine se trouve dans le commentaire d'Hugues sur la hiérarchie céleste. *Cf.* HUGO DE SANCTO VICTORE, *Commentarius in Dionysii Hierarchiam caelestem*, III, 2, 3, PL 175, col. 976A, éd. D. POIREL, Turnhout, Brepols, 2015 (Corpus Christianorum Continuatio Mediaevalis, 178), p. 472, l. 721 à p. 473, l. 727. Pour la littérature scientifique sur ce sujet, voir principalement : D. LASIČ, *Hugonis de S. Victore theologia perfectiva. Eius fundamentum philosophicum ac theologicum*, Romae, Pontificium Athenaeum Antonianum, 1956, p. 125-135 ; SICARD, *Diagrammes médiévaux et exégèse visuelle*, p. 187-206. Panikkar revient sur cette image victorine dans plusieurs de ses écrits. À titre d'exemple, voir PANIKKAR, *La nueva inocencia*, p. 55 ; *De la mística. Experiencia plena de la vida*, Barcelona, Herder, 2005, p. 162-168 ; *La puerta estrecha del conocimiento. Sentidos, razón y fe*, Barcelona, Herder, 2009, p. 15.

auxquelles il est contraint, dans sa nature corrompue, mais aussi la possibilité de les dépasser. C'est donc grâce à l'*oculus rationis* que le regard passe de l'extérieur à l'intérieur, dans la réalité intérieure de l'homme, c'est-à-dire dans l'exploration avec la découverte qui en résulte des réalités spirituelles de l'âme et de ces vérités intelligibles en vue desquelles toute pensée et toute action doivent être orientées. Bien que le péché ait eu pour conséquence de brouiller le second œil, explique Hugues, au point de rendre presque impossible à l'homme la lecture des réalités spirituelles qui, dans l'état prélapsaire, lui étaient claires et compréhensibles, le *liber Scripturae* suggère le chemin à suivre pour ce qui sera la vision directe de Dieu, qui aura lieu à travers ce que Hugues appelle ici l'*oculus contemplationis*. Enfin, la cécité, dans le temps mortel, du troisième œil, qui est l'œil de l'intuition noétique de la gnoséologie d'un platonisme classique, accentue l'ampleur de la subversion des modalités cognitives originelles propres à l'homme, qui ne seront rétablies qu'au terme du processus d'ascension vers les sommets ultimes de la connaissance [1].

Il est néanmoins impossible pour l'homme, dans l'état de *viator*, de parvenir, à l'aide de ses seules capacités naturelles, aux excès extatiques propres à l'ultime faculté cognitive qui coïncide avec la vision de Dieu. Pour que ce passage soit possible, il faut introduire, comme le suggère la nécessité théologico-spéculative du *Cur Deus homo* d'Anselme, la figure médiatrice du Christ comme un troisième élément entre l'humain et le divin qui se trouve à la même distance ontologique de la nature divine du Créateur et de la nature humaine [2]. C'est sur cette architecture de

1. Ceci, qui est aussi le sens du *De tribus diebus* de Hugues, sera également exprimé par les maîtres victorins des générations suivantes. Gauthier, par exemple, reprend la doctrine de Hugues telle qu'elle est présentée dans le commentaire sur la hiérarchie céleste. *Cf.* GALTERUS DE SANCTO VICTORE, *Sermones*, XII, éd. J. CHÂTILLON, Turnhout, Brepols, 1975 (Corpus Christianorum Continuatio Mediaevalis [désormais CCCM], 30), p. 108, l. 153-109, l. 172. Sur la méthode de connaissance victorine à partir d'une lecture du *liber naturae*, voir : D. POIREL, *Lire l'univers visible. Le sens d'une métaphore chez Hugues de Saint-Victor*, in *Lire le monde au Moyen Âge : signe, symbole, corporéité. Actes du colloque des 8 et 9 janvier 2009 (Institut Catholique de Paris, Faculté de Philosophie)* [= *Revue des sciences philosophiques et théologiques*, t. 95, 2011], p. 363-382.

2. Le même thème est également exprimé par Bonaventure de Bagnoregio, qui ne cache pas sa dette envers Hugues dans son recours à la doctrine du *triplex oculus*. *Cf.* BONAVENTURA DE BALNEOREGIO, *De reductione artium ad theologiam*, 23, in *Opera omnia*, t. V, éd. P. COLLEGII A S. BONAVENTURA, Florentiam, Ad Claras Aquas (Quaracchi), 1891, p. 325. Dans l'œuvre de Bonaventure, la pensée victorine, notamment de Hugues et de Richard, est remarquable. Voir D. M. COULTER, *The Victorine Sub-*

pensée que repose le concept authentiquement hugonien de la *reparatio* ou *restauratio*, condition voulue par Dieu avec le sacrifice du Fils pour réparer la chute de l'homme et les conséquences de son péché, et qui envisage le Christ comme le point de rencontre entre le mouvement de la descente de Dieu parmi les hommes, rachetés dans la tentative de s'élever vers lui, et cette tentative humaine de s'élever vers Dieu. La rencontre entre l'homme et Dieu est représentée de manière significative par Hugues, dans son *De unione corporis et spiritus*, par la figure de Moïse gravissant le mont Sinaï tandis que Dieu descend vers lui : la rencontre, qui a lieu à mi-hauteur, est une métaphore du noyau théorique de toute l'œuvre de Hugues, qui sanctionne le rapport double et opposé, déjà paulinien, entre le corps et l'esprit[1].

La doctrine gnoséologique du *triplex oculus* de Hugues de Saint-Victor émerge aussi dans son *De sacramentis*, l'un des premiers traités de théologie systématique du Moyen Âge : céans, cette doctrine s'inscrit dans un cadre théologique plus large qui tente de décrire et de résoudre

Structure of Bonaventure's Thought, in *The Influence of the School of St. Victor on the Franciscans in the Thirteenth Century* (Saint Bonaventure University, July 16-17 2010) [= *Franciscan Studies*, t. 70, 2012], p. 399-410. La théorie intégrale de la conscience élaborée par le philosophe américain Ken Wilber s'inspire de la doctrine victorine du *triplex oculus* (qu'il lit aussi chez Bonaventure) dans l'un de ses textes les plus connus. Voir K. WILBER, *Eye to Eye : The Quest for the New Paradigm*, Boston, Shambhala, 2001 (1984[1]), p. 2-3.

1. *Cf.* HUGO DE SANCTO VICTORE, *De unione corporis et spiritus*, PL 177, 285A : « Ascendit Moyses in montem, et Deus descendit in montem. Nisi ergo Moyses ascendisset et Deus descendisset, non convenissent in unum. Magna sunt in his omnibus sacramenta. Ascendit corpus, et descendit spiritus. Ascendit spiritus, et descendit Deus. Quo ascendit corpus, superius est corpore. Quo descendit spiritus, inferius est spiritu. Rursum quo ascendit spiritus, superius spiritu : et quo descendit Deus, inferius Deo. Corpus sensu ascendit, spiritus sensualitate descendit. Item spiritus ascendit contemplatione, Deus descendit revelatione. Theophania est in revelatione, intelligentia in contemplatione, imaginatio in sensualitate, in sensu instrumentum sensualitatis, et origo imaginationis ». Comme l'affirme Rock, l'éthique environnementale est consciente de la limite. La différence avec la pensée victorine réside dans le fait que, alors que la limite, dans l'homme médiéval, est inhérente à sa nature même, pour Rock (et Panikkar avec lui) la limite réelle de l'homme est donnée par la technique en tant que simple outil (au sens heideggerien) : l'utilisation de la technologie devient un péché, parce que le renoncement est rédempteur, au sens où il limite les mauvaises impulsions à la domination sur la nature, l'ascèse surgissant encore comme une tension interne à l'âme. *Cf.* M. ROCK, *La teologia della natura e le sue implicazioni etico-antropologiche*, in *L'urgenza ecologica. Percorso di lettura attraverso le proposte dell'etica ambientalista*, éd. S. DELLAVALLE, Milano, Dalai Éd., 2003, p. 218-240 ; R. PANIKKAR, *Ecosofia : la nuova saggezza. Per una spiritualità della terra*, Assisi, Cittadella, 1993, p. 37. Voir, en outre, N. RUSSO, *Filosofia éd ecologia. Idee sulla scienza e sulla prassi ecologiche*, Napoli, Guida, 2000[2], p. 371-372.

toute l'histoire du salut humain [1]. Hugues explique ici qu'après l'invasion des ténèbres dans l'âme post-lapsaire, l'œil charnel est le seul qui reste ouvert, tandis que l'œil de la raison est devenu myope et celui de la contemplation totalement aveugle. Le péché originel, associé essentiellement à l'ignorance de l'esprit et à la concupiscence de la chair [2], a néanmoins inauguré une chaîne de catastrophes en l'homme ayant pour trait commun l'inconstance et l'éphémère résultant de sa précarité gnoséologique et morale [3]. C'est dans ce contexte que la métaphore du triple œil dans les écrits de Hugues de Saint-Victor prend tout son sens.

Car le paradigme de la connaissance humaine du monde, de l'âme et de Dieu présenté par le Victorin présuppose une *reparatio* ; c'est la *conversio* de l'homme qui permet de surmonter l'obscurcissement de l'œil de la raison et l'aveuglement de l'œil de la contemplation. Ainsi, l'œuvre de réintégration de la pleine activité cognitive humaine, qui culmine dans la connaissance même de Dieu, doit nécessairement être accomplie par une illumination gratuite visant à réparer les dommages du péché originel dans les âmes qui se sont engagées sur un chemin d'ascèse vers les réalités spirituelles [4]. Cette voie de l'ascétisme est prévue

1. *Cf.* HUGO DE SANCTO VICTORE, *De sacramentis christiane fidei*, I, X, 2, PL 176, 329C-330A : « Hos igitur oculos quandiu anima apertos et revelatos habebat, clare videbat et recte discernebat ; postquam autem tenebrae peccati in illam [scil. animam] intraverunt, oculus quidem contemplationis exstinctus est, ut nihil videret ; oculus autem rationis lippus effectus ut dubie videret. Solus ille oculus [scil. carnis] qui exstinctus non fuit in sua claritate permansit, qui quandiu lumen habet clarum, iudicium dubium non habet. Oculus vero rationis quandiu lumen eius est nubilum, iudicium certum habere non potest ; quia quod clare non videt discernit ambigue. Hinc est quod corda hominum facilius sibi consentiunt in his quae oculo carnis percipiunt, quam in his quae acie mentis et sensu rationis attingunt, quia ubi in videndo non caligant, in iudicando non discrepant. Homo ergo quia oculum carnis habet mundum videre potest, et ea quae in mundo sunt. Item quia oculum rationis ex parte habet, animum similiter ex parte videt et ea quae in animo sunt. Quia vero oculum contemplationis non habet, Deum et quae in Deo sunt videre non valet ».

2. Cf. *ibid.*, VII, 28, PL 176, 299A : « Si ergo quaeritur quid sit originale peccatum in nobis, intelligitur corruptio sive vitium quod nascendo trahimus per ignorantiam in mente, per concupiscentiam in carne ».

3. *Cf.* SICARD, *Diagrammes médiévaux et exégèse visuelle*, p. 200.

4. Concernant la *restauratio* (ou *reparatio*) *hominis* à Saint-Victor, le texte de référence est : HUGO DE SANCTO VICTORE, *Didascalicon de studio legendi*, I, 9, PL 176, col. 747B, éd. C.-H. BUTTIMER, Washington, The Catholic University of America, 1939, p. 15, l. 11-12 : « Duo vero sunt, quae divinam in homine similitudinem reparant, id est, speculatio veritatis et virtutis exercitium », mais aussi *ibid.*, I, 1, p. 6, l. 7 : « Reparamur autem per doctrinam, ut nostram agnoscamus naturam ». À ce sujet, voir G. MENSCHING, *Kontemplation und Konstruktion. Zum Verhältnis von Mystik und Wissenschaft bei Hugo*

et rigoureusement transmise par les maîtres victorins à leurs élèves. Elle s'articule dans les différentes étapes d'une étude progressive allant des sciences les plus basses, les arts mécaniques, aux arts libéraux, de la pratique à la théorie, le tout introduisant progressivement à la théologie [1]. Si donc, comme le précise Hugues, c'est l'éthique qui constitue le médicament nécessaire pour restaurer la capacité visuelle de l'*oculus rationis* [2], afin de favoriser chez l'homme le perfectionnement de la connaissance de soi, en la rendant utile et fructueuse dans les arts théoriques, c'est au contraire la *fides* seule qui peut guérir l'*oculus contemplationis* [3].

L'action curative de la grâce, précise encore Hugues, doit être proportionnelle à l'état de maladie de l'œil, car trop de lumière dans un œil qui ne peut ou ne veut pas la recevoir ne ferait qu'aggraver son état de santé déjà précaire [4]. C'est donc dans un langage de *formae* et de *similitudines*, seul compréhensible pour l'homme dans sa condition post-lapsaire, que se produit l'autorévélation divine providentielle, qui mesure et modère l'intensité de sa propre lumière en fonction de l'œil du lecteur. La compréhension du *liber naturae* et la pénétrabilité du texte

von St. Viktor, in « *Scientia* » *und* « *ars* » *im Hoch- und Spätmittelalter*, éd. I. Craemer-Ruegenberg – A. Speer, Berlin – New York, De Gruyter, 1994, 2 t. (Miscellanea Mediaevalia, 22), t. II, p. 589-604.

1. Sur le rôle des arts mécaniques dans l'école de Saint-Victor, fonctionnels pour une *reparatio* physique de l'homme dans l'état post-lapsaire, on se reportera à ma contribution, y compris en ce qui concerne la bibliographie : A. Sordillo, « *Speculator castrorum Dei*. Philosophy and Theology in Godfrey of St. Victor's Sermons », in Omnium expetendorum prima est sapientia. *Studies on Victorine Thought and Influence*, éd. W. Bajor – M. Buraczewski – M. J. Janecki – D. Poirel, Turnhout, Brepols, 2021 (Bibliotheca Victorina, 29), p. 215-225 (notamment p. 219-221).

2. *Cf.* Hugo de Sancto Victore, *Didascalicon*, VI, 14, 810B, p. 131, l. 32 : « Per studium virtutis oculus cordis mundandus est ».

3. *Cf.* Hugo de Sancto Victore, *De sacramentis*, I, x, 2, PL 176, col. 329D-330A.

4. *Cf.* Hugo de Sancto Victore, *Super Hierarchiam Dionysii*, I, 1, PL 175, col. 926C, éd. D. Poirel, Turnhout, Brepols, 2015 (CCCM, 178), p. 402, l. 88-94. De plus, ce thème est abordé dans d'autres œuvres de Hugues, en particulier dans son *De septem donis Spiritus Sancti*, où il oppose la métaphore de la maladie de l'âme à celle des remèdes pour la guérir : une sorte d'arithmétique morale visant à l'acceptation du moindre mal qui s'inscrit dans l'image classique du Saint-Esprit comme la lumière qui éclaire les ténèbres et rend la vue aux aveugles, conduisant l'homme vers la contemplation du Seigneur. *Cf.* id., *De septem donis Spiritus Sancti*, PL 175, col. 410C-414A, éd. F. Siri, Turnhout, Brepols, 2017 (CCCM, 276), p. 211-218.

sacré (*liber Scripturae*) varient en fonction du sujet qui tente de les interroger[1].

Le magistère hugonien dans le domaine de l'exégèse biblique devient donc la clé d'une interprétation correcte de l'ensemble de la doctrine gnoséologique victorine. Ainsi, la structure hiérarchique du *triplex oculus* est bien adaptée à l'architecture des filtres interprétatifs et des strates de sens que l'Écriture prépare : par conséquent, l'objet de la connaissance d'un œil inférieur ne sera pas annihilé par la puissance visuelle de l'œil supérieur, mais les contenus cognitifs de l'œil de la chair et de l'œil de la raison seront intégrés à ceux de l'œil de la contemplation, qui saura les compléter tous les deux. En d'autres termes, les images et similitudes perceptibles captées par les deux premiers yeux fourniront les premiers éléments de la connaissance de Dieu, dans l'âme et dans le monde, par l'œil de la contemplation : ce dernier, de toute façon, ne pourra pas atteindre une pleine connaissance du divin par ses seules capacités, qui ne sont encore qu'humaines, et sera donc aidé par une illumination gratuite d'en haut[2]. On peut en déduire que ce qui est reçu et compris à un stade cognitif inférieur est destiné à tomber sous le regard de l'œil supérieur ; par conséquent, le regard contemplatif, dans la gnoséologie victorine, est invité à ne pas rester relégué à la sphère de l'intelligible, mais plutôt à étendre son mouvement cognitif également en direction du sensible[3]. Comme le précise Panikkar, commentant le

1. *Cf.* HUGO DE SANCTO VICTORE, *Super Hierarchiam Dionysii*, II, 1, PL 175, col. 946BC, éd. POIREL, p. 430, l. 501-513 : « Quemadmodum infirmi oculi solem nube tectum libere conspiciunt, qui coruscum eius lumen intueri non possunt : sic et divinum radium lippientibus mentis oculis lucere impossibile est, nisi varietate sacrorum velaminum circumvelatum et praeparatum providentia paterna connaturaliter et proprie iis, quae secundum nos sunt. Nisi enim providentia paterna nobis ineffabili bonitate in hoc providisset, oculis nostris lumen ipsius omnino lucere non posset : et idcirco paterne et pie providit nobis, ut ipsum lumen praepararet nobis et coaptaret iis, quae secundum nos sunt, rebus, et similitudinibus, et formis : et sic connaturaliter et proprie, hoc est secundum naturam nostram, et proprietatem eorum, quae naturae nostrae sunt, praeparatum et coaptatum ostenderet nobis. »

2. *Cf.* HUGO DE SANCTO VICTORE, *Miscellanea*, I, 1, PL 177, col. 471C : « Qui autem videt ea quae videntur oculo contemplationis, videt et ea quae videntur oculo rationis et ea quae videntur oculo carnis, quia in superioribus inferiora cognoscuntur. Qui autem videt oculo rationis, ea quidem quae videntur oculo carnis videt ; sed non similiter ea quae videntur oculo contemplationis videt. Qui vero oculo carnis videt, ex eo nec ea videt quae videntur oculo contemplationis, nec ea quae videntur oculo rationis. »

3. C'est ici qu'apparaît la différence entre la pensée du Pseudo-Denys l'Aréopagite et celle des Victorins : alors que le Pseudo-Denys n'envisage qu'un processus d'illumination vertical de haut en bas, chez les Victorins la tension verticale se produit dans les deux sens.

schéma hindou des choses terrestres, humaines et divines à l'aide de l'image du triple œil, la réalité n'est pas compartimentée, mais les trois organes lisent la réalité dans ses trois dimensions :

> Yet it is not that each eye sees only its « proper » field, but rather that the three organs complement each other in putting us in contact with reality. I cannot repeat sufficiently that it would be wrong to fall into specialization, whether on the part of the subject or that of the object. Each « organ » apprehends (the total) reality under a perspective which lets it « see » one aspect of the real more clearly than the others. The « three » form an indivisible triad and are involved albeit in different degrees in any human experience. In fact, reality is not compartmentalized and consists of all its dimensions together [1].

En imaginant, donc, la dynamique cognitive du sujet par rapport à l'objet à connaître, on voit immédiatement comment la première étape du processus de *restauratio* de la connaissance hugonienne est représentée par le double mouvement (*foris-intus* et vice-versa) que l'œil de la chair effectue en observant la nature. L'âme, en effet, quitte le sens de la vue pour saisir l'image sensible à connaître et pour la recevoir ensuite en elle. Ce n'est qu'à ce moment qu'intervient l'action cognitive de l'*oculus rationis*, qui accomplit un processus de synthèse des données recueillies, en opérant au-delà de la première compréhension superficielle de l'image sensible et en se libérant pour une lecture méditative des signes. Ce n'est qu'une fois effectué le passage à la réalité spirituelle, dont l'image sensible est un reflet extérieur, que le troisième œil pourra contempler la présence du divin, en lui et au-dessus de lui [2].

Le magistère victorin dans le domaine de l'exégèse biblique s'exprime donc dans sa doctrine gnoséologique, où le passage de l'activité fondamentale de l'*oculus carnis* de collecte et d'interprétation immédiate des données fournies par la connaissance sensible précise le type d'intelligence, historique-littérale, de la page sacrée, tandis que le processus

Voir : K. RUH, *Geschichte der abendländischen Mystik* (2 t.), t. I : *Die Grundlegung durch die Kirchenväter und die Mönchstheologie des 12. Jahrhunderts*, München, C. H. Beck, 1990, p. 54-55. Pour la dynamique et les développements de la métaphysique de la lumière dans la tradition dionysiaque latine, voir aussi D. POIREL, « Métaphysique de la lumière dans la tradition dionysienne latine », in *Lumière et vision dans les sciences et dans les arts. De l'antiquité au XVII e siècle*, éd. M. HOCHMANN – D. JACQUART, Genève, Droz, 2010, p. 75-104; ID., *Des symboles et des Anges. Hugues de Saint-Victor et le réveil dionysien du XII e* siècle, Turnhout, Brepols, 2013 (Bibliotheca Victorina, 23), p. 363-394.

1. PANIKKAR, *The Rhythm of Being*, p. 344.

2. *Cf.* SICARD, *Diagrammes médiévaux et exégèse visuelle*, p. 191.

synthétique de la *ratio* reflète une interprétation allégorique ou tropologique du donné scripturaire. L'acquisition des deux regards précédents, donc, qui implique un mode d'exercice de la lecture qui se déplace dans le périmètre de la discursivité rationnelle, permettra finalement que l'*oculus contemplationis* se réjouisse de la vision claire et distincte de l'objet connu, qui se produira après l'illumination purificatrice par Dieu [1].

Cependant, il ne serait pas tout à fait correct d'affirmer que l'image du *triplex oculus* a chez Hugues (et chez tous les Victorins qui suivent son magistère) une valeur purement cognitive. Déjà dans les *Sententiae de divinitate*, on note en effet que l'*oculus naturae*, c'est-à-dire l'œil de l'esprit qui contemple la vérité en dehors des créatures (et qui coïnciderait donc avec l'*oculus contemplationis*) est assisté dans la doctrine qui lui est conférée par les yeux inférieurs pour être éclairé à la connaissance et enflammé à l'amour [2]. Si donc, comme il est bien établi, c'est la foi qui restaure la capacité contemplative du troisième œil, il est également vrai que son action s'exerce à travers les deux éléments qui le constituent : l'*affectus*, qui est proprement sa substance, et la *cognitio*, qui donne à l'*affectus* sa matière [3].

À ce stade, on pourrait soutenir que toute l'école victorine, depuis l'exercice de la philosophie pratique à celui de la philosophie théorique en passant par l'usage de l'exégèse historique, allégorique et tropologique des Écritures, tend vers une harmonie retrouvée entre les deux composantes de l'intelligence et de l'affectivité, harmonie qui entend procurer la guérison de l'homme dans ses deux principales facultés. Les maladies de l'ignorance et de la concupiscence, symboles équivoques des conséquences de la consommation du fruit de l'arbre de la connaissance du bien et du mal, doivent donc être éradiquées afin que l'homme puisse jouir de l'état de béatitude promis aux élus et qui coïncide finalement avec la *contemplatio*. Pour cela, Hugues propose à ses élèves un chemin spirituel bien défini qui, même explicité par la métaphore triadique de

1. *Cf.* SICARD, *Diagrammes médiévaux et exégèse visuelle*, p. 191. Sicard reprend ici l'image du triple œil surtout du *De archa Noe* dans lequel la gnoséologie mystique victorine est associée au problème de l'exégèse correcte du texte sacré. *Cf.* HUGO DE SANCTO VICTORE, *De archa Noe*, I, 3, PL 175, col. 622C, éd. P. SICARD, Turnhout, Brepols, 1994 (CCCM, 161), p. 10, l. 34-43.

2. *Cf.* HUGO DE SANCTO VICTORE, *Sententiae de divinitate*, III, 5, éd. A. M. PIAZZONI, *Studi Medievali*, t. 23, 1982, p. 912-955, ici p. 949, l. 46-47.

3. *Cf.* HUGO DE SANCTO VICTORE, *De Sacramentis*, PL 176, 331BC et 332B.

l'œil, est développé dans plusieurs de ses écrits, au point de donner une image de systématicité à ses œuvres les plus pédagogiques.

Si Panikkar propose un changement de route pour arriver à l'expérience cosmothéandrique, ce changement est assuré par les Victorins dans leur programme pédagogique et ascétique, dont le premier pas est présenté par Hugues dans le *Didascalicon*, et est constitué précisément par la *lectio*, comprise comme lecture personnelle ou dans les lieux où s'exerce l'esprit communautaire des chanoines, ou comme la *lectio* du maître, qui organise son enseignement à partir d'un texte d'autorité à commenter, ou encore comme la *lectio* de l'élève qui suit cet enseignement et l'assimile progressivement. La *lectio* constitue donc le degré propre aux *incipientes*, aux novices, qui se limitent à une investigation initiale et générale du texte (de n'importe quel texte, mais en particulier des Écritures), suivie d'une réflexion plus profonde, coïncidant avec l'activité de la *meditatio* [1]. Celle-ci est, pour Hugues, éveillée par l'admiration de la création d'une part, mais elle est aussi éveillée, d'autre part, par une lecture spirituelle du texte biblique, qui fournit la base d'un regard plus pénétrant et libre de l'esprit sur la page sacrée ou sur la création elle-même. Cependant, alors que l'objet de la *meditatio* lui reste caché et obscur, en raison de ses limites, la vision contemplative des parfaits, pour sa part, est claire, distincte, sans aucun filtre ni opacité [2]. L'activité de la *contemplatio* consiste donc en une élévation de l'esprit par laquelle il saisit intuitivement, d'une part, les réalités supérieures avec une pure révélation de tout symbole et de toute ressemblance perceptible, et, d'autre part, les réalités inférieures, en un seul regard ponctuel mais englobant toute la création, comme celui qui observe d'une hauteur (une *specula*) la totalité du paysage en dessous [3]. *Contemplatio* et *speculatio* deviennent ainsi chez Hugues et ses élèves les deux faces d'une même pièce, l'une tournée vers la vision du Créateur, l'autre vers sa réflexion, vers sa création.

1. Sur l'importance de la *lectio* chez Hugues, voir I. ILLICH, *In the Vineyard of the Text. A Commentary to Hugh's* Didascalicon, Chicago – London, University of Chicago Press, 1996 ; D. POIREL, « *Prudens lector*. La pratique des livres et de la lecture selon Hugues de Saint-Victor », in *La bibliothèque de Saint-Victor et les gens de savoir, XII e-XVIII e siècle*, éd. I. GUYOT-BACHY, Paris, H. Champion, 2009 [= *Cahiers de recherches médiévales*, t. 17, 2009], p. 209-226.

2. *Cf.* SICARD, *Diagrammes médiévaux et exégèse visuelle*, p. 192-210.

3. Cf. *ibid.*, p. 187-190 ; LASIČ, *Hugonis de S. Victore theologia perfectiva*, p. 125-135 ; SORDILLO, « *Speculator castrorum Dei* », p. 216-219.

Partant donc précisément de la classification hugonienne des exercices spirituels (*lectio*, *meditatio* ou *cogitatio*, *speculatio* ou *contemplatio*, selon les cas [1]), Richard hérite de l'enseignement d'Hugues et en délimite les sphères d'action. Si la *cogitatio* se caractérise par un vagabondage erratique des rêveries de l'*imaginatio*, et si la *meditatio* est au contraire une application méthodique de la raison à un objet à connaître, la *contemplatio* définit un « regard pénétrant et libre de l'intelligence, qui embrasse d'un coup d'œil l'extension de son objet » [2]. Et c'est dans le *Beniamin maior*, premier traité médiéval analysant « les voies et les étapes de l'expérience mystique suprême » [3], que Richard traite de la *contemplatio* ainsi entendue, mais aussi de ce que, dans le *Beniamin minor*, il appelle *speculatio*. Mais si chez Hugues le terme évoque un point éminent (*specula*) d'où le contemplatif (*speculator*) scrute le paysage en bas, une image qui, dans le domaine spirituel, désignera la subtile « pointe de l'âme » qui a pour objet d'investigation les créatures, vues comme un *speculum* dans lequel se reflète le Créateur [4], chez Richard le second aspect acquiert une importance primordiale. La *speculatio* selon Richard est une vision médiate, *per speculum*, de la création,

1. Pour approfondir, voir D. POIREL, *Ugo di San Vittore : storia, scienza, contemplazione*, trad. it. A. Tombolini, Milano, Isten – Jaca Book, 1997, réimpr. in *Figure del Pensiero Medievale. Storia della teologia e della filosofia dalla tarda antichità alle soglie dell'umanesimo*, t. II : *La fioritura della dialettica.* X-XII *secolo*, éd. I. BIFFI – C. MARABELLI, Milano, Jaca Book – Città Nuova, 2008, p. 387-457, ici p. 449-453.

2. *Cf.* RICHARDUS DE SANCTO VICTORE, *De contemplatione (Beniamin maior)*, I, 4, PL 196, col. 67C, éd. J. GROSFILLIER, Turnhout, Brepols, 2013 (Sous la règle de saint Augustin, 13), p. 96, l. 6 : « Contemplatio est perspicax et liber animi contuitus in res perspiciendas usquequaque diffusus », qui reprend HUGO DE S. VICTORE, *Homiliae in Ecclesiasten*, I, PL 175, col. 117AB.

3. *Cf.* J. GROSFILLIER, « Introduction », in RICHARDUS DE SANCTO VICTORE, *Beniamin maior*, p. 22.

4. Pour mieux comprendre le sens de l'expression « pointe de l'âme », il faut remonter à Plotin. Voir C. TRESMONTANT, *La métaphysique du christianisme et la naissance de la philosophie chrétienne*, Paris, Seuil, 1961, p. 335 : « Nous l'allons voir constant chez Plotin : l'âme ne descend pas tout entière dans le corps ; elle n'est pas complètement aliénée dans l'ensomatose. Quelque chose d'elle-même reste là-haut, dans l'Âme universelle, parmi les Intelligibles. C'est ce qui permettra la "conversion" et le salut. C'est ce qui permet la connaissance. Par cette pointe de l'âme qui demeure là-haut et qui ne descend pas, l'âme peut se souvenir de sa condition passée, se souvenir et connaître son essence divine, et retourner là-bas, d'où elle vient, s'étant connue elle-même ».

dans le sillage paulinien de *I Cor* 13, 12, alors que seule la *contemplatio* a Dieu pour objet éminent[1].

Il est donc clair que, chez Hugues et Richard, la référence paulinienne sert à distinguer deux types de contemplations différents : celle des créatures en tant que reflet du Créateur et, vice versa, celle du Créateur, qui est la véritable *contemplatio*. L'assimilation richardienne de la *speculatio* à la *contemplatio* montre un désir, parfaitement conforme au magistère victorin, d'unification totalisante, appliquée à la totalité des activités spirituelles que l'homme peut pratiquer *in via*, et qui suggère à nouveau cette forme d'intégration des acquisitions des états cognitifs qui ne se limitent pas à préparer les fondements de la contemplation, mais les y inclut.

Les maîtres victorins des générations suivantes suivront également les traces d'Hugues et de Richard sur les thèmes gnoséologique et eschatologique de la connaissance de Dieu. Les écrits de Gauthier, Achard, Absalon et Godefroy, également à la fin du XII e siècle, contiennent en grande partie l'image du *triplex oculus* comme modèle pour le chemin de l'ascétisme *per visibilia foris ad invisibilia intus*[2]. Parmi ces héritiers du magistère de Hugues, Godefroy embrasse éminemment sa doctrine dans ses sermons et, surtout, dans son *Microcosmus*[3]. Le titre de ce traité d'exégèse biblique et d'anthropologie dit déjà tout : Godefroy place l'homme lui-même au sommet de l'œuvre de la création, dans la mesure où il est placé au centre d'une relation équidistante entre le macrocosme, créé dans l'Hexameron par Dieu, et Dieu lui-même. À la suite d'Hugues, Godefroy construit lui aussi son cadre exégétique à partir de la dénonciation de l'état de culpabilité consécutif à la chute d'Adam, qui implique une admission de la déficience cognitive humaine : la *sensualitas* de la chair, en effet, la première et la plus basse des facultés de l'âme, empêche l'homme, dans l'état post-lapsaire, d'accéder aux hauteurs de la *contemplatio*. La proposition de Godefroy, qui part du problème humain comme Hugues, aboutit à la contemplation mystique de Richard à partir d'une lecture du texte biblique qui voit dans l'histoire de l'Hexameron la

1. *Cf.* RICHARDUS DE SANCTO VICTORE, *De duodecim patriarchis sive Beniamin minor*, XVIII-XXII, PL 196, col. 12C-16A, éd. J. CHÂTILLON – M. DUCHET-SUCHAUX – J. LONGÈRE, Paris, Cerf, 1997 (Sources chrétiennes, 419), p. 136-149.

2. Sur ce processus, voir SICARD, *Diagrammes médiévaux et exégèse visuelle*, p. 179-183.

3. Voir GODEFRIDUS DE SANCTO VICTORE, *Microcosmus*, éd. P. DELHAYE, Lille – Gembloux, Facultés catholiques – J. Duculot, 1951 ; éd. F. GASPARRI, Turnhout, Brepols, 2020 (Sous la Règle de saint Augustin, 16).

clé d'interprétation de l'univers créé. Si, en effet, le corps humain est ce qui lie inévitablement l'homme au monde de la matière, c'est dans son âme que l'homme trouve la possibilité de se connecter au divin. L'exégèse que Godefroy propose, dans le troisième livre du *Microcosmus*, se concentre donc sur les thèmes théologico-affectifs qui mènent à la christologie et à l'eschatologie, puisque le Christ, l'homme-Dieu, est identifié comme le plus haut objet d'amour et, par conséquent, représente le but ultime du parcours érotico-contemplatif que Godefroy présente dans son récit de l'ascèse.

C'est en effet dans le Christ que pour Godefroy, comme pour tous les Victorins, humanité et divinité se réalisent au sens le plus complet, et c'est en lui que la perfection est atteinte dans la réunification en un seul corps – l'Église – dont le Christ est la tête[1]. Le *Microcosmus* prend la forme d'un traité qui fait l'éloge du corps humain, dans une revalorisation qui s'inscrit donc parfaitement dans l'approche écosophique de Panikkar : la figure du *mandala*, symbole de l'expérience cosmothéandrique, se retrouve dans la vision anthropologique et cosmologique de Godefroy et de ses maîtres, dans laquelle l'homme, protagoniste de la réflexion victorine, est le seul capable de saisir la beauté de la création et d'en intuitionner le but ultime, la voie du retour, qui est une voie de salut, vers le centre qui n'a pas de centre, c'est-à-dire vers Dieu[2].

1. Concernant l'ecclésiologie christocentrique victorine de modèle augustinien, voir J. CHÂTILLON, « Une ecclésiologie médiévale », *Irénikon*, t. 22, 1949, p. 115-138 et p. 395-411, réimpr. in *Le mouvement canonial au Moyen Âge. Réforme de l'Église, spiritualité et culture*, éd. P. SICARD, Turnhout, Brepols, 1992 (Bibliotheca Victorina, 3), p. 293-323.

2. Cette image revient également chez Wilber, qui la retrace brièvement à travers l'histoire des idées. Voir WILBER, *Eye to Eye*, p. 297 : « The *entire* Absolute is completely and wholly present every point of space and time, for the simple reason that you can't have a different infinite at each point. The Absolute, as St. Bonaventure put it, is "A sphere, whose centre is everywhere and whose circumference nowhere", so that, in the words of Plotinus, "while it is nowhere, nowhere is it not". » En ce sens, il est donc raisonnable de parler d'une sagesse de la création, d'une écosophie, pour utiliser le langage de Panikkar. Les esprits contemplatifs victorins croyaient que l'homme pouvait atteindre une expérience totalisante d'union entre l'homme, Dieu et la nature, qui correspond à ce que Pannikar appelle « expérience cosmothéandrique ». Les Victorins en avaient fait une doctrine presque ésotérique mais possible pour l'homme ; au contraire le théologien indo-espagnol, malgré tous ses efforts, a admis dans les dernières années de sa vie les limites de la réalisation d'une synthèse aussi grandiose, qui pourrait fusionner le christianisme, le bouddhisme et l'hindouisme. *Cf.* PANIKKAR, *The Rhythm of Being*, p. 568 : « I must admit that all ultimate questions cannot have final answers, but that we can at least be aware of the problem we have presented. I have touched the limits of my understanding and must stop here. »

OMNES CREATURAS PROPTER UNUM PRINCIPIUM FRATERNO NOMINE NOMINABAT FRANÇOIS D'ASSISE AU CHŒUR DES CRÉATURES

Jacques Dalarun

Le 26 décembre 1966, Lynn White, professeur d'histoire médiévale à l'UCLA et spécialiste de l'histoire des techniques, donna une conférence à Washington devant l'American Association for the Advancement of Science, qui fut publiée l'année suivante dans la revue *Science* sous le titre « The Historical Roots of Our Ecological Crisis ». Après avoir constaté le désastre écologique qui frappait la planète (déjà !), il affirmait que l'origine d'une telle situation était occidentale et remontait au Moyen Âge. Il en discernait les racines dans le christianisme qui, reprenant le récit de la création propre à la Bible hébraïque, avait provoqué un désenchantement du monde païen. Pour lui, le christianisme, matrice de la science et de la technologie modernes, était, « en particulier dans sa forme occidentale, [...] la religion la plus anthropocentrique que le monde ait connu ». Il percevait cependant « une vision chrétienne alternative » chez « le plus grand radical dans l'histoire chrétienne depuis le Christ : saint François d'Assise » :

> François a tenté de déposséder l'humain de sa monarchie sur la création et d'instaurer une démocratie de toutes les créatures de Dieu.
>
> Le plus grand révolutionnaire spirituel de l'histoire occidentale, saint François, a proposé ce qu'il pensait être une vision chrétienne alternative de la nature et de la relation de l'humain avec elle ; il a tenté de substituer

l'idée de l'égalité de toutes les créatures, y compris l'humain, à l'idée d'une domination illimitée de l'humain sur la création [1].

Depuis lors, cette conférence n'a cessé d'être âprement discutée. Sans doute faut-il y voir le déclencheur de la lettre apostolique *Inter sanctos* du pape Jean-Paul II, datée du 29 novembre 1979 [2]. À la demande du cardinal Silvio Oddi, censé agir au nom du chimérique Planning Environmental and Ecological Institute for Quality Life [3], le pape y proclamait « saint François d'Assise patron céleste des zélateurs de l'écologie (*oecologiae cultorum*) », car il classait le *Poverello* parmi les saints qui ont vénéré « la nature (*rerum naturam*) comme un don mirifique accordé par Dieu au genre humain ». Le *Cantique des créatures* (qu'on appelle aussi *Cantique de frère Soleil*) était cité à l'appui de cette assertion [4].

Datée du 24 mai 2015, la lettre encyclique *Laudato si'* du pape François reprend l'*incipit* du cantique franciscain [5]. C'est un document

1. L. WHITE, Jr., « The Historical Roots of Our Ecological Crisis », *Science*, t. 155, n° 3676, 10 mars 1967, p. 1203-1207 : « Especially in its Western form, Christianity is the most anthropocentric religion the world has seen; An Alternative Christian View; the greatest radical in Christian history since Christ: Saint Francis of Assisi; Francis tried to depose man from his monarchy over creation and set up a democracy of all God's creatures; The greatest spiritual revolutionary in Western history, Saint Francis, proposed what he thought was an alternative Christian view of nature and man's relation to it; he tried to substitute the idea of the equality of all creatures, including man, for the idea of man's limitless rule of creation ». La plupart des langues modernes européennes ignorent la distinction grecque entre ἄνθρωπος et ἀνήρ ou la distinction latine entre *homo* et *vir*. Je traduirai par « humain » *homo*, mais aussi *man* ou *uomo* quand ils désignent l'espèce humaine.

2. La Règle définitive de François (*Regula bullata*) a été confirmée par Honorius III le 29 novembre 1223.

3. Sylvain Piron a indiqué qu'il s'agissait d'une pure fumisterie; voir FRANÇOIS D'ASSISE, *Cantique de frère Soleil et autres textes*, éd. S. PIRON, Paris, P.U.F., 2023, p. 19-20.

4. IOANNES PAULUS P. II, *Litterae apostolicae, Inter sanctos, S. Franciscus Assisiensis caelestis patronus oecologiae cultorum eligitur*, en ligne : https://www.vatican.va/content/john-paul-ii/la/apost_letters/1979/documents/hf_jp-ii_apl_19791129_inter-sanctos.html : *Sanctum Franciscum Assisiensem oecologiae cultorum Patronum caelestem*; *rerum naturam veluti mirificum donum a Deo humano generi datum*; *Creaturarum Canticum*.

5. Lettre encyclique *Laudato si'* du saint-père FRANÇOIS sur la sauvegarde de la maison commune, https://www.vatican.va/content/francesco/fr/encyclicals/documents/papa-francesco_20150524_enciclica-laudato-si.html : « "Laudato si', mi' Signore", "Loué sois-tu, mon Seigneur", chantait saint François d'Assise. Dans ce beau cantique, il nous rappelait que notre maison commune est aussi comme une sœur, avec laquelle nous partageons l'existence, et comme une mère, belle, qui nous accueille à bras ouverts : "Loué sois-tu, mon Seigneur, pour sœur notre mère la terre, qui nous soutient et nous gouverne, et produit divers fruits avec les fleurs colorées et l'herbe" ».

beaucoup plus long, beaucoup plus médité que l'*Inter sanctos*, mais qui n'a pas manqué, lui aussi, de provoquer des réactions contradictoires et enflammées.

Trois étapes, 1967, 1979, 2015 ; trois textes qui ont à leur tour suscité une littérature infinie [1], où François – celui d'Assise – est paré de toutes les qualités écologiques, mais apparaît parfois comme un fétiche, un prétexte ou un malentendu [2]. Je ne rendrai pas compte de ces débats et me contenterai de répondre à des questions simples, en me référant exclusivement aux sources franciscaines les plus fiables [3].

Un premier point est vite réglé : le terme *natura* [4] n'est jamais présent dans la trentaine d'écrits attribués à François d'Assise [5]. À en croire son premier hagiographe, Thomas de Celano, François prend conscience de sa conversion quand, contemplant la campagne autour de lui, il reste insensible à « la beauté (*pulchritudo*) des champs, au charme

1. Voir par exemple *Antonianum*, t. 91, octobre-décembre 2016, fascicule 4, p. 751-1122, entièrement dédié à l'encyclique *Laudato si'; Con tutte le tue creature. Dall'enciclica* Laudato si' *alla custodia del creato*, éd. D. DOZZI, Padova, Éd. Messaggero, 2016 ; J.-M. LE BOT, « Bonne nature, mauvais artifice ? L'Église catholique et l'écologie : retour sur *Laudato Si'* », *VertigO – la revue électronique en sciences de l'environnement*, t. 17/3, décembre 2017, en ligne : http://journals.openedition.org/vertigo/18742 ; É. BIDOT, *La création retrouvée. L'écologie selon saint François*, Paris, Éd. Emmanuel, 2021 ; G. BUFFON, « Francesco d'Assisi e il creato. Mappe degli interpreti e pertinenza ermeneutica », *Franciscana*, t. 23, 2021, p. 225-276 ; *Archivum franciscanum historicum*, t. 115, 2022 (*Franciscani et natura. Disquisitiones historicae*, p. 5-286).

2. Voir S. MIGLIORE, « Francesco patrono dell'ecologia : riflessioni intorno alla "forza di contemporaneità" del messaggio francescano », *Antonianum*, t. 91, 2016, p. 961-984.

3. Dans ce même esprit, voir la belle synthèse d'A. MARINI, « Francesco d'Assisi e il creato », in *Umbria. Terra francescana*, éd. A. MAIARELLI, Assisi, Éd. Porziuncola, 2013, p. 59-89.

4. Voir D. POIREL, « Le mot de nature et son histoire », *supra*, p. 15-37.

5. Pour les écrits, sauf indication contraire, voir FRANCESCO D'ASSISI, *Scritti*, éd. C. PAOLAZZI, Grottaferrata, Éd. Collegium Sancti Bonaventurae, 2009. Pour la traduction française de l'ensemble des sources franciscaines, voir *François d'Assise. Écrits, documents, témoignages*, dir. J. DALARUN, Paris, Cerf – Éd. franciscaines, 2010. Pour une rapide présentation des sources franciscaines, voir J. DALARUN, Corpus franciscanum. *François d'Assise, corps et textes*, Bruxelles, Zones sensibles, 2021. Notons cependant que le terme *natura* est présent dans l'*oratio* récemment mise au jour par A. HOROWSKI, « *Oratio composita a beato Francisco*. Un'inedita preghiera di Francesco d'Assisi ? », *Frate Francesco*, n. s., t. 88, 2022, p. 7-35, en part. p. 32 : *quando nostram assumpsit naturam*. C'est évidemment une référence à la double nature du Fils, non pas à la nature au sens écologique.

(*amoenitas*) des vignes et de tout ce qui est beau à la vue »[1]. François n'aime pas la nature, il invite à louer le Créateur, en particulier dans les *Laudes creaturarum*, titre du *Cantique de frère Soleil* dans son plus ancien témoin manuscrit[2]. Je n'en ferai pas une étude systématique ; je me contenterai de quelques réflexions au fil des versets[3].

> *Altissimu, onnipotente bon Signore,*
> *Tue so' le laude, la gloria e l'honore et onne benedictione*
> (Très-Haut, omnipotent bon Seigneur
> Tiennes sont les louanges, la gloire et l'honneur et toute bénédiction)[4].

Les traductions sont un merveilleux révélateur de ce que nous ne voulons pas entendre. La plupart des traductions françaises donnent « à toi sont les louanges, la gloire et l'honneur et toute bénédiction ». Mais, en traduisant *tue* par « à toi » – et non par « tiennes », comme il se devrait –, on postule que les louanges sont destinées à Dieu, tandis que *tue* peut aussi signifier que « les louanges, la gloire, l'honneur et toute bénédiction » procèdent de Dieu. En tout cas, ils ne peuvent pas provenir de l'être humain, puisque le *Cantique* poursuit :

> *Ad Te solo, Altissimo, se konfano,*
> *e nullu homo ène dignu Te mentovare*
> (À Toi seul, Très-Haut, elles conviennent
> et nul humain n'est digne de te mentionner).

On a souvent tendance à comprendre la dernière partie de la phrase comme une manifestation rhétorique d'humilité. Je n'en crois rien. François est profondément persuadé de l'indignité humaine[5] et c'est précisément parce que l'être humain est indigne de nommer Dieu que

1. THOMAS DE CELANO, *Vita beati Francisci*, 3 : « pulchritudo agrorum, vinearum amoenitas et quidquid visu pulchrum est ». Pour les éditions latines des légendes, *infra*, « Sources hagiographiques franciscaines ».

2. Assise, Biblioteca comunale (Sacro Convento), 338, f. 33r-34r.

3. Pour une précieuse approche historiographique, voir M. Bartoli, « Quando Francesco d'Assisi divenne il primo poeta della letteratura italiana? », *Franciscana. Bollettino della Società internazionale di studi francescani*, t. 25, 2023, p. 283-304 ; en remerciant l'auteur de m'avoir communiqué son article avant publication.

4. Je reprends l'édition que j'ai donnée à partir du manuscrit 338 d'Assise dans mon ouvrage *Il* Cantico di frate Sole : *Francesco d'Assisi riconciliato*, trad. it. P. CANALI, introd. A. BARTOLI LANGELI, Milano, Éd. Biblioteca francescana, 2015, p. XXII-XXIII. Pour la traduction française du *Cantique* et son commentaire, voir J. DALARUN, *Le* Cantique de frère Soleil : *François d'Assise réconcilié*, Paris, Alma, 2014.

5. Voir *infra*, n. 3, p. 141-142.

les créatures doivent prendre le relais aussitôt après cette disqualification :

> *Laudato sie, mi' Signore, cum tucte le Tue creature*
> (Loué sois-tu, mon Seigneur, par toutes Tes créatures).

Si l'on comprend ce *cum* comme introduisant un complément d'accompagnement – le Seigneur serait loué « en compagnie de » toutes ses créatures –, on est en contradiction avec la phrase précédente *Ad Te solo, Altissimo, se konfano* (« À Toi seul, Très-Haut, elles conviennent »). Ici, *cum* ne peut introduire qu'un complément de moyen, au sens où l'on mange « avec » les mains. Ce qui fait que, lorsqu'on rencontre à sept reprises la préposition *per* dans la même position et avec la même fonction (*Laudato si', mi' Signore, per sora Luna e le stelle*, *per frate Vento*, *per sor'Aqua*, *per frate Focu*, *per sora nostra matre Terra*, *per quelli ke perdonano* et *per sora nostra Morte corporale* [« Loué sois-tu, mon Seigneur, par sœur Lune et les étoiles », « par frère Vent », « par sœur Eau », « par frère Feu », « par sœur notre mère Terre », « par ceux qui pardonnent », « par sœur notre mort corporelle »]), elle ne peut avoir elle aussi qu'un sens de moyen, pas d'agent.

S'il est dépourvu de complément d'agent, le verbe à la voix passive *Laudato si'* ne permet pas de savoir qui loue le Seigneur. Par élimination, si ni l'humain ni les autres créatures n'émettent la louange, il ne reste que Dieu pour le faire [1]. Après tout, le premier récit de la Genèse montre bien un Créateur content de son œuvre : « et il vit que c'était bon » [2]. Mais on l'imagine mal s'adresser des louanges une fois le travail fini. Je crois qu'en fait le *Cantique* se situe en amont, que le chant divin est l'élan créateur [3], une circulation d'amour qui engendre les créatures et les

1. À l'idée d'une création faite louange, je préfère l'idée d'une louange faite création. S'il fallait le dire avec Spinoza, le *Cantique* est l'actualisation de la « nature naturante », non l'observation de la « nature naturée ».

2. Gen. I 10, 12, 18, 21 et 25 : *et vidit Deus quod esset bonum*.

3. Dans son commentaire à FRANÇOIS D'ASSISE, *Cantique de frère Soleil...*, S. PIRON, p. 67-68, réfute cette interprétation et en propose une autre, parfaitement recevable. En revanche, la raison qu'il énonce pour rejeter mon interprétation, *ibid.*, p. 68, me semble plus contestable : « Elle a pour tort de ne pas s'accorder à la forme canonique des chants de louange dans laquelle les créatures ont une fonction d'agent. » Si tout nouveau texte s'accordait à la « forme canonique » de la tradition qui le précède, il n'y aurait jamais d'innovation littéraire ou spirituelle ; or l'innovation que représente le *Cantique de frère Soleil*, ne serait-ce que par le choix de la langue vulgaire, fait l'unanimité. Je prends, pour ma part, au sérieux l'assertion « nul homme n'est digne de te mentionner ». À preuve, lorsque FRANÇOIS D'ASSISE, *Regula non bullata*, XXIII, 5, affirme des hommes « nous ne

entraîne dans sa ronde. François est mouvement permanent : conversion à perpétuité, itinérance des frères, circulation utilitaire de biens non accaparés, circumincession trinitaire. Prises dans le flux, les créatures sont les instruments d'une musique céleste qui les traverse et les entraîne.

Parmi ces instruments, François cite le soleil, la lune, les étoiles, dans un ordre qui reflète celui de la première épître aux Corinthiens (« Une chose la clarté du soleil, une autre la clarté de la lune et une autre la clarté des étoiles » [1]). Il poursuit avec les quatre éléments, en les dotant de genres alternativement masculin et féminin, tour à tour *frate* et *sora*, et de qualités parmi lesquelles figurent, en priorité, l'utilité et la beauté. Le sens de cette fraternité-sororité est clairement explicité par Thomas de Celano lorsque – dans une addition de sa deuxième légende, la *Vie de notre bienheureux père François*, par rapport à sa première légende, la *Vie du bienheureux François* – il précise : « Enfin il nommait toutes les créatures d'un nom fraternel en raison d'un unique principe (*propter unum principium*) » [2].

La strophe la plus renversante, stricto sensu, est la dernière du premier jet rédactionnel du *Cantique* [3] :

> *Laudato si', mi' Signore, per sora nostra matre Terra,*
> *la quale ne sustenta e governa,*
> *e produce diversi fructi con coloriti flori et herba*
> (Loué sois-tu, mon Seigneur, par sœur notre mère Terre
> Laquelle nous sustente et gouverne
> Et produit divers fruits avec fleurs colorées et herbe).

Consternation lorsqu'on lit en traduction française que la terre « nous porte et nous nourrit » ou en italien *ci dà nutrimento e ci mantiene*! La Terre est à la fois le quatrième élément de la matière et la planète qui nous supporte; le verbe *sustentare* (supporter et sustenter)

sommes pas dignes de te nommer », il délègue la mission de rendre grâces à Dieu au Fils et à l'Esprit.

1. I Cor. XV 41 : *alia claritas solis, alia claritas lune et alia claritas stellarum.*

2. THOMAS DE CELANO, *Vita beati patris nostri Francisci*, 65 : « Omnes denique creaturas propter unum principium fraterno nomine nominabat ». Si l'on suit POIREL, « Le mot de nature… », *supra* p. 21, pour voir dans *natura* une référence à la fois à l'origine et au devenir, c'est exactement le sens qu'a ici *principium* ; si ce n'est que le terme suppose une volonté, divine en l'occurrence, qui préside à ce projet.

3. On sait par la *Compilation d'Assise*, que François a composé son poème en trois étapes : les strophes des astres et des éléments, la strophe du pardon, la strophe de la mort; *Compilatio Assisiensis*, 83, 84 et 7.

comprend bien en lui ce double sens. Quant à *governare*, il ne saurait évidemment être traduit ni par « nourrir », ni par « maintenir ». Pourquoi aller cherche midi à quatorze heures, alors qu'il suffit de conserver « gouverner » ? Mais, précisément, parce que cette idée dérange. Il est vrai que, dans l'italien des campagnes, le verbe *governare* a encore gardé le sens de « prendre soin », « s'occuper de » ; de la vigne, des chevaux… Le *governare* de la terre ressortit plus à la pratique de la gouvernante qu'à celle du gouverneur. Mais la révolution n'en est pas moindre, car elle est double, inversant le rapport entre la terre et les humains, mais aussi le sens du gouvernement, conçu par François non comme une domination, mais comme un gouvernement maternel de service[1].

Jamais, jusqu'au *Poverello*, personne n'avait eu l'idée de dire que la terre gouvernait les humains et non l'inverse. « Remplissez la terre et soumettez-la », ordonnait la Genèse[2]. Cristiana Garzena a été une des premières à souligner l'innovation franciscaine en 1997, dans son livre *Terra fidelis manet*[3]. Dans les deux textes bibliques d'ordinaire retenus comme possibles sources d'inspiration du poème franciscain, on ne trouve rien de tel. Dans le *Cantique des trois enfants dans la fournaise*, la terre est simplement appelée à louer le Seigneur[4]. Le psaume 148 invoque les « rois de la terre, tous les princes du peuple et l'ensemble des juges de la terre », en ne remettant nullement en cause leur domination[5]. C'est la strophe du *Cantique* sur « sœur notre mère Terre » qui est reprise dans le premier paragraphe de l'encyclique *Laudato si'*[6]. Elle implique un changement total de perspective dans le rapport de l'espèce humaine à la nature (pour employer des termes non franciscains) que nous ne faisons qu'entrevoir huit siècles après la composition du poème.

Revenons sur l'indignité humaine. François en exprime parfaitement les raisons dans sa cinquième *Admonition* :

> Considère, ô humain, dans quelle excellence t'a placé le Seigneur Dieu : il t'a créé et formé à l'image de son Fils bien-aimé quant au corps et à sa

1. Voir J. Dalarun, *Gouverner c'est servir. Essai de démocratie médiévale*, Paris, Alma, 2012, p. 279-403.

2. Gen. I 28 : *Replete terram et subicite eam.*

3. C. Garzena, Terra fidelis manet. Humilitas et servitium *nel* Cantico di frate sole, Firenze, L. Olschki, 1997.

4. Dan. III 74.

5. Ps. CXLVIII 11 : *reges terre et omnes populi principes et universi iudices terre.*

6. Voir *supra* n. 5, p. 138.

> ressemblance quant à l'esprit. Et toutes les créatures qui sont sous le ciel, chacune à sa façon, servent leur Créateur, le connaissent et lui obéissent mieux que toi. Et même les démons ne l'ont pas mis en croix, mais toi, avec eux, tu l'as mis en croix et le mets encore en croix, en te délectant dans les vices et les péchés. Dès lors, en quoi peux-tu donc te glorifier [1] ?

Déclaré indigne dès la deuxième strophe du *Cantique*, l'humain y est tout de même présent en sourdine : le soleil « nous » éclaire, la terre « nous » sustente et gouverne ; et, pour l'auteur du poème, Dieu ne cesse d'être *mi' Signore*. L'humain est réintégré à la louange dans la strophe dite « du pardon », produit d'un deuxième jet rédactionnel :

> *Laudato si', mi' Signore, per quelli ke perdonano per lo Tuo amore*
> (Loué sois-tu, mon Seigneur, par ceux qui pardonnent par Ton amour).

Dans un troisième jet rédactionnel [2], l'humain ne peut échapper à la mort première, mais il échappera à la mort seconde s'il suit la volonté divine. Finalement, dans la dernière strophe (peut-être un refrain), les verbes basculent à la voix active :

> *Laudate e benedicete mi' Signore e rengratiate*
> *e servateli cum grande humilitate*
> (Louez et bénissez mon Seigneur et remerciez-le
> Et servez-le par grande humilité).

Dans sa descente des astres au monde sublunaire, du vent à la terre (qui est aussi le trajet suivi par le Fils dans l'Incarnation, une chute), le poème a bien l'espèce humaine en point de mire. Léon, le jeune compagnon de François, en restitue l'esprit lorsqu'il commente : « Toute créature dit et clame : "Dieu m'a faite pour toi, ô humain !" » [3]. Mais ce privilège est ambigu, puisqu'il ne fait qu'exacerber l'indignité humaine. Pour jouer sur un terme utilisé par Lynn White, je dirais que François d'Assise a une vision non pas anthropocentriste, mais anthropocentrée

1. François d'Assise, *Admonitiones*, V : « Attende, o homo, in quanta excellentia posuerit te Dominus Deus, quia creavit et formavit te ad imaginem dilecti Filii sui secundum corpus et similitudinem secundum spiritum. Et omnes creature que sub celo sunt, secundum se serviunt, cognoscunt et obediunt Creatori melius quam tu. Et etiam demones non crucifixerunt eum, sed tu cum ipsis crucifixisti eum et adhuc crucifigis delectando in vitiis et peccatis. Unde ergo potes gloriari ? ». Voir F. Uribe, « La vera gloria dell'uomo. L'*Ammonizione V* di san Francesco », *Frate Francesco*, t. 74, 2008, p. 351-376.

2. Sur des trois moments de la composition, voir *supra* n. 3, p. 142.

3. *Compilatio Assisiensis*, 88 : « omnis creatura dicit et clamat : 'Deus me fecit propter te, o homo" ».

de la création, ce qui implique que l'humain est le principal responsable de ce qui vient en perturber l'ordonnancement divin.

Une absence étonne toujours les admirateurs du *Poverello* dans le *Cantique de frère Soleil* : celle des animaux. Ils sont, de manière générale, passés sous silence dans les écrits de François, à l'exception de ce passage de la *Salutation des vertus* qui décrit l'obéissance d'un frère générique :

> il est soumis et subordonné à tous les humains qui sont dans le monde, et non seulement aux seuls humains, mais aussi à toutes les bêtes et tous les fauves pour qu'ils puissent faire de lui ce qu'ils voudront, autant qu'il leur sera donné d'en haut par le Seigneur [1].

Dans l'hagiographie franciscaine, en revanche, les animaux abondent [2]. Pour ne prendre que les légendes dues à Thomas de Celano, on compte – dans la plus ancienne d'entre elles, la *Vie du bienheureux François* – neuf épisodes mettant en scène un animal [3]. Lorsque notre auteur est enjoint d'abréger sa première légende, quelques années plus tard, pour composer la *Vie de notre bienheureux père François*, il ne sacrifie aucun de ces passages, ce qui va à l'encontre de son entreprise de réduction et prouve donc l'importance qu'il leur accorde [4] Lorsqu'il doit remettre une troisième fois son ouvrage sur le métier pour composer le *Mémorial* à partir des souvenirs récoltés par les compagnons, il introduit huit épisodes inédits ayant trait à l'amour de François pour les animaux [5].

1. FRANÇOIS D'ASSISE, *Salutatio virtutum* : « et est subditus et suppositus omnibus hominibus qui sunt in mundo, et non tantum solis hominibus, sed etiam omnibus bestiis et feris, ut possint facere de eo, quicquid voluerint, quantum fuerit eis datum desuper a Domino ».

2. Parmi tant d'autres, voir F. CARDINI, « Francesco d'Assisi e gli animali », *Studi francescani*, t. 78, 1981, p. 7-46 ; A. MARINI, Sorores alaudae. *Francesco d'Assisi, il creato, gli animali*, Assisi, Éd. Porziuncola, 1989 ; P. LLORED, *Une éthique animale pour le XXI e siècle. L'héritage franciscain*, Paris, Mediaspaul, 2021.

3. THOMAS DE CELANO, *Vita beati Francisci*, 58-61 et 77-80.

4. THOMAS DE CELANO, *Vita beati patris nostri Francisci*, 35-39 et 63-64.

5. THOMAS DE CELANO, *Memoriale* (biographie), 47, 111 et 165 ; ID., *Memoriale* (biographie, manuscrit d'Assise), 167-171 ; dans le manuscrit de Rome, ces cinq derniers épisodes se retrouvent dans ID., *Memoriale* (miracles), 23, 25, 28, 26 et 27. Pour le *Memoriale* (biographie), je donne les numéros de paragraphe de l'édition de Quaracchi, utilisés par les traductions modernes et précédés dans l'édition Accrocca-Horowski de la lettre Q. J'indique les éventuelles différences entre la leçon du manuscrit d'Assise et celle du manuscrit de Rome. Parmi les épisodes jusque-là inédits dans l'œuvre célanien, seuls les épisodes 111 et 171 sont attestés respectivement dans le Manuscrit Little, 197, et la

Une mise au point s'impose : ces épisodes ne sont pas des fables. Le sermon aux oiseaux à Bevagna a été l'objet d'une réécriture par le chroniqueur anglais Roger de Wendover dans les années 1230 : la prédication de François n'aurait pas été appréciée des Romains ; il serait donc allé trouver « dans le faubourg des corbeaux, des milans et des pies qui étaient installés sur des charognes » et qui auraient écouté sa prédication en silence, pour faire honte évidemment aux habitants de l'*Urbs*[1]. Nombre de commentateurs se sont engouffrés dans la brèche, lisant ces épisodes comme des fables de La Fontaine[2] ou des romans à clé, pour ne pas affronter la réalité crue : François parlait aux animaux[3]. Certes, l'histoire du loup de Gubbio est d'une authenticité contestable, puisqu'elle n'apparaît que dans les *Actes du bienheureux François et de*

Compilatio Assisiensis, 110, deux recueils qui conservent les souvenirs des compagnons ayant alimenté la compilation du *Mémorial*.

1. ROGER OF WENDOVER, *Liber qui dicitur Flores historiarum*, t. II, éd. H. G. HEWLETT, London, 1887 (Rolls Series), p. 331 : « in suburbio in morticiniis corvos, milvos et picas ». Sur cet épisode, voir P. DELCORNO, « Predicatori e moltitudini : dare un volto alla folla (secolo XIII) », *Artes*, t. 2, 2023, p. 15-40, en part. p. 18, n. 5. Voir aussi STEPHANI DE BORBONE *Tractatus de diversis materiis predicabilibus. Secunda pars de dono pietatis*, éd. J. BERLIOZ, en collab. avec D. OGILVIE-DAVID – C. RIBAUCOURT, Turnhout, Brepols, 2015 (Corpus christianorum. Continuatio mediaevalis, 124A), n° 493 (II, 1, d831/832), p. 35 et 410-411, et le commentaire de J. BERLIOZ, « Les récits exemplaires en Orient à l'époque médiévale. Éléments d'approche critique et comparatiste pour leur indexation dans la base ThEMA (Thesaurus des *exempla* du Moyen Âge) », in *Horizons médiévaux d'Orient et d'Occident. Regards croisés entre France et Japon*, éd. A. EGAWA –M. SMITH – M. TANABE – H. WIJSMAN, Paris, Éd. de la Sorbonne, 2022, p. 317-333, en part. p. 331 : « Le dominicain Étienne de Bourbon précise avec malignité dans son recueil d'*exempla* composé entre 1250 et 1261 environ que, si saint François prêchait aux oiseaux, c'est qu'il n'avait pas de public humain : les oiseaux représentent un public dévalorisé ».

2. Encore suis-je bien convaincu que, dans certaines fables de La Fontaine, les animaux sont des animaux et les végétaux des végétaux, non des leurres ; ainsi dans *L'homme et la couleuvre* : « À ces mots, l'animal pervers / (C'est le Serpent que je veux dire, / Et non l'Homme : on pourrait aisément s'y tromper) », avec la déchirante complainte de l'arbre, qui trouve un écho dans *Le grand chêne* de Georges Brassens. La poésie est un haut lieu d'audace de la pensée ; ainsi ces vers de DANTE, *Inferno*, III, 112-114 : « Come d'autunno si levan le foglie / l'una appresso de l'altra, fin che 'l ramo / vede a la terra tutte le sue spoglie… » (platement traduit « Comme en automne les feuilles s'envolent / l'une après l'autre, jusqu'au temps où la branche / a mis à terre toutes ses dépouilles… » ; il faut rendre *vede*, il faut que le rameau voie le spectacle de sa progéniture tombée à terre, qu'il en ait conscience). La poésie est l'avant-garde de la pensée, puisqu'elle explore des territoires autrement inaccessibles. On songe aussi aux Ents dans *Le Seigneur des anneaux* de J. R. R. TOLKIEN.

3. Voir A. MARINI, *Francesco d'Assisi, il mercante del regno*, Roma, Carocci Éd., 2015, p. 173-178.

ses compagnons dans les années 1330 [1]. Mais les exégètes se sont acharnés à identifier le seigneur pillard que le fauve doit obligatoirement symboliser pour offusquer la rencontre de l'humain et de l'animal.

Cela dit, les saints associés à un animal ne manquent pas : saint Jérôme et son lion, saint Antoine et son cochon, saint Roch et son chien [2]… Mais les relations qu'entretient François avec les bêtes sont différentes. Tentons d'identifier ce qu'il y a de commun aux anecdotes les moins spectaculaires. Je ne reviendrai pas sur le sermon aux oiseaux, amplement commenté [3], si ce n'est pour évoquer sa conclusion : « Enfin il les bénit et, après avoir fait un signe de croix, il leur donna congé de s'envoler pour aller dans un autre lieu » [4]. Une autre fois, on lui apporte un levraut pris au collet :

> En le voyant, le très bienheureux homme fut touché de pitié et dit : « Frère levraut, viens à moi. Pourquoi t'es-tu laissé prendre ? » Aussitôt, relâché par le frère qui le tenait, il se réfugia vers le saint et, sans que personne l'y force, il se réfugia contre son sein comme dans le lieu le plus sûr. Quand il se fut reposé là un petit moment, le saint père, le caressant avec une affection maternelle, le relâcha pour qu'il s'en retourne libre dans les bois. On le posa plusieurs fois par terre, mais il revenait en courant vers le sein du saint. À la fin, il ordonna aux frères de l'emporter vers la forêt qui était toute proche [5].

1. *Il lupo di Gubbio. Origini, tradizione e ricezione di una storia francescana*, éd. A. LUONGO – A. MONTEFUSCO, Spoleto, Centro italiano di Studi sull'alto Medioevo, 2022.

2. Voir P. BOGLIONI, « Les animaux dans l'hagiographie monastique », in *L'animal exemplaire au Moyen Âge (V^e^-XVe siècles)*, éd. J. BERLIOZ – M.-A. POLO DE BEAULIEU, Rennes, Presses universitaires de Rennes, 1999, p. 51-80. Pour le monde aristocratique laïque, voir le passionnant article de W. C. JORDAN, « Count Robert's "Pet" Wolf », *Proceedings of the American Philosophical Society*, t. 155, n° 4, décembre 2011, p. 404-417.

3. Pour une approche comparatiste, voir BERLIOZ, « Les récits exemplaires en Orient… », p. 328-331. Pour une mise en perspective de la prédication franciscaine, avec la bibliographie antérieure, voir DELCORNO, « Predicatori e moltitudini… ».

4. THOMAS DE CELANO, *Vita beati Francisci*, 58 : « Benedixit denique ipsis et, signo crucis facto, licentiam tribuit ut ad locum alium transvolarent. »

5. *Ibid.*, 60 : « Quem videns vir beatissimus, pietate commotus ait : "Frater lepuscule, veni ad me. Quare sic te decipi permisisti ?" Statimque a fratre dimissus qui eum tenebat, ad sanctum confugit et velut in tutissimo loco, nullo cogente, in eius sinu quievit. Cumque aliquantulum quievisset ibidem, pater sanctus eum materno affectu demulcens, dimisit eum, ut liber ad nemus rediret. Qui cum sepe in terra positus, ad sancti sinum recurreret, iussit eum tandem ad silvam, quae propinqua erat, a fratribus deportari. »

Sur le lac de Rieti, un pécheur lui offre un poisson :

> Le recevant avec joie et bienveillance, François se mit à l'appeler du nom de frère; et le rejetant à l'eau hors de la barque, il commença à bénir dévotement le nom du Seigneur. Tandis qu'il demeurait ainsi quelque temps en prière, ce poisson, jouant dans l'eau près de la barque, ne s'éloignait pas du lieu où il l'avait mis jusqu'à ce que, sa prière achevée, le saint de Dieu lui donne congé de s'en aller [1].

Parfois, l'issue est différente; ainsi lorsque François prend sous sa protection une petite brebis esseulée au milieu d'un troupeau de chèvres et de boucs, et la confie à des Pauvres Dames de San Severino [2]; ou lorsqu'il échange contre son manteau des agnelets qui allaient être vendus et tués et les redonne à leur propriétaire, mais, cette fois, « pour qu'il les gouverne » [3]. Dans tous les cas, François ne s'approprie ni même ne s'attache l'animal; au contraire, il le repousse s'il revient vers lui.

Au fil de sa *Vie du bienheureux François*, Thomas de Celano désigne à plusieurs reprises les animaux comme des « créatures inférieures et irrationnelles » [4]. Lorsqu'il reprend les mêmes épisodes dans sa *Vie de notre bienheureux père François* [5], il ajoute régulièrement un même genre de commentaire : François s'adressait aux oiseaux « comme s'ils avaient part à la raison » [6]; les hirondelles se turent à sa demande « comme capables de raison » [7]; les bêtes sauvages se comportaient avec lui

1. THOMAS DE CELANO, *Vita beati Francisci*, 61 : « Qui eum hilariter et benigne suscipiens, fraterno nomine ipsum vocare cepit, et extra naviculam eum in aqua reponens, cepit devotus benedicere nomen Domini. Sicque aliquamdiu, dum in oratione persisteret, dictus piscis iuxta naviculam ludens in aqua, non recedebat de loco, in quo eum posuerat, donec, oratione completa, sanctus Dei recedendi sibi licentiam exhiberet. »

2. *Ibid.*, 78.

3. *Ibid.*, 79 : « eos viro illi reddidit gubernandos ». Voir aussi *ibid.* sur les vers de terre que François enlève du chemin, pour qu'ils ne soient pas écrasés, et sur les abeilles, à qui il apporte miel et vin en hiver.

4. *Ibid.*, 58 : « inferiores et irrationabiles creaturas » ; *ibid.*, 59 : « irrationales creature » (« créatures irrationnelles »); *ibid.*, 77 : « muta brutaque animalia, reptilia, volatilia et ceteras sensibiles et insensibiles creaturas » (« des animaux muets et privés de raison, reptiles et volatiles, ainsi que toutes les créatures sensibles et insensibles »).

5. Voir S. PIRON, « François d'Assise et les créatures : le témoignage de la *Vita brevior* », in *La restauration de la création : quelle place pour les animaux?*, dir. M. CUTINO – I. IRIBARREN – F. VINEL, Leiden, Brill, 2018, p. 231-241.

6. THOMAS DE CELANO, *Vita beati patris nostri Francisci*, 36 : « velud rationis participes ».

7. *Ibid.*, 37 : « tamquam rationis capaces ».

« comme si elles jouissaient de la raison »[1]. Au-delà du règne animal, « il prêchait aux fleurs, aux forêts, aux bois et aux pierres comme s'ils jouissaient de la raison »[2]. Thomas, au premier abord, n'avait pas saisi la portée des informations que lui avaient probablement transmises les frères accompagnant François – et son incompréhension est, à mon sens, une raison de plus pour tenir ces épisodes pour authentiques. Quelques années plus tard, à force de les méditer, il mesure mieux leur importance et commence à percevoir que la distinction qu'il opérait, dans sa culture classique, entre humains et animaux – les uns doués de raison, les autres pas – n'avait guère de sens pour François. Il explique alors que « le saint de Dieu » « aimait toutes les créatures en raison de l'amour qu'il portait par-dessus tout au Créateur »[3]. C'est la même découverte qu'il fait à propos du *fraterno nomine*: *propter unum principium*[4]. Toutes les créatures sont filles de Dieu.

Que l'hagiographe ait évolué dans sa perception de la relation de son héros avec les animaux, voilà qui invite à se poser la question d'une possible évolution de François dans cette relation même[5]. Les anecdotes mettant en scène des animaux, de la prédication aux oiseaux[6] à l'amour des vers et des abeilles[7], ne sont jamais datées, mais, dans la *Vie du bienheureux François*, elles sont toutes placées entre le retour d'Orient (1220)[8] et la célébration de Noël à Greccio (décembre 1223), un épisode où jamais la cloison séparant les humains des animaux n'a été si ténue[9]. Le séjour en Terre sainte, assorti de la méditation sur l'Agneau

1. *Ibid.*, 38 : « ac si ratione vigerent ». Sur ce thème, voir L. SOLIGNAC, « "Comme si elles avaient part à la raison". Les animaux et la raison d'après les cisterciens et les frères mineurs (XIIe-XIIIe siècles) », *Revue des sciences philosophiques et théologiques*, t. 106, 2022, p. 399-420.

2. THOMAS DE CELANO, *Vita beati patris nostri Francisci*, 65 : « Floribus certe, silvis, lignis et lapidibus, ac si ratione vigerent, predicabat. » Dans la *Vita beati Francisci*, THOMAS DE CELANO n'employait cette expression qu'à propos des fleurs : « Cumque florum copiam inveniret, ita praedicabat eis et ad laudem eos dominicam invitabat ac si ratione vigerent. »

3. *Ibid.*, 36 : « Quas cum sanctus Dei vidisset, ob precipuum Creatoris amorem quia omnes creaturas amabat. »

4. *Ibid.*, 65.

5. Je remercie Martine Pagan de m'avoir indiqué cette piste.

6. THOMAS DE CELANO, *Vita beati Francisci*, 58.

7. *Ibid.*, 80.

8. *Ibid.*, 57.

9. *Ibid.*, 84-87. C'est ce problème de la frontière qu'explore le volume collectif *The Animal-human Boundary : Historical Perspectives*, éd. A. N. H. CREAGER – W. C. JORDAN, Rochester, Boydell & Brewer, 2002.

de Bethléem [1], a-t-il joué un rôle dans l'attention portée par le *Poverello* aux animaux ? J'incline à le penser [2].

Dans sa troisième et dernière rédaction, le *Mémorial*, Thomas de Celano a élaboré (et figé) son interprétation et peut la dérouler à loisir :

> À l'ouvrage, on loue son artisan ; tout ce qu'il trouve dans la réalité, il le rapporte au Créateur. Il exulte en toutes les œuvres des mains du Seigneur et, à travers d'agréables spectacles, il considère la raison vivifiante et la cause. Il reconnaît dans ce qui est beau la Beauté suprême ; pour lui, toutes les choses bonnes crient : « Celui qui nous a faites est le Bien suprême » [3].

Mais Thomas a encore recueilli de nouvelles histoires, comme celle d'un oiselet offert à François :

> Le bienheureux père le reçut avec joie et, ouvrant les mains, l'invita avec douceur à s'en aller librement. Comme il ne voulait pas s'en aller, mais se blottissait dans ses mains comme dans un petit nid, le saint leva les yeux et demeura en prière. Au bout d'un long moment, comme revenant d'ailleurs à lui-même, il ordonna doucement à l'oiseau de retourner sans crainte à son ancienne liberté [4].

1. Voir J. DALARUN, « La Noël de Greccio, une symphonie pastorale », *Études franciscaines*, n. s., t. 16, 2023, p. 5-39, en part. p. 36, n. 200. Dans son commentaire à FRANÇOIS D'ASSISE, *Cantique de frère Soleil*..., p. 81-87, PIRON met cette évolution en relation à la rencontre avec le sultan en Égypte. Je crois plus volontiers que la découverte de l'humanité du Christ, qui marque si vivement les XIIe-XIIIe siècles, s'est approfondie, dans l'esprit hors norme de François, en une découverte de l'animalité du Christ dans les lieux où il est né et où il a vécu.

2. La composition du *Cantico di frate Sole* au printemps 1225 marquerait donc l'étape finale d'une prise de conscience de la fraternité-sororité qui lie toutes les créatures, conscience qui s'élève dans le poème à une hauteur cosmique. *Mutatis mutandis*, le pape François reconnaît honnêtement que son encyclique *Laudato si'* procède d'une telle prise de conscience progressive des enjeux écologiques.

3. THOMAS DE CELANO, *Memoriale* (biographie), 165 : « In artificio quolibet commendant Artificem, quicquid in factis reperit, regerit in Factorem. Exsultat in cunctis operibus manuum Domini et per iocunditatis spectacula vivificam intuetur rationem et causam. Cognoscit in pulcris Pulcherrimum. Cuncta sibi bona : "Qui nos fecit est optimus", clamant. »

4. THOMAS DE CELANO, *Memoriale* (biographie, manuscrit d'Assise), 167 : « Quam beatus pater gaudenter suscipiens, apertis manibus, ut libere abiret illam cum mansuetudine invitavit. Que cum ire nollet, sed velud in nidulo in illius se manibus reclinaret, sanctus erectis in celum oculis, diu in oratione permansit. Et quasi aliunde post longam moram ad se reversus, dulciter precepit avicule, ut absque timore pristine libertati se redderet ».

Le faucon, qui niche près d'un ermitage et qui, par son chant, avertit François de l'heure de l'office nocturne (sauf si le saint est malade, auquel cas il le laisse dormir), semble entretenir avec lui une plus longue familiarité, mais il est précisé que les deux êtres sont unis « par un grand pacte d'amitié » [1]. Le faisan qu'un noble de Sienne a offert à François ne veut plus le quitter. François le confie à un médecin, mais l'oiseau revient à lui [2].

Nous avons conservé deux versions de l'épisode de la cigale. La plus authentique est celle de la *Compilation d'Assise*. Le saint appelle à lui une cigale qui était sur la branche d'un figuier jouxtant sa cellule à la Portioncule.

> « Viens à moi, sœur Cigale ! » Et aussitôt, elle monta sur les doigts de sa main et, avec un doigt de l'autre main, il se mit à toucher la cigale en lui disant : « Chante, ma sœur Cigale ! » Et aussitôt, elle lui obéit et se mit à chanter ; le bienheureux François en fut fort consolé et il loua Dieu. Il la tint ainsi dans la main pendant un grand moment, après quoi il la reposa sur la branche du figuier où il l'avait prise. Et ainsi pendant huit jours d'affilée, quand il descendait de la cellule, la trouvait-il au même endroit et, chaque jour, il la recevait dans la main. Et aussitôt, quand il lui disait de chanter en la touchant, elle chantait. Au bout de huit jours, il dit à ses compagnons : « Donnons la permission à sœur Cigale de s'en aller où elle voudra, car elle nous a suffisamment consolés ; de fait, la chair pourrait en tirer vaine gloire ». Et sitôt que la permission lui fut donnée, elle s'en alla et n'apparut plus jamais là. Ses compagnons s'émerveillèrent de ce qu'elle lui obéissait ainsi et lui était ainsi docile [3].

1. THOMAS DE CELANO, *Memoriale* (biographie, manuscrit d'Assise), 168 : « magno se illi amicitie federe copulavit ».

2. *Ibid.*, 170.

3. *Compilatio Assisiensis*, 110 : « "Veni ad me, soror cicada". Et statim ascendit in digitis manus eius, et cum digito alterius manus cepit tangere cicadam, dicens sibi : "Canta, soror mea cicada". Et statim obedivit ei et cepit canere, et multum inde consolabatur beatus Franciscus et laudabat Deum. Et sic per magnam horam tenuit ipsam ita in manu ; postea reposuit ipsam in ramo fici, unde ipsam abstulerat. Et sic usque ad continuos. VIII. dies, cum descenderet de cella, inveniebat ipsam in eodem loco et cotidie accipiebat ipsam in manu, et statim, cum dicebat ei ut caneret, tangendo ipsam, canebat. Post dies octo dixit sociis suis : "Demus licentiam sorori cicade, ut recedat quo voluerit ; satis enim nos consolata est ; nam caro posset inde trahere vanam gloriam". Et, data sibi licentia, statim, recessit et amplius ibi non apparuit. Et mirati sunt inde socii eius quod ita obediret ei et sic esset mansueta sibi. »

Thomas ajoute deux précisions dans sa réécriture du *Mémorial*. La cigale monte sur les mains de François « comme douée de raison » [1] et il crée avec elle un autre *Cantique* à deux voix :

> « Chante, ma sœur Cigale, et loue en jubilant le Seigneur ton Créateur ! » Elle obéit sans tarder : elle se mit à chanter et ne cessa pas son chant jusqu'à ce que l'homme de Dieu, mêlant sa louange aux chants qu'elle faisait, lui commande de s'envoler pour retrouver son lieu habituel [2].

Il est cependant des animaux condamnés par François. Les frères avaient accueilli un couple d'oiseaux et leurs oisillons. Les parents offrent leurs petits aux frères. François commente :

> Voyez, dit-il, ce qu'ont fait nos frères les rouges-gorges, comme s'ils étaient doués de raison ! Ils ont en effet dit : « Voici, frères, nous vous présentons nos petits nouveau-nés, qui ont été nourris de vos miettes. Disposez d'eux comme il vous plaît ; quant à nous, nous déménageons vers d'autres pénates » [3].

Mais l'un des oisillons prend plus que sa part de nourriture et laisse ses frères faméliques. Le saint prédit qu'il sera tué de male mort et, de fait, le glouton périt noyé. Thomas en tire la morale : « L'avarice des humains est un mal horrible, dès lors qu'elle est ainsi punie chez les oiseaux » [4]. Dans un autre épisode, une truie dévore un agnelet à peine né. François s'écrie « Maudite soit l'impie qui t'a fait périr ! » et elle meurt empalée sur un pieu [5]. Dans ces deux cas, on a, pour une fois, le sentiment d'être devant une fable, avec une morale à la clé : le comportement de ces bêtes malfaisantes est un avertissement pour les humains [6].

1. THOMAS DE CELANO, *Memoriale* (biographie, manuscrit d'Assise), 171 : « velud rationis compos ».

2. *Ibid.* : « "Canta, soror mea cicada, et Dominum creatorem tuum iubilo lauda !" Que sine mora obediens, canere cepit et tamdiu canere non cessavit, donec vir Dei eius cantibus suam laudem interserens, ut ad solitum revolaret locum ei mandavit. »

3. THOMAS DE CELANO, *Memoriale* (biographie), 47 : « "Videte – ait – quid fratres nostri pectusrubei fecerint, quasi ratione vigerent ?" Dixerunt enim : "Ecce, fratres, vobis nostros presentamus natellos, qui vestris nutriti sunt micis. Disponite de illis ut libet ; ad alios nos lares transimus". »

4. *Ibid.* : « Horrendum malum avaritia hominum, quando sic punitur in avibus ».

5. *Ibid.*, 111 : « Maledicta sit impia, que te interfecit ! ».

6. De même, lorsque François fustige *frater musca* (« frère Mouche »), il s'en prend à un humain, pas à l'insecte ; *Compilatio Assisiensis*, 62 et 97 ; THOMAS DE CELANO, *Memoriale* (biographie), 75 et 81. À propos des rats qui courent sur François alité à la Portioncule lors de la composition du *Cantique de frère Soleil*, voir DALARUN, *Le* Cantique..., p. 140 : « On est tenté de penser que les rongeurs – des *mures* qui sont peut-

L'attitude de François à l'égard des animaux illustre, bien avant la lettre [1], le « lâcher prise », celui-là même qu'il manifeste envers ses frères quand il écrit, dans la *Lettre à un ministre* [2] : « Et ne veuille pas qu'ils soient meilleurs chrétiens » – ce que certains copistes, bien sûr, ne purent résister à transformer en « veuille qu'ils soient meilleurs chrétiens » [3]. Cette attitude s'inscrit aussi dans le refus franciscain de toute possession [4]. Il faut distinguer trois cas de figure. L'interdiction de s'emparer de l'argent faite aux frères est à la fois justifiée par l'action – s'emparer – et par un objet connoté négativement : François a un dégoût viscéral pour les espèces monétaires, qu'il qualifie de *stercus* [5]. La réticence manifestée par le saint quand il s'agit d'autoriser un frère à disposer d'un psautier n'est liée qu'à l'action, pas à l'objet qui n'a évidemment rien de condamnable [6]. La non-rétention des animaux est un refus de possession, mais appliquée à des êtres connotés positivement, des créatures de Dieu au même titre que l'humain : François a une conscience aigüe de la dignité de ses frères et sœurs du règne animal et c'est pourquoi il refuse de se les approprier.

Le pacte de 1210 entre *maiores* et *minores* au sein de la commune d'Assise avait affranchi tous les habitants de la cité, mais, dans le *contado*, les serfs demeuraient sous la puissance des seigneurs féodaux, laïques ou ecclésiastiques [7]. Dans un monde où la servitude des humains

être bien des campagnols ou des rats – sont agents du démon : "ses compagnons et lui-même considéraient qu'il s'agissait d'une tentation diabolique, ce qui était le cas". Mais si c'était cela la "tentation diabolique", non pas le tourment infligé par ces bestioles importunes, mais le fait de les tenir pour une tentation diabolique, de refuser de fraterniser avec une parcelle – si négligeable paraisse-t-elle – de l'œuvre de Dieu ? ».

1. Sur cette notion, voir l'intéressant mémoire de F. TANGUAY, *Le lâcher-prise : une approche historique*, Québec, PUL, 2018.

2. F. MARTÍNEZ FRESNEDA, *La verdadera misericordia. Carta de Francisco de Asís a un ministro*, Vitoria-Gasteiz, Éd. franciscanas Arantzazu, 2016.

3. FRANÇOIS D'ASSISE, *Epistola ad quendam ministrum : et non velis quod sint meliores christiani*; *ut velis quod sint meliores christiani.* Voir DALARUN, *Corpus*..., p. 42-43 et fig. 14.

4. F. DELMAS GOYON, *Saint François d'Assise. Le frère de toute créature*, Paris, Parole et Silence, 2008, p. 226-232.

5. Par exemple sous la plume de JEAN, *De inceptione ordinis*, 30.

6. *Compilatio Assisiensis*, 103-105.

7. A. BARTOLI LANGELI, « La realtà sociale assisana e il patto del 1210 », in *Assisi al tempo di san Francesco. Assisi, Società internazionale di studi francescani*, 1978, p. 271-336 ; ID., « Il patto di Assisi : ritorno sulla *Carta pacis* di 1210 », *Franciscan Studies*, t. 65, 2007, p. 1-7.

était chose courante, François refusait l'asservissement des animaux[1]. L'audace est comparable à celle qui l'a poussé à émettre l'idée que la Terre nous gouverne.

D'où une ultime question, que je pose telle qu'elle m'a été posée à brûle pourpoint, en marge d'un festival franciscain : François était-il végétarien[2] ? Il est vrai que les agnelets promis à la boucherie sont sauvés et seront élevés sans être mangés[3] ; que la truie qui dévore un autre agnelet est maudite et punie[4] ; que le faisan est confié à un médecin, mais pas pour le manger, prend-on soin de nous préciser[5].

François ne s'interdit pas pour autant la chair animale[6]. Les deux Règles (celle non approuvée de 1221 et celle confirmée de 1223) énoncent toutes deux les périodes de jeûne, mais la première ajoute :

> Et qu'il leur soit licite de manger tous les aliments qu'on leur présente, selon l'Évangile[7].

1. J'imagine que, d'ici quelques décennies, le fait d'avoir osé se dire « propriétaire » d'un animal, avec droit de vie et de mort sur lui, paraîtra aussi scandaleux que le fait d'avoir pu se dire propriétaire d'un autre être humain. « Mais il faisait partie de la famille ; et que serait-il devenu sans nous ? ». C'est exactement le discours que tenaient les esclavagistes pour justifier leur crime contre l'humanité.

2. Le jeune homme qui m'a posé cette question était devenu végétarien pour suivre l'exemple de François et me demandait confirmation du régime alimentaire de son modèle. Ma première réaction a été de lui répondre qu'il n'avait pas besoin d'un saint patron pour justifier une décision parfaitement légitime. La suite l'a déçu. Sur l'alimentation de François, voir *Il cibo di Francesco. Anche di pane vive l'uomo*, éd. G. CASSIO – P. MESSA, Milano, Éd. Terra santa, 2015.

3. THOMAS DE CELANO, *Vita beati Francisci*, 79.

4. THOMAS DE CELANO, *Memoriale* (biographie), 111.

5. THOMAS DE CELANO, *Memoriale* (biographie, manuscrit d'Assise), 170 ; ID., *Memoriale* (miracles), 26.

6. Une telle affirmation m'a valu des apostrophes fort peu amènes sur ma messagerie, provenant d'un interlocuteur inconnu ; le fait qu'une affirmation soit fondée sur des sources authentiques n'a aucun effet sur les personnes qui se réclament de leur intime conviction pour justifier leur idéologie.

7. FRANÇOIS D'ASSISE, *Regula non bullata*, III : « Et liceat ei manducare de omnibus cibis qui apponuntur eis, secundum Evangelium » (référence à Luc X 8). Le précepte est mis en scène dans la *Chronique* de Jourdain de Giano ; *Die* Chronica *des Bruders Jordan von Giano. Einführung und kritische Edition nach den bischer bekannten Handschriften*, 12, éd. J. SCHLAGETER, *Archivum franciscanum historicum*, t. 104, 2011, p. 3-63, en part. p. 38 : « Comedamus ergo secundum ewangelium que nobis apponuntur » (« Mangeons donc, selon l'Évangile, ce qu'on a disposé pour nous »). Ce principe évangélique tombe en désuétude dans nos sociétés, puisque, en invitant des amis à partager un repas, il ne faut

Au demeurant, quand on mendie sa nourriture, on ne saurait faire la fine bouche[1].

L'hagiographie permet de saisir une série de cas concrets. Voilà que, pour reprendre des forces au sortir d'une maladie, François a mangé du poulet. La *Vie du bienheureux François* conte qu'il s'en accuse publiquement par les rues d'Assise, corde au cou, en criant :

> Regardez, voyez le glouton qui s'est empiffré de viande de poules : il en a mangé à votre insu[2].

Même scénario dans la *Compilation d'Assise* :

> Vous croyez que je suis un saint homme, tout comme d'autres qui, à mon exemple, quittent le monde, entrent dans la religion et embrassent la vie des frères. Mais je confesse à Dieu et à vous que, durant ma maladie, j'ai mangé de la viande et un brouet à base de viande[3].

Toujours dans la *Compilation d'Assise*, il s'accuse d'avoir mangé « des aliments accommodés au lard »[4]. Dans ces trois cas, sa faute n'est pas d'avoir ingéré de la viande, mais d'avoir laissé croire qu'il s'en

surtout pas omettre de leur demander quelles sont leurs «intolérances». Où est la tolérance ? Et où est le partage ?

1. Je remercie Sean Field pour cette remarque. À preuve, l'épisode dont la version originale est livrée par THOMAS DE CELANO, *Vita beati patris nostri Francisci*, 61 : « *Cum, adhuc in seculo positus, Romam negotiator cum negotiatoribus advenisset, vidit iuxta basilicam beati Petri, ex more, mendicos multos et pauperes residere. Quibus ipse compatiens et ipsorum volens miserias experiri an et ipse posset has aliquando tollerare, sociis ingnorantibus, proprias vestes deposuit et confractis ac putridis se vestibus induit miserorum. Accedensque inter eos, resedit et mendicando cum ipsis hylaris manducavit. Aiebat enim numquam manducasse delectabilius* (Comme, vivant encore dans le siècle, il était parvenu à Rome en marchand avec des marchands, il vit nombre de mendiants et de pauvres qui se tenaient près de la basilique du bienheureux Pierre, comme à l'accoutumée. Compatissant à leur sort et voulant faire l'expérience de leurs misères pour savoir si lui-même pourrait aussi les supporter pour une fois, à l'insu de ses compagnons, il enleva ses vêtements et revêtit les vêtements déchirés et répugnants des miséreux. S'avançant parmi eux, il s'assit et, en mendiant, mangea joyeux avec eux. Il disait en effet qu'il n'avait jamais rien mangé de plus délectable) ».

2. THOMAS DE CELANO, *Vita beati Francisci*, 52 : « Ecce, videte glutonem, qui impinguatus est carnibus gallinarum, quas vobis ignorantibus, manducavit. »

3. *Compilatio Assisiensis*, 80 : « Vos creditis me esse sanctum hominem et alii, qui meo exemplo seculum derelinquunt, et intrant religionem fratrum et vitam. Sed Deo et vobis confiteor, quoniam in ista mea infirmitate comedi carnem et brodium carnium conditum. » François a aussi utilisé de la peau animale (de chèvre, en l'occurrence) pour écrire ses autographes ; mais, dans les deux cas conservés, il s'agit de chutes de parchemin, une sorte d'équivalent de notre papier recyclé.

4. *ibid.*, 81 : « cibaria de lardo condita ».

abstenait. Son péché n'est donc pas tant de gloutonnerie que d'hypocrisie. Il redoute l'imposture de sainteté. À preuve, il peut parfois se régaler sans mauvaise conscience. Ainsi a-t-il envie de brochet et soudain :

> voici que quelqu'un apporta un panier dans lequel il y avait trois grands brochets bien préparés et des plats d'écrevisses dont le saint père mangeait volontiers [1].

Il avait une telle dévotion pour la fête de Noël que, selon la *Compilation d'Assise*, il aurait voulu que, ce jour-là, les magistrats des villages soient tenus d'obliger les gens à jeter du grain par les rues pour nourrir les sœurs alouettes, que tout humain soit tenu d'alimenter les frères bœufs et ânes, et que les pauvres soient nourris à satiété par les riches [2]. Reprenant ces souhaits dans le *Mémorial*, Thomas de Celano ajoute que François aurait désiré que « même les murs en un tel jour mangent de la viande » [3]. L'épisode de la truie dévorant l'agnelet est très révélatrice, puisque le contenu de la malédiction est « Que personne ne mange d'elle, humain ou bête ! » [4]. Certes, elle a fauté en dévorant un nouveau-né, mais son châtiment est d'être exclue de la chaîne alimentaire animale et humaine [5].

Si François ne s'est pas fait végétarien, alors que certains pères du désert et autres ascètes avaient renoncé à toute nourriture carnée, c'est – me semble-t-il – pour deux raisons.

En premier lieu, il assume notre animalité. Les animaux qui peuplent ses légendes, comme ils peuplaient le monde médiéval, sont tout sauf des

1. *Compilatio Assisiensis*, 71 : « ecce quidam apportabat canistrum, in quo erant tres magni squali bene parati et cuppi de gammaris, de quibus libenter comedebat sanctus pater. » N'en déduisons pas que François condamnait le fait de manger de la viande et admettait de manger du poisson ou des crustacés. Il manifeste le même soin pour les poissons que pour les mammifères de leur vivant et veut que la viande soit dispensée à profusion le jour de Noël; voir *infra*, n. 3, p. 156. La mort d'un brochet sorti de l'eau (j'imagine une mort par asphyxie, qui doit être l'équivalent de ce serait une mort par noyade pour un humain) ou d'une écrevisse jetée dans l'eau bouillante est moins bruyante que celle d'un cochon qu'on égorge, mais rien ne dit qu'elle soit moins douloureuse.

2. *Compilatio Assisiensis*, 14. La dimension sociale n'est jamais absente des préoccupations franciscaines.

3. THOMAS DE CELANO, *Memoriale* (biographie), 199 : « Volo – inquit – quod etiam parietes tali die comedant carnes ! »

4. *Ibid.*, 111 : « nullusque ex ea comedat homo vel bestia ».

5. Voir A. VAUCHEZ, *François d'Assise, entre histoire et mémoire*, Paris, Fayard, 2009, p. 395-396.

animaux-machines. Entre les humains privilégiés de Dieu, mais capables du pire, et ces êtres quasiment doués de raison, la cloison est mince et la balance ne penche guère, moralement, en faveur des premiers. La célébration de la Nativité à Greccio, en 1223, qui met le bœuf et l'âne à l'honneur, est un de ces épisodes où les clivages s'estompent[1]. La nuit de la vigile est « délicieuse aux humains comme aux animaux »[2]. François prêche et balbutie le nom de l'enfant de Bethléem « à la façon d'une brebis bêlante »[3]. Par la suite, les bêtes sont les premières bénéficiaires des miracles opérés par le foin de la mangeoire sur laquelle a été célébrée la messe[4]; on y construit un autel « pour que, là où les animaux ont un jour mangé une pâture de foin, les humains désormais y mangent, pour la guérison de l'âme et du corps, la chair de l'Agneau immaculé et sans souillure »[5]. En assumant notre humanité, le Fils a aussi assumé notre animalité, il s'est réellement fait agneau. Dans l'esprit de François, ce n'est pas une métaphore[6]. Refuser notre condition d'omnivores, celle des rats, des ours et des porcs, c'est refuser ce que la nature pour

1. Voir DALARUN, « La Noël de Greccio, une symphonie pastorale », p. 5-39.

2. THOMAS DE CELANO, *Vita beati Francisci*, 85 : « hominibus atque animalibus deliciosa ».

3. *Ibid.*, 86 : « more balantis ovis ».

4. *Ibid.*, 87 : « *Conservatur fenum in presepio positum, ut per ipsum iumenta et animalia salva faciat Dominus quemadmodum multiplicavit misericordiam suam sanctam* (On conserve le foin placé dans la crèche, afin que par lui le Seigneur sauve les bêtes de somme et les animaux, de même qu'il a multiplié sa sainte miséricorde) ». Ce passage est inspiré de Ps. XXXVI (XXXV), 7-8 : *Homines et iumenta salvabis, Domine, quemadmodum multiplicasti misericordiam tuam* (« Tu sauveras les humains et les bêtes de somme, Seigneur, de même que tu as multiplié ta miséricorde »). La *Glossa magna* compilée par Pierre Lombard (https://gloss-e.irht.cnrs.fr/php/editions_chapitre.php?id=magna&numLivre=26&chapitre=26_35) témoigne de l'embarras des commentateurs face à ce verset : les *iumenta* sont-ils une métaphore pour désigner les *reprobi* ou s'agit-il vraiment de créatures *irrationabiles* ? Mais on note, du psaume à la légende, le glissement d'*homines* à *animalia*. Sans doute le salut qui est offert aux *iumenta et animalia* doit-il être entendu *corporaliter* plutôt que *spiritualiter*. Ce passage me semble néanmoins l'indice d'une discrète interrogation de Thomas de Celano, interloqué par l'attitude de François, sur la participation des animaux au salut.

5. THOMAS DE CELANO, *Vita beati Francisci*, 87 : « ut ubi animalia quandoque feni pabulum comederunt, ibi de cetero ad sanitatem anime ac corporis manducent homines carnes agni immaculati et incontaminati Iesu Christi Domini nostri ».

6. FRANÇOIS D'ASSISE, *Laudes ad omnes horas* : « *Dignus est Agnus, qui occisus est, accipere virtutem et divinitatem et sapientiam et fortitudinem et honorem et gloriam et benedictionem : Et laudemus et superexaltemus eum in secula* (Digne est l'Agneau qui a été occis de recevoir puissance et divinité et sagesse et force et honneur et gloire et bénédiction : louons-le et surexaltons-le dans les siècles) ».

certains, le Créateur pour d'autres a fait de nous. Ce refus est sous-tendu par la volonté d'affirmer la supériorité de l'espèce humaine sur les autres espèces animales, censées être soumises quant à elles à la loi de nature.

La seconde raison qui dissuade François d'être végétarien, c'est – toujours à mon sens – que la fraternité-sororité des créatures, telle qu'il la conçoit, s'étend aux végétaux et aux minéraux. Voici une citation de la *Compilation d'Assise* où l'on voit qu'il devance de beaucoup notre récente prise de conscience de l'intelligence des arbres :

> De même, quand il se lavait les mains, choisissait-il un endroit tel qu'après l'ablution, il ne foule pas l'eau des pieds. Quand il lui fallait marcher sur des pierres, il le faisait avec crainte et révérence, par amour de celui qui est appelé « Pierre ». [...] Au frère qui préparait le bois pour le feu, il disait de ne pas couper tout l'arbre, mais de le couper de telle façon qu'une partie demeure et qu'une autre soit coupée [...]. Au frère qui faisait le jardin, il disait aussi de ne pas cultiver tout le terrain du jardin seulement pour les plantes comestibles, mais de laisser une partie du terrain pour qu'elle produise des plantes sauvages qui, en leur temps, produiraient ses sœurs les fleurs (*fratres flores*). [...] Nous qui avons été avec lui, nous l'avons donc tant vu se réjouir toujours, intérieurement et extérieurement, en à peu près toutes les créatures, les toucher et les regarder avec plaisir, que son esprit paraissait non pas sur terre, mais dans le ciel [1].

On notera la légère incohérence dans le commentaire des compagnons, car François manifeste au contraire une attention inédite à tout ce qui est sur terre. Malgré leur bonne volonté et leur fierté d'avoir été proches de leur père spirituel, les compagnons peinaient parfois à suivre et à restituer une pensée si déroutante.

1. *Compilatio Assisiensis*, 88 : « Item, cum ablueret sibi manus, eligebat talem locum, ut non postea ablutio illa pedibus conculcaretur. Super petras, cum ipsum oporteret ambulare, cum timore et reverentia ambulabat, amore illius, qui petra dicitur. [...] Fratri etiam qui faciebat ligna pro igne dicebat, ut non totam arborem incideret, sed tales incideret, ut pars aliqua remaneret et pars incideretur [...]. Fratri etiam qui faciebat ortum dicebat, ut non totam terram orti coleret solummodo pro herbis comestibilibus, sed ab aliqua parte de terra dimitteret ut produceret herbas virentes, que temporibus suis fratres flores producerent. [...] Unde nos qui cum illo fuimus, in tantum videbamus ipsum interius et exterius fere in omnibus creaturis semper letari, ipsas tangere et libenter videre, ut non in terra sed in celo eius spiritus videretur » ; repris par THOMAS DE CELANO, *Memoriale* (biographie), 165 ; voir aussi ID., *Vita beati Francisci*, 81. Pour replacer une telle attitude en perspective économique, voir M. ARNOUX, *Un monde sans ressources. Besoin et société en Europe* (*XI*[e]*-XIV*[e] *siècles*), Paris, Albin Michel, 2023.

De fait, la vision de la création chère à François d'Assise est profondément originale : fraternité-sororité de toutes les créatures, gouvernement de la terre, refus de posséder des animaux, respect des végétaux et des minéraux, pour ne citer que quelques-uns des thèmes que nous avons évoqués. Sans doute pourra-t-on lui trouver des parallèles ou des sources d'inspiration (à commencer par la Bible), mais pas de modèle. Il l'a conçue de son propre chef. Cette vision n'est pas qu'une sensibilité. Certes, elle ne s'exprime pas de manière abstraite ; le *Poverello* use pour ce faire de la poésie, des gestes et de la parole, transcrits pour nous sur le mode narratif. Exposer la position de François consiste avant tout à accumuler des récits, sans quoi on risque de plaquer un système désincarné sur une pensée incarnée, ou d'avancer des théories plus ou moins philosophiques, plus ou moins scientifiques qui, en tentant d'apprivoiser l'inattendu, d'expliquer l'insolite, ne font jamais que l'affadir. La vision franciscaine n'en est pas moins une pensée construite, structurée, cohérente [1], comme en témoignent le *Cantique de frère Soleil* et la répétitivité des scenarii consignés par les hagiographes.

Il est vrai qu'elle a pu être employée comme arme idéologique par ses disciples. Ainsi sous la plume de Thomas de Celano dans le *Mémorial* :

> S'il avait hâte de sortir du monde comme de l'exil d'un pèlerinage, cet heureux voyageur se réjouissait de ce qui est dans le monde, et certes pas peu. Face aux princes des ténèbres, il s'en servait en effet comme d'un champ de bataille ; mais face à Dieu, comme d'un très clair miroir de sa bonté [2].

L'exaltation de la création, donc du monde visible par François pouvait en effet servir la polémique contre le manichéisme, ce repoussoir en partie fantasmé de l'orthodoxie cléricale au Moyen Âge. Je ne crois pas que telle ait été l'intention du *Poverello*. Avec l'inflexible exigence de la simplicité, il a poussé dans ses retranchements deux enseignements, respectivement de l'Ancien et du Nouveau Testament : la création et l'incarnation, prémisse irrévocable de la passion [3]. Il en est jailli une pensée neuve, qui n'a pas fini de nous surprendre.

1. Voir T. MATURA, « François d'Assise "théologien" », *Frate Francesco*, t. 74, 2008, p. 339-349.

2. THOMAS DE CELANO, *Memoriale* (biographie), 165 : « Mundum quasi peregrinationis exsilium exire festinans, iuvabatur felix iste viator hiis, que in mundo sunt, non modicum quidem. Nempe ad principes tenebrarum utebatur eo ut campo certaminis, ad Deum vero ut clarissimo speculo bonitatis. »

3. DELMAS GOYON, *Saint François d'Assise*..., p. 223-226.

Sources hagiographiques franciscaines [1]

Compilatio Assisiensis (1244-1246 / 1310) = « *Compilatio Assisiensis* » *dagli scritti di fra Leone e compagni su S. Francesco d'Assisi. Dal Ms. 1046 di Perugia, II edizione integrale riveduta e corretta con versione italiana a fronte e varianti*, éd. M. BIGARONI, Assise, 1992 (Pubblicazioni della Biblioteca francescana Chiesa nuova – Assisi, 2).

JEAN, *De inceptione ordinis* (1239-1241) = « L'Anonimo Perugino tra le fonti francescane del sec. XIII. Rapporti letterari e testo critico », ed. L. DI FONZO, *Miscellanea francescana*, t. 72, 1972, p. 434-465.

Manuscrit Little (1244-1246/vers 1400) = *Un nouveau manuscrit franciscain ancien Phillipps 12290 aujourd'hui dans la bibliothèque de A. G. Little*, ed. A. G. LITTLE, Paris, Fischbacher, 1914-1919.

THOMAS DE CELANO, *Memoriale* (biographie) (1246-1247) = THOMAS DE CELANO, *Memoriale. Editio critico-synoptica duarum redactionum ad fidem codicum manuscriptorum*, ed. F. ACCROCCA – A. HOROWSKI, Roma, Istituto storico dei Cappucini, 2011 (Subsidia scientifica franciscalia, 12).

THOMAS DE CELANO, *Memoriale* (miracles) (vers 1250) = THOMAS DE CELANO, *Tractatus de miraculis B. Francisci*, in *Legendae S. Francisci Assisiensis Legendae S. Francisci Assisiensis saeculis* XIII *et* XIV *conscriptae*, Quaracchi, Ed. Collegii S. Bonaventurae, 1926-1941 (Analecta franciscana, 10), p. 269-331.

THOMAS DE CELANO, *Vita beati Francisci* (1228-1229) = THOMAS DE CELANO, *Vita prima S. Francisci*, in *Legendae S. Francisci Assisiensis*..., p. 1-117.

THOMAS DE CELANO, *Vita beati patris nostri Francisci* (1232-1239) = « *Thome Celanensis Vita beati patris nostri Francisci* (*Vita brevior*). Présentation et édition critique », ed. J. DALARUN, *Analecta Bollandiana*, t. 133, 2015, p. 35-68.

1. Les dates de rédaction indiquées entre parenthèses sont parfois hypothétiques. Les nombres qui suivent les titres des sources dans les notes sont ceux des paragraphes des éditions.

L'HOMME AU SEIN DE LA NATURE ET LA NATURE EN L'HOMME DANS LES PREMIERS COMMENTAIRES DES *SENTENCES*

LAURE SOLIGNAC

Le passage du XIIe siècle au XIIIe siècle est souvent décrit comme un moment capital où a émergé une nouvelle manière de penser la nature, voire comme le moment où est apparue la « nature » elle-même comme notion scientifique et autonome vis-à-vis des questions théologiques. Dans *Vérités dissonantes*, Luca Bianchi et Eugenio Randi ont parfaitement formulé cette thèse de l'émergence de la nature, qu'ils associent à l'arrivée dans le monde latin des *libri naturales* d'Aristote et de ses commentateurs arabes :

> On n'insistera jamais assez sur le fait que l'aristotélisme comportait une physique et une cosmologie, et que c'est là justement que résidait l'un des principaux facteurs de son succès. Malgré les contrastes, les résistances et les censures, sa progression fut irrésistible parce que la culture chrétienne sentait désormais l'inéluctable nécessité d'une conception organique de la nature : la nature ne pouvait plus se réduire à n'être que le symbole d'une vérité édifiante ou l'instrument passif de la volonté divine, elle devait être conçue comme un plan autonome du réel, dont les phénomènes seraient expliqués par l'établissement de liens rationnels de causalité [1].

1. L. BIANCHI – E. RANDI, *Vérités dissonantes. Aristote à la fin du Moyen Âge*, Fribourg – Paris, Éd. universitaires – Cerf, 1993, p. 4.

Si on peut s'accorder sans peine sur l'aspect déterminant de l'apport aristotélicien, il faut toutefois nuancer les propos des deux auteurs concernant l'absence de physique, de cosmologie, de conception organique de la nature au XIIe siècle, ainsi que sa réduction à un symbole ou à un instrument passif, surtout si l'on songe au fait que c'est justement au XIIe siècle, et non au XIIIe, qu'eut lieu une « découverte de la nature » [1], pour reprendre l'expression du P. Chenu. Dans *La théologie au XIIe siècle*, ce dernier décrivait cette découverte non seulement comme l'apparition d'une nouvelle sensibilité qui s'exprimait dans les arts, mais aussi comme « la prise de conscience qui s'effectua alors », celle de comprendre que les êtres humains avaient

> affaire à une réalité extérieure, présente, intelligible, efficace, comme à une partenaire (et de fait ils l'hypostasièrent dans leurs allégories), [...] au moment où, par un choc parallèle, ils se rendaient compte qu'eux-mêmes étaient pris dans ce jeu de la nature, qu'ils étaient eux aussi une pièce de cet univers qu'ils s'apprêtaient à dominer [2].

Dans *Anima mundi*, Tullio Gregory a abondamment documenté la conception organique et totale, ordonnée et foisonnante, de la nature en cette période pré-aristotélicienne [3].

Il semble donc qu'il faille penser non pas simplement l'émergence d'un ordre cosmologique, rationnel et autonome, au XIIIe siècle, à partir de rien, si ce n'est d'Aristote, mais plutôt la bascule qui a permis le passage de cette découverte émerveillée de la nature au XIIe siècle à la philosophie naturelle et à la cosmologie théologique d'inspiration aristotélicienne et avicennienne du XIIIe siècle. Il s'agit en particulier de prêter attention aux éléments de doctrine, aux images, aux mots, aux problèmes et aux hypothèses, qui sont passés ou non d'un siècle à l'autre, et d'un modèle cosmologique à l'autre. Pour observer de tels chemins de transmission ou de disparition, les premiers commentaires des *Sentences*, qui commentent au XIIIe siècle un livre écrit au XIIe siècle, constituent des terrains d'enquête extraordinairement riches – si riches que l'on s'en tiendra ici à quelques sondages.

1. M.-D. CHENU, *La théologie au XIIe siècle*, Paris, Vrin, 1976³, p. 21.
2. *Ibid.*
3. Voir T. GREGORY, *Anima Mundi. La filosofia di Guglielmo di Conches e la scuola di Chartres*, Firenze, G. C. Sansoni, 1955, p. 175-246.

Or, en prenant à témoin les commentaires qui se trouvent au cœur de cette transition d'un ordre cosmologique à un autre, on se trouve confronté à un paradoxe qui semble lié à la forme même des *Sentences* prolongées en commentaires, celui d'un appauvrissement et d'une taille sévère de la frondaison surabondante de la cosmologie du XIIe siècle, donnant lieu à une nouvelle poussée de croissance; on pourrait dire encore que le lecteur fait face au paradoxe d'une réduction, anticipée sur certains points par Pierre Lombard lui-même[1], d'une certaine régulation et normalisation du questionnement, du sacrifice de certaines branches dans l'arbre de la réflexion cosmo-anthropologique, qui provoquent un nouveau départ, une concentration de sève dans des secteurs déterminés de cette cosmo-anthropologie.

Il ne s'agira donc pas ici de montrer comment une nature « scientifique » a pu émerger du théâtre d'ombres auquel auraient été réduites les créatures visibles jusque-là, mais plutôt de percevoir par quelques indices comment la riche et multiforme cosmo-anthropologie du XIIe siècle a été, ou non, réinvestie dans les premiers commentaires des *Sentences*. Plus exactement j'examinerai la question des rapports entre l'homme et la nature sous deux aspects, à savoir comment est décrite la situation de l'homme au sein de la nature visible et jusqu'où cette dernière, avec ses dynamismes propres, est admise dans la nature humaine.

POLYSÉMIE DE *NATURA* AU DÉBUT DU XIIIe SIÈCLE

Il faudrait d'abord s'entendre sur ce que signifie la notion de « nature » au début du XIIIe siècle, et il s'agit là d'une difficulté considérable. Plusieurs listes circulent et se recoupent en partie; nous en évoquerons brièvement deux, celle de Boèce dans son *De persona et duabus naturis*[2], où sont mentionnées quatre définitions, et la liste plus

1. Gardons à l'esprit que l'ouvrage du Lombard est loin de véhiculer une cosmo-anthropologie aussi riche que celle de Guillaume de Conches, de Bernard Silvestre ou d'Alain de Lille. Par les positions qu'adopte le Maître des *Sentences*, les sujets qu'il choisit d'aborder et ceux qu'ils laissent de côté, les *Sentences* ressemblent à un tamis qui contraint les commentateurs à poser certaines questions plutôt que d'autres et à enrichir leur commentaire au moyen d'autres maîtres.

2. Voir *De persona et duabus naturis*, chapitre 1 (l. 60-115), dans BOÈCE, *Opuscula sacra*, texte latin de l'édition de Claudio MORESCHINI, trad. fr. A. GALONNIER, Louvain - Paris, Peeters, 2013, t. II, p. 294-301.

longue encore établie par Alain de Lille, dans son dictionnaire de théologie.

La première définition boécienne s'applique à tout (de Dieu à la matière première, de la substance aux accidents) : « La nature appartient à ces choses qui, parce qu'elles existent, peuvent être comprises par l'intellect d'une manière ou d'une autre » (*Natura est earum rerum quae, cum sint, quoquo modo intellectu capi possunt*) [1]. La deuxième définition s'applique seulement aux substances (de Dieu aux corps inanimés), les accidents étant donc cette fois exclus : « La nature est ce qui peut agir ou pâtir » (*Natura est quod facere vel quod pati possit*). Les sources mentionnées par les commentateurs sont diverses, de Platon aux stoïciens, en passant par Aristote [2]. La troisième définition s'inspire de *Physique* II, 1 et s'applique aux seules substances corporelles : « La nature est principe du mouvement, selon soi, et non par accident » (*Natura est motus principium, secundum se, non per accidens*). La quatrième définition provient de l'*Isagogè* de Porphyre (III, 1 et X, 1) et unit les dimensions logique et physique de la notion : « La nature est la différence spécifique informant une chose quelconque » (*Natura est unamquamque rem informans specifica differentia*). Dans tous les cas, la « nature » n'est pas une entité extérieure à l'homme [3].

Dans ses *Distinctiones dictionum theologicalium*, Alain de Lille commence par reprendre les quatre définitions de Boèce et en ajoute sept autres : « l'être substantiel de la chose par laquelle une chose est née, c'est-à-dire l'être dont elle sort », l'origine, la complexion, un défaut qui se développe à la place de la nature (une mauvaise habitude ou seconde nature, seul le sens négatif étant retenu ici), la chaleur naturelle, la raison naturelle et enfin « la puissance déposée dans les choses naturelles, par lesquels les semblables sont produits à partir des semblables » [4]

1. Thomas d'Aquin évoque cette première définition de la nature dans le premier chapitre du *De ente et essentia*. Bonaventure mentionne les quatre définitions à l'occasion d'une question se situant dans le troisième livre de son *Commentaire des Sentences*, « est-ce qu'il faut admettre que Dieu a assumé la nature humaine ? » (THOMAS D'AQUIN, *In III librum Sententiarum*, d. 5, a. 2, q. 1, arg. contra 4, in *Opera omnia*, Quaracchi, Éd. Collegii S. Bonaventurae, 1887, t. III, p. 130). Le frère mineur insiste, dans sa réponse, sur le fait que le Verbe a bien assumé la nature humaine toute entière, corps et âme.

2. Entre autres : PLATON, *Phèdre*, 270d ; *Sophiste*, 247d ; ARISTOTE, *Topiques* 6, 10 148a18 ; *Métaphysique* Λ 2, 1069b7 et *De anima* III, 5, 430a10.

3. Pour une présentation suggestive de « la nature » prise en ce sens, par contraste avec la culture, voir P. DESCOLA, *Par-delà nature et culture*, Paris, Gallimard, 2005, p. 114-165.

4. ALAIN DE LILLE, *Distinctiones dictionum theologicalium*, éd. J. P. Migne, *Patrologiae cursus completus. Series latina* [désormais PL], t. 210, Petit-Montrouge, J. P. Migne, 1855,

– remarquons au passage que plusieurs de ces définitions s'unifient dans la figure allégorique de *Natura* telle qu'elle apparaît dans le *De planctu Naturae*. Tous ces usages de la notion de nature sont présents dans les commentaires des *Sentences* – à quoi il faut ajouter la définition augustinienne de la nature comme « cours habituel des choses », ce cours habituel des choses ne révélant pas toutes les potentialités de la nature ni toutes ses aspirations, comme le montre bien le cas des miracles, explique Augustin dans *La Genèse au sens littéral*[1], dédoublant ainsi l'ordre rationnel de la nature, celui de la science, qui s'appuie sur le cours habituel des choses, et celui de la providence qui passe par ses profondeurs secrètes et les révèle.

Cette polysémie est visible dans les premiers commentaires des *Sentences*, mais le mot *natura* y a le plus souvent le sens d'*essentia* et non pas de « monde » ou de « créature ». Autant l'adjectif *naturalis* est répandu pour qualifier une partie de la philosophie ou certains livres, un domaine d'étude particulier, autant l'usage du mot *natura* au sens où nous l'entendons aujourd'hui est inexistant. On lui préfère *mundus*, *universitas rerum*, *creatura mundi*, voire *machina mundi*… Ce qui se rapproche un peu de notre usage actuel du mot *nature*, d'ailleurs en train de s'effacer, est peut-être l'expression *natura creata* (qui inclut toutefois l'être humain, contrairement à notre acception habituelle du mot « nature ») que l'on trouve dans le *De Trinitate* d'Augustin[2] par opposition à *natura increata* ou *creatrix*, expressions qui seront recombinées par Jean Scot Érigène au début du *Periphyseon*[3]. Mais on

col. 871 : « Dicitur esse substantiale rei per quod res nascitur, id est suum esse ingreditur. […] Dicitur origo […] Dicitur etiam complexio […] Dicitur vitium in olitum pro natura […] Dicitur naturalis calor […] Dicitur naturalis ratio […] Dicitur potentia rebus naturalibus indita, ex similibus procreans similia ».

1. Voir AUGUSTIN D'HIPPONE, *Genèse au sens littéral*, IX, XVII, 32, trad. fr., introd. et notes P. AGAËSSE – A. SOLIGNAC, s. l., Desclée de Brouwer, 1972 (Bibliothèque Augustinienne [désormais BA], 49), p. 139. Cette définition de la nature comme « cours habituel des choses » est reprise par le Lombard dans sa glose de Rm 11, 24, sur le verset *Contra naturam insertus es* (PL 191, 1488 A-B), et citée par ALEXANDRE DE HALÈS dans sa *Glose sur les Sentences* (notre traduction) : « On dit que quelque chose est fait contre nature quand cela est fait contre le cours habituel de la nature (*contra solitum cursum naturae*) et contre ce qui est connu dans la nature (*contra* id *quod notum est in natura*) » (*Glossa in quatuor libros Sententiarum*, Firenze, Éd. Collegii S. Bonaventurae, 1952, II, d. 17, n. 3, p. 154.)

2. *De Trinitate* XV, I, 1, trad. fr. P. AGAËSSE, s. l., Études augustiniennes, 1991 (BA, 16), p. 420 : « Supra hanc ergo naturam, si quaerimus aliquid, et verum quaerimus, Deus est, natura scilicet non creata, sed creatrix. »

3. Voir *Periphuseon*, I, 442A.

voit bien, dans ce binôme *natura increata/natura creata*, ou encore *natura naturans/natura naturata* utilisé par Michel Scot[1], que le mot *natura* a une envergure encore beaucoup trop large et protéiforme, indissociablement logique, métaphysique et physique, pour se réduire à une acception aussi étroite que la nature au sens où nous l'entendons communément et que nous opposons à la culture.

Ainsi il n'existe pas, dans les *Commentaires des Sentences*, de livre consacré à la « nature ». En revanche, le deuxième livre consistant en un commentaire des trois premiers chapitres de la Genèse, il forme un complexe cosmo-anthropologique qui a pour premier objet d'enquête le monde, d'abord comme tout, puis avec sa partie invisible (les anges et les démons) et sa partie visible, elle-même composée des corps célestes et de la nature élémentaire. Une telle déclinaison apparaît par exemple dans le *Commentaire des Sentences* d'Albert le Grand, qui semble être le premier à avoir rédigé un prologue au commentaire du livre II. Il choisit un verset d'Isaïe (6, 1) auquel il joint un verset d'Ézéchiel qu'il cite probablement de mémoire, et en tire le programme de son commentaire du deuxième livre des *Sentences* : *Vidi Dominum sedentem super solium excelsum et elevatum*, c'est-à-dire « Je vis le Seigneur assis sur un trône très haut et élevé » ; *et plena erat domus a majestate ejus* (« et la maison était pleine de sa majesté » – en fait Ez 53, 2 dit : *Terra splendebat a majestate ejus*, la terre resplendissait de sa majesté) ; *et ea quae sub ipso erant replebant templum* (« et ce qui était en-dessous de lui remplissait le temple »). Après avoir rapporté les deux créatures supérieures (nature angélique et corps célestes) aux adjectifs *excelsum* et *elevatum*, Albert le Grand commente le verset d'Ézéchiel en ces termes :

> Par les mots suivants, *La maison était pleine de sa majesté*, on entend l'autre partie de la créature visible, qui comprend les êtres engendrés à partir de la matière et corruptibles ; en effet, ce monde est une maison entièrement remplie de créatures qui indiquent la majesté de Dieu,

1. Michel Scot semble être le premier à avoir utilisé cette expression dans son *Liber Introductorius*, suivi de près par Bonaventure et Thomas d'Aquin (entre autres *Summa theologiae*, Ia IIae, q. 85, a. 6). Sur ce point, voir O. WEIJERS, « Contribution à l'histoire des termes *natura naturans* et *natura naturata* jusqu'à Spinoza », *Vivarium*, t. XVI, n° 1, 1978, p. 70-80, ainsi que L. K. PICK, « Michael Scot in Toledo : *Natura naturans* and the Hierarchy of Being », *Traditio*, t. 53, 1998, p. 93-116.

et c'est pour cela que toutes choses proclament : *c'est lui qui nous a faites et non pas nous-mêmes* (Ps 99, 3) [1].

L'image de la « maison » nous instruit sur le rapport d'intimité et d'appartenance entre Dieu et le monde « visible », rempli de créatures matérielles et corruptibles. Le monde est en effet la demeure de la « majesté » divine. Ainsi Albert adhère spontanément à l'équivalence entre « créature visible », « maison » et « monde », mais il ne lui vient pas à l'esprit d'appeler « nature », sans autre précision, les créatures visibles. Pour être revêtu d'un sens précis, le mot *nature* est souvent accompagné d'un adjectif qui le spécifie, en fonction des adjectifs qui lui sont associés ; Albert utilise ainsi les expressions « natura angelica » ou bien « natura corporali superiori et inferiori » ; chez Alexandre de Halès, de la même façon, on trouve dans la première distinction des expressions comme « humana natura » [2], « per terram, omnis natura visibilis » [3] ; ou bien, en opposition avec un mot qui permet d'en discerner les contours, tel *ars* : « Dans son opération, la nature est plus parfaite que l'art, car l'art donne une forme sans transformer la matière, tandis que la nature donne une forme en transformant la matière » [4]. De ces emplois multiples du mot *natura*, il ressort que la signification du terme oscille entre le plan métaphysique (la nature comme essence) et le plan physique (puissance interne d'engendrement du semblable, de développement et de mouvement), sans que l'on puisse jamais aboutir à la constitution de la nature comme « objet ».

1. ALBERT LE GRAND, *Commentarii in II Sententiarum*, in *Opera omnia*, éd. A. BORGNET, Paris, L. Vivès, 1894, Prologus, p. 2 : « Per sequens autem verbum : Plena erat domus a majestate ejus, accipitur alia pars visibilis creaturae, quae est ex materia generabilium et corruptibilium : quia domus hic mundus est, qui totus repletus est creaturis indicantibus Dei majestatem, per hoc quod omnia clamant : *Ipse fecit nos, et non ipsi nos.* »

2. ALEXANDRE DE HALÈS, *Glossa* II, d. 1 n. 1, t. II, p. 1.

3. *Ibid.*, n. 5, p. 3.

4. *Ibid.*, d. 1, a. 3, p. 12 : « Natura operando perfectior est quam ars, quia ars dat formam sine transmutatione materiae, et naturae cum transmutatione ». On mesure la distance qui le sépare sur ce point d'un autre franciscain, Roger Bacon. Voir par exemple *Opus Minus*, in *Opera quaedam hactenus inedita*, éd. J. S. BREWER, London, Longman, 1859, t. I, p. 315, où Bacon déclare que non seulement l'art imite la nature, mais en outre la perfectionne.

Les choix décisifs de Pierre Lombard dans le deuxième livre des *Sentences*

Cette rapide mise au point lexicale étant faite, nous pouvons nous tourner vers la bascule cosmo-anthropologique qui s'est opérée dans les *Sentences* de Pierre Lombard puis dans les premiers commentaires qui en ont été faits. Pierre Lombard a en effet pris trois décisions déterminantes pour le XIIIe siècle, qui s'apparentent à un élagage, pour filer la métaphore arboricole, et qui impliquent un certain éloignement par rapport à l'exégèse augustinienne de la Genèse – il est licite de parler ici de « décision » puisqu'il nomme les auteurs en débat et prend parti.

Première décision

Il s'agit tout d'abord de l'abandon de la théorie de la double création (intelligible puis sensible), correspondant aux deux récits de la Genèse, au profit d'une compréhension linéaire et historique du premier récit, celui des six jours, qui se manifeste dès les premières distinctions du deuxième livre, mais tout particulièrement à la treizième distinction. Évoquant la lumière créée le premier jour, Pierre Lombard rapporte la position qu'il croit être la thèse définitive d'Augustin[1] : cette lumière peut être interprétée comme spirituelle ou corporelle. Il choisit la seconde possibilité comme « sans doute plus probable »[2], sans mentionner qu'Augustin développe vigoureusement la première dans les livres IV et V de *La Genèse au sens littéral*[3].

1. Dans sa traduction des *Sentences*, Marc Ozilou souligne un point important : certains indices tendent à montrer que Pierre Lombard n'avait probablement pas *La Genèse au sens littéral* sous les yeux en les rédigeant; il croit citer Augustin du fait d'erreurs d'attribution de la glose sur laquelle il s'appuie, alors qu'il s'agit en réalité, le plus souvent, du commentaire de la Genèse de Bède (voir Pierre Lombard, *Les quatre livres des Sentences. Deuxième livre* [dorénavant *Sentences II*], trad. fr. M. Ozilou, Paris, Cerf, 2013, n. 2, p. 180). C'est tout particulièrement le cas au début de cette distinction 13 consacrée à la lumière.

2. Pierre Lombard, *Sentences II*, d. 13, chap. 2, n. 3, trad. Ozilou, p. 180 ; éd. Quaracchi, p. 390 : « Si vero corporalis fuit lux illa quod utique probabile est, corpus lucidum fuisse intelligitur, velut lucida nubes ».

3. Pour mémoire, au livre IV de la *Genèse au sens littéral*, Augustin adopte une interprétation distincte pour les deux récits de la création et voit dans le premier chapitre de la Genèse, l'*hexaëmeron*, et particulièrement dans le premier jour, la création intelligible des anges contemplant dans le Verbe un unique jour qui se répète et contient toutes les créatures. Il résume sa thèse dans la conclusion du livre IV, XXXV, 56 (BA 48, p. 369-371), ainsi qu'au livre V, XVII, 35 et XXIII, 46 (p. 425 et 441).

En commentant les *Sentences*, et plus au fait de la position soutenue par Augustin, Alexandre de Halès présente clairement le « désaccord », la *discordia*, entre ces deux conceptions de la création du monde au début de la distinction 12, qui est l'un des pivots du livre II des *Sentences* :

> Dans cette distinction [la 12e], il s'agit des œuvres des six jours. À ce sujet il y a une discorde entre Augustin et Grégoire. Augustin dit en effet que toutes ces choses ont été faites en même temps, mais que leur cause de connaissance, en faisant une distinction entre elles, se divise selon l'œuvre des six jours. En revanche, Grégoire, Bède et Jérôme posent qu'il y a une succession entre elles dans la venue à l'être [1].

Comme Pierre Lombard, Alexandre de Halès tourne le dos à Augustin et embrasse la position de Grégoire le Grand et de Bède le Vénérable, ce dernier étant déjà largement cité par Pierre Lombard. Or cette décision est importante car elle fait clairement entrer les créatures du monde dans une histoire, marquée par la succession des jours et par l'apparition d'êtres nouveaux.

Le P. Chenu a souligné combien cette historicité de la nature devait également se heurter de front au fixisme et à l'éternalisme aristotéliciens; on peut dire que tout en réservant bon accueil au Philosophe, les commentaires des *Sentences* ont de fait constitué l'un des principaux bastions de résistance à la vision aristotélicienne anhistorique de la nature. Ainsi, en déclarant que les premiers mots de la Genèse, *In principio*, renvoient à un commencement temporel du monde [2], le concile de Latran IV, en 1215, a entériné le choix de Pierre Lombard et contraint les générations suivantes à prendre position non seulement vis-à-vis de l'exégèse du premier récit comme une création dans le Verbe, mais aussi et surtout vis-à-vis de la thèse du monde éternel. Les premiers commentaires des *Sentences*, écrits par des lecteurs attentifs et favorables à la pensée aristotélicienne, se font tous l'écho de cette

1. *Glossa*, II, d. 12, n. 1, t. II, p. 116 : « In hac distinctione agitur de operibus sex dierum. Circa quae opera vertitur discordia inter Augustinum et Gregorium. Dicit enim Augustinus quod simul fuerunt omnia haec, sed causa cognoscendi ea, in faciendo discretionem inter ipsa, dividuntur per opera sex dierum. Gregorius autem et Beda et Hieronymus ponunt hanc successionem esse inter illa in essendo. »

2. H. DENZINGER, *Symboles et définitions de la foi catholique*, Paris, Cerf, 2001, n°800 : « creator omnium visibilium et invisibilium, spiritualium et corporalium, qui sua omnipotenti virtute simul *ab initio temporis* utramque de nihilo condidit creaturam, spiritualem et corporalem, angelicam videlicet et mundanam ».

difficulté, et à partir des années 1235-1240, la première distinction devient le lieu où l'on se demande dans quelle mesure Aristote a vraiment soutenu la thèse du monde éternel [1]. Or la solution adoptée par les premiers lecteurs latins du Philosophe consiste à dire que ce dernier s'est exprimé en « philosophe naturel » [2]. Après les tentatives concordistes d'Alexandre de Halès et d'Albert le Grand, Thomas d'Aquin, dans son Prologue au deuxième livre et avec sa clarté coutumière, a formulé sa propre réponse, prolongeant la solution évoquée mais l'étendant bien au-delà de la question de l'éternité du monde :

> La considération des créatures appartient à la fois aux théologiens et aux philosophes, mais de manière différente. En effet, les philosophes considèrent les créatures, en tant qu'elles consistent dans leur propre nature; c'est pourquoi ils enquêtent sur les causes propres et sur les passions des choses; alors que le théologien considère les créatures en tant qu'elles sortent du premier principe et en tant qu'elles sont ordonnées vers la fin ultime qui est Dieu [3].

Comme celle de ses prédécesseurs, la solution de Thomas d'Aquin consiste à distinguer non pas des domaines ou des objets différents, mais des méthodes et des points de vue différents : le philosophe étudie la nature propre des créatures, alors que le théologien les étudie dans leur relation à Dieu. Toute la question est de savoir ce que signifie l'expression « nature propre » : s'agit-il d'étudier la créature pour elle-même, indépendamment du Créateur, indépendamment de ce qu'elle exprime ou signifie ? Mais si tel est le cas, cette définition de la « nature propre » est-elle si aisément conciliable avec la notion de « créature » ? Quoi qu'il en soit, la conception lombardienne historicisée du monde visible rendait à la fois plus facile et plus difficile l'intégration de la

1. Voir par exemple BONAVENTURE, « Le monde a-t-il été produit de toute éternité ou bien dans le temps ? » dans son *Commentaire des Sentences* (II, d. 1, p. 1, a. 1, q. 2 [éd. Quaracchi, t. II, 19-24]). Ce passage a été traduit par C. Michon dans *Thomas d'Aquin et la controverse sur l'Éternité du monde*, éd. et trad. fr. C. MICHON en coll. avec O. BOULNOIS – N. DUPRÉ LATOUR, Paris, GF, 2004, p. 57-69.

2. Voir L. BIANCHI, *Vérités dissonantes*, « Loquens ut naturalis », p. 39-49.

3. THOMAS D'AQUIN, *II Sent.*, Prologus, in *Opera omnia*, t. 6, Parmae, Éd. Petri Fiaccadori, 1856, p. 381 : « Creaturarum considerationes pertinent ad theologos et ad philosophos; sed diversimode. Philosophi enim creaturas considerant, secundum quod in propria natura consistent; unde proprias causas et passiones rerum inquirunt; sed theologus considerat creaturas, secundum quod a primo principio exierunt, et in finem ultimum ordinantur qui Deus est; unde recte divina sapiential nominator, quia altissimam causam considerat, quae Deus est. »

physique aristotélicienne : plus facile parce que la lecture plus littérale du premier récit de la création favorise un point de vue naturaliste et non symbolique sur le monde[1]; plus difficile aussi, en raison de l'impossible conciliation d'un monde ayant un commencement avec une nature anhistorique, à l'abri des turbulences de l'histoire du salut. Il n'est pas sûr que la greffe ait parfaitement réussi.

Deuxième décision

Pierre Lombard a également laissé de côté une autre thèse augustinienne, défendue au livre I de la *Genèse au sens littéral*, celle d'une formation instantanée de la matière informe; d'après le Maître des *Sentences* s'est d'abord produite une création du « chaos » ou de la « matière confuse », ou encore de la « masse première de toutes choses », et c'est cette réalité qui a ensuite été formée par distinction et séparation, et finalement ornée[2]. À la distinction 12 du deuxième livre, Pierre Lombard présente les deux thèses en présence et se range à la seconde :

> De fait, certains des saints Pères, qui ont excellemment scruté les paroles et les secrets de Dieu, semblent avoir écrit des choses quasi contraires sur ce point. Les uns, d'une part, ont enseigné que toutes les choses ont été créées en même temps dans leur matière et dans leur forme; ce qu'Augustin semble avoir pensé. Tandis que les autres ont reconnu et ont affirmé qu'a d'abord été créée la matière brute et informe, contenant

1. Par exemple, dans la distinction 13 des *Sentences* de Pierre Lombard, la lumière créée le premier jour n'est plus considérée comme une manière de parler des anges (comme au livre IV de la *Genèse au sens littéral*), mais comme élément préalable aux quatre éléments, ce qui est peut-être à mettre en lien avec le développement des premières théories de la lumière chez les perspectivistes d'Oxford et dans la première école franciscaine de Paris. La lumière est alors décrite comme la forme générale de toutes choses, et sa fonction conciliatrice permet aux éléments de se conjuguer. Pour une mise au point récente sur cette question, et deux perspectives différentes, voir F. VAN BUREN, *Aristotle and the Ontology of St. Bonaventure*, Louvain, Leuven University Press, 2023, p. 165-175 et C. SOLIGNAC, *Rayonnante humilité. L'amplitude de la lumière selon Bonaventure de Bagnoregio*, Louvain-la-Neuve, Peeters, 2022, p. 19-74.

2. PIERRE LOMBARD, *Sentences* II, d. 12, chap. 1, trad. OZILOU, p. 170-171 : « L'Écriture dit qu'au commencement Dieu a créé le ciel, c'est-à-dire les anges, et la terre, c'est-à-dire la matière encore confuse et informe des quatre éléments, qui a été appelée chaos par les Grecs; et cela eut lieu avant l'ensemble des jours. Il a ensuite distingué les éléments, et il a donné des espèces propres et distinctes à chacune des choses en particulier selon son genre; choses qu'il a formées, non pas ensemble, comme c'était l'avis de certains des saint Pères, mais à travers des intervalles de temps et le déroulement des six jours, comme il l'a semblé à d'autres. »

> le mélange et la confusion des quatre éléments; mais qu'ensuite, à travers les intervalles des six jours, de cette matière ont été formés les genres des choses corporelles selon leurs propres espèces. Sentence que Grégoire [le Grand], Jérôme, Bède et plusieurs autres recommandent et mettent en avant; sentence qui semble aussi mieux convenir au texte de la Genèse, d'où nous est parvenue la principale connaissance de cette chose [1].

En homme du XIIe siècle, dans l'élan général d'une meilleure prise en compte du sens littéral des Écritures, Pierre Lombard est attentif à la mention d'une terre informe et vide, comme au déroulement chronologique des six jours, ce qui donne lieu à une belle réflexion sur la matière informe et sur « la figure du monde au commencement, avant qu'il ne reçoive sa forme ou son agencement » [2], au cinquième chapitre de la distinction 12. Cette conception de la matière « confuse », comme *chôra*, donnera lieu, au contact des œuvres aristotéliciennes, à l'une des principales théories de la matière ayant été développées au XIIIe siècle, à savoir la doctrine de la puissance active, qui a cohabité quelques temps avec celle de la matière comme pure puissance, jusqu'à ce que cette dernière la supplante à partir de 1270 [3].

Troisième décision

Pierre Lombard renonce enfin à la thèse de l'antériorité de la création angélique [4], qui interdit désormais de rapporter purement et simplement

1. PIERRE LOMBARD, *Sentences* II, d. 12, chap. 2, trad. OZILOU, p. 171-172 ; éd. Quaracchi, p. 384-385 : « Quidam namque sanctorum Patrum, qui verba Dei atque arcana excellenter scrutati sunt, super hoc quasi adversa scripsisse videntur. Alii quidem tradiderunt omnia simul in materia et forma fuisse creata; quod Augustinus sensisse videtur. Alii vero hoc magis probaverunt atque asseruerunt, ut primum materia rudis atque informis, quatuor elementorum commixtionem atque confusionem tenes, creata sit; postmodum vero per intervalla sex dierum ex illa materia rerum corporalium genera sint formata secundum species proprias. Quam sententiam Gregorius, Hieronymus, Beda aliique plures commendant ac praeferunt; quae etiam Scripturae Geneseos, unde prima huius rei ad nos manavit cognitio, magis congruere videtur. »

2. *Ibid.*, chap. 5, n. 3, trad. OZILOU, p. 176 ; éd. Quaracchi, p. 388 : « Talis fuit mundi facies in principio, priusquam reciperet formam vel dispositionem. »

3. Sur la puissance active, voir A. RODOLFI, « *Dicitur materia propriissime et strictissime.* Roger Bacon and the Ontological Status of Matter », in *Roger Bacon's* Communia Naturalium. *A 13th Century Philosopher's Workshop*, éd. P. BERNARDINI – A. RODOLFI, Firenze, SISMEL – Éd. del Galluzzo, 2014, p. 83-102.

4. PIERRE LOMBARD, *Sentences* II, d. 2, chap. 1, n. 3, trad. OZILOU, p. 97-98 : « C'est en même temps qu'ont été créées la créature spirituelle, c'est-à-dire la créature angélique, et la créature corporelle [...] Et partant, les anges n'ont pas été créés dans le temps avant la matière corporelle des autres éléments. »

la création de l'homme à la réparation de la ruine angélique. Le Maître des *Sentences* explique ainsi au chapitre 5 de la distinction 1 :

> Comment, dans l'Écriture, dit-on parfois que l'homme a été fait pour la réparation de la chute des anges ? [...] Il ne faut pas du tout comprendre (cela) comme si l'homme n'aurait pas été fait si l'ange n'avait pas péché; mais parce que, parmi d'autres causes particulières, celle-ci en était aussi une [1].

Cette dissociation de la nature humaine et de la réparation angélique constitue un élément déterminant dans la libération de l'anthropologie à l'égard de l'angélologie – libération qui s'est parfois effectuée contre Pierre Lombard lui-même, comme s'il n'avait pas pu aller au bout des conséquences de sa décision. C'est ce que montre l'étude du statut des âmes séparées, que le Maître des *Sentences* considère comme des personnes [2], alors qu'Alexandre de Halès souligne leur incomplétude et trouve la cause de l'erreur du Lombard dans une confusion entre hommes et anges :

> il a été trompé par la ressemblance avec l'ange, qui est une personne; or ce n'est pas la même chose, car l'âme séparée est en soi ordonnée au corps et elle cherche l'union avec le corps. Il n'en va pas ainsi des anges [3].

Albert le Grand, comme Alexandre de Halès, a lui aussi tranché le débat en insistant sur la relation essentielle de l'âme à l'égard du corps, parlant même de dépendance (*dependentia*) de celle-là à l'égard de celui-ci [4]. Quant à son disciple Thomas d'Aquin, Dominique Poirel a

1. *Ibid.*, d. 1, chap. 5, trad. OZILOU, p. 92-93 ; éd. Quaracchi, p. 334 : « Quomodo dicitur aliquando in Scriptura homo factus propter reparationem angelici casus. [...] Quod non ita intelligendum, quais non fuisset homo factus si non peccasset angelus; sed quia inter alias causas praecipuas, haec etiam nonnulla exstitit. »

2. Voir *Sentences* III, d. 5, chap. 3, n. 2, trad. OZILOU, p. 210 : « L'âme est la personne [...] du fait qu'elle existe par-elle-même. Séparée du corps, en effet, la personne existe, de la même manière qu'un ange. » (éd. Quaracchi, t. II, p. 48).

3. ALEXANDRE DE HALÈS, *Glossa*, III, d. 5, n. 42-43, éd. cit., p. 70 : « anima separata a corpore est persona, et inde a resurrectione non erit persona [...]. Quod falsum est. – Unde dicendum quod Magister non dicit verum. Deceptus enim fuit per similitudinem angeli, qui est persona; sed non est simile, quia anima separata habet in se ordinem ad corpus, et [...] quaerit unionem corporis; sed angelus non sic. »

4. ALBERT LE GRAND, *Commentarii in III Sententiarum*, d. V, E, a. 16, éd. BORGNET, p. 116. Sa position ne donne lieu à aucun cours d'histoire de la philosophie, comme ce sera le cas chez Thomas, mais sa thèse est ferme et en désaccord formel avec celle de Pierre Lombard. Il part de la définition aristotélicienne de l'âme comme « entéléchie d'un corps organique naturel qui a potentiellement la vie » (*entelecheia corporis organici physici vitam*

montré la façon dont il a relu cette controverse en l'interprétant comme une gigantomachie opposant Platon et Aristote [1], piétinant au passage la subtile pensée d'Hugues de Saint-Victor [2]. On ne saurait trop insister sur l'importance de cette radicalisation, par les commentateurs des *Sentences*, de la timide défense de l'autonomie anthropologique entreprise par Pierre Lombard, qui inscrit plus résolument l'homme dans sa corporéité et donc dans l'ensemble de la nature visible.

Comme on le voit, ces trois décisions de Pierre Lombard – l'historicisation de la nature, la création d'une matière informe et l'esquisse d'un décrochage de l'anthropologie par rapport à l'angélologie – relèvent d'abord de l'exégèse du texte biblique, et orientent de façon plus ou moins durable la manière dont on conçoit la relation entre l'homme et le monde visible ou invisible au cours du XIIIe siècle. Cette triple réorientation cosmo-anthropologique ne conduit pas les commentaires des *Sentences* dans des directions simples et univoques. En rebattant les

habentis in potentia) et en déduit qu'il y a une dépendance essentielle de l'âme vis-à-vis du corps. Par conséquent l'âme séparée n'est pas une personne. Mais il essaie encore d'accorder une validité à la thèse du maître des *Sentences*, en songeant à un sens atténué de l'état de séparation entre l'âme et le corps : si on entend par là « séparée de l'ordination au corps, alors le Maître des Sentences parle par hypothèse, c'est-à-dire si on pose qu'elle est séparée de la dépendance qu'elle a vis-à-vis du corps; alors elle sera une sorte d'intelligence de nature semblable aux anges. » Cette charité d'Albert vis-à-vis de Pierre Lombard ne fait finalement que mieux faire ressortir que l'âme séparée, précisément, n'est pas un ange.

1. THOMAS D'AQUIN, *In Sent. III*, d. 5, q. 3, a. 2, éd. *Opera omnia*, t. 7/1, Parma, Éd. Petri Fiaccadori, 1858, p. 73 : « Respondeo dicendum, quod de unione animae ad corpus apud antiquos duplex fuit opinio. Una quod anima unitur corpori sicut ens completum enti completo, ut esset in corpore sicut nauta in navi : unde, sicut dicit Gregorius Nyssenus (li. De Homine, cap. 1), Plato posuit quod homo non est aliquid constitutum ex corpore et anima, sed est anima corpore induta; et secundum hoc tota personalitas hominis consisteret in anima, adeo quod anima separata posset dici homo vere, ut dicit Hugo de S. Victore (lib. 2 de Sacram., part. 2, cap. 11); et secundum hanc opinionem esset verum quod Magister dicit, quod anima est persona quando est separata. Sed haec opinio non potest stare : quia sic corpus animae accidentaliter adveniret : unde hoc nomen homo, de cujus intellectu es animat et corpus, non significaret unum per se, sed per accidens; et ita non esset in genere substantiae. Alia est opinio Aristotelis (2 de Anima, cap. 11) quam omnes moderni sequuntur, quod anima unitur corpori sicut forma materiae; unde anima est pars humanae naturae, et non natura quaedam per se; et quia ratio partis contrariatur rationi personae, ut dictum est, ideo anima separata non potest dici persona; quia quamvis separata non sit pars actu, tamen habet naturam ut sit pars. » Voir également *In Sent. II*, d. 1, q. 2, a. 4, ad 3, éd. Parma, t. 6, p. 399.

2. Sur la rencontre manquée entre Thomas et Hugues, voir D. POIREL, « Thomas d'Aquin lecteur d'Hugues de Saint-Victor : à propos de la nature humaine », *Archives d'histoire doctrinale et littéraire du Moyen Âge*, t. 78, 2011, p. 195-228.

cartes, elle donne lieu à la reformulation ou à l'émergence de tensions concernant la place de l'homme dans la nature visible et la place accordée à celle-ci dans l'homme.

TENSIONS COSMO-ANTHROPOLOGIQUES

Trois problèmes seront ici abordés : celui de la tension entre la nature corporelle et la nature spirituelle, celui de la cause finale du monde (s'agit-il de l'homme ou bien de Dieu ?) et enfin celui de l'animalité de l'homme.

Premier problème

Dans l'anthropologie chrétienne, l'homme est un être inachevé et en travail, entre le ciel et la terre, entre le monde présent et le « monde à venir » (Mc 10, 30), ou encore, pour le dire en termes pauliniens, entre la chair et l'esprit (qui ne désignent pas le corps et l'âme mais deux manières opposées de mener sa vie). Au Moyen âge latin, cette tension se manifeste comme une faille sismique : d'un côté, la plaque du visible et du corporel; de l'autre, la plaque de l'invisible et de l'incorporel. Le continuisme dionysien et érigénien, conforté par la tradition hermétiste à la fin du XIIe siècle, avait adouci la transition entre le corporel et le spirituel, et donc désamorcé partiellement les tensions occasionnées par leur hétérogénéité. Cette *continuitas* affleure dans certains passages des *Sentences*. On lit ainsi dans la première distinction, lorsque Pierre Lombard répond à la question « pour quelle raison l'âme a-t-elle été unie à un corps ? » :

> C'est par conséquent à titre d'exemple de la société future entre Dieu et l'esprit rationnel, qui devait s'accomplir dans la glorification de celui-ci, qu'il a joint l'âme à des vêtements de chair et à des demeures de terre, et qu'il a disposé la matière argileuse à l'animation de la vie sensible [1].

Si la matière argileuse peut être « disposée » (*fecit ad*) à la vie sensible, une association intime du corporel et du spirituel est possible, comme entre l'esprit de l'homme et l'Esprit de Dieu. De cette association

1. PIERRE LOMBARD, *Sentences* II, d. 1, chap. 6, n. 4, trad. OZILOU, p. 94 ; éd. Quaracchi, p. 335 : « Pro exemplo igitur futurae societatis quae inter Deum et spiritum rationalem in glorificatione eiusdem perficienfa erat, animam corporeis indumentis et terrenis mansionibus copulavit, luteamque materiam fecit ad vitae sensum vegetare ».

intime à la pensée que cette association soit substantielle, il n'y a qu'un pas, et il n'est pas étonnant que les premiers commentaires des *Sentences* aient constitué le creuset d'une théorie nouvelle, celle de l'*unibilitas substantialis* de l'âme vis-à-vis du corps, qui s'est développée, remarque Magdalena Bieniak, indépendamment d'Aristote dans un premier temps et contre Avicenne, sous l'effet d'une exigence propre de l'anthropologie chrétienne[1]. Cette précision nouvelle éloigne d'autant plus la théorie d'une chute de l'âme dans un corps animal à cause du péché. Un deuxième lieu d'approfondissement de la *continuitas* est certainement la théorie de la pluralité des formes, qui n'est pas présente comme telle dans les Sentences de Pierre Lombard, mais qui, à l'aide d'outils fournis par le *De anima* d'Avicenne, offre la possibilité d'adapter l'hylémorphisme aristotélicien à la cosmologie diachronique et hiérarchique exigée par la lecture littérale de la Genèse.

Malgré ces efforts de continuité, d'harmonisation et d'union, auxquels sont adjoints progressivement de nombreux éléments de la physique et la psychologie aristotéliciennes, la tension entre le spirituel et le corporel demeure dans les commentaires des *Sentences*[2]. À la distinction 14, qui porte sur le firmament, Pierre Lombard l'avait formulée d'une belle manière. Après avoir récapitulé ce qui a été fait les trois premiers jours, puis les trois jours suivants, d'abord les éléments puis les ornements du monde, astres, plantes et bêtes[3], le Maître des

1. Voir M. BIENIAK, *The Soul-Body Problem at Paris, ca. 1200-1250. Hugh of St-Cher and His Contemporaries*, Leuven, Leuven University Press, 2010. L'ouvrage dans son ensemble porte sur l'anthropologie d'Hugues de Saint-Cher et en particulier sur son usage du concept de *persona* et sur sa création anthropologique conceptuelle majeure, la notion d'*unibilitas substantialis*. Enracinée dans la thèse défendue par Augustin dans *La Genèse au sens littéral*, VII, XXVII, 38 (BA 48, p. 563), qui évoque le désir « naturel » pour l'âme humaine de vivre dans un corps, l'*unibilitas substantialis* reformule cette intuition de façon plus précise : il ne s'agit pas seulement de vivre dans un corps, et de le désirer naturellement, mais de lui être substantiellement uni. Bonaventure en donne une formulation claire dans son commentaire : voir *II Sent.*, d. 1, p. 2, a. 3, q. 2, resp. (éd. Quaracchi, t. II, p. 50). Pour un résumé des thèses de l'autrice, et sur l'idée d'une exigence d'unité anthropologique interne à l'anthropologie chrétienne, voir en particulier les pages 171 à 176.

2. Ainsi est-il révélateur que la vie corporelle soit reconnue par Pierre Lombard comme plus « méritoire » que la vie angélique (*Sentences* II, d. 1, chap. 6, n. 5, trad. OZILOU, p. 94).

3. *Ibid.*, d. 14, chap. 9, n. 2, trad. OZILOU, p. 194-195 ; éd. Quaracchi, t. I, p. 2, p. 398-399 : « Durant les trois jours précédents, la machine totale de ce monde a été agencée et ses parties ont été distribuées. De fait, une fois formée, le premier jour, la lumière qui allait éclairer toutes choses, les deux jours suivants, ont été attribuées les parties du monde les plus hautes et les plus basses, à savoir le firmament, l'air, la terre et

Sentences déclare : « Après toutes ces choses, l'homme a été fait de la terre et sur la terre; non pas cependant pour la terre, ni à cause de la terre, mais pour le ciel et à cause du ciel » [1].

Ce court extrait décrit une tension, qu'on espère féconde, entre l'homme comme accomplissement de la nature visible, dans la continuité de celle-ci, et d'autre part l'homme comme créature qui ouvre la nature visible à autre chose qu'elle-même, et donc comme élément de dépassement, instable, en décalage par rapport aux autres créatures. Élément perturbateur et perturbé, comme le montre la suite du récit de la Genèse, à partir du troisième chapitre. Cette tension rejaillit-elle dans une certaine difficulté à articuler la thématique platonicienne et stoïcienne de l'homme microcosme (qui représente et récapitule toutes les créatures visibles – thèse chère à la plupart des auteurs du XIIe siècle, de Guillaume de Conches à Guillaume de Saint-Thierry en passant par Hildegarde de Bingen et Hugues de Saint-Victor) et d'autre part la thèse augustinienne de l'homme comme image de Dieu (qui représente Dieu plutôt que ses créatures), que privilégie Pierre Lombard ? De fait, le thème du microcosme, que semble ignorer le Maître des *Sentences*, n'apparaît guère dans les commentaires des *Sentences*. Dans la deuxième génération de commentateurs, Thomas d'Aquin évoque encore un peu le *minor mundus* pour défendre sa thèse selon laquelle toutes choses ont été faites pour l'homme :

> Dans l'homme il y a une certaine ressemblance avec l'ordre de l'univers; c'est pourquoi il est aussi appelé monde plus petit, puisque toutes les créatures, en quelque sorte, confluent en l'homme [2].

l'eau. Le deuxième jour en effet le firmament a été étendu par-dessus; tandis que le troisième jour, une fois les masses d'eaux collectées dans leurs réceptacles, la terre a été révélée et l'air est devenu serein. Par conséquent, c'est durant ces jours que les quatre éléments de ce monde ont été distingués et ordonnés en leurs lieux. Et c'est les trois jours suivants que les quatre éléments ont été ornés. Le quatrième jour, en effet, le firmament a été orné du soleil, de la lune et des étoiles. Le cinquième, l'air a reçu en ornements les oiseaux, et les eaux ont reçu les poissons. Le sixième, la terre a reçu les plantes, les reptiles et les bêtes. »

1. *Ibid.*, trad. OZILOU, p. 195 ; éd. Quaracchi, p. 399 : « Post quae omnia factus est homo de terra et in terra; non tamen ad terram, nec propter terram, sed ad caelum et propter caelum. »

2. THOMAS D'AQUIN, *II Sent.*, d. 1, q. 2, a. 3, sed contra 2 (ce sont les *fundamenta* de la thèse soutenue par Thomas, qui vont dans le sens de *Physique* II, où il est dit que l'homme est la fin de toutes choses), éd. Parma, t. 6, p. 398 (question *utrum omnia sint facta propter hominem*) : « ordo universi est finis totius creaturae. Sed in homine est quaedam similitudo

Bonaventure semble également y accorder encore quelque importance et discerne dans la distinction 18 une correspondance entre l'unique source de lumière et de chaleur qu'est le soleil dans le macrocosme, et le cœur dans le microcosme qu'est l'homme :

> La justice naturelle qui ordonne les éléments du monde et toute la machine de l'univers requiert que [...] parmi les corps lumineux il y ait un seul corps radieux principal, et que parmi les corps qui se meuvent il y ait un seul premier corps qui se meut [...]. De même, la justice naturelle requiert dans le monde plus petit qu'il y ait un seul membre principal à partir duquel les autres membres reçoivent l'influence selon la vérité, c'est-à-dire le cœur, et l'influence selon l'évidence, c'est-à-dire la tête [1].

Le Docteur séraphique restera attaché par la suite à cette idée d'une présence par ressemblance de toutes les créatures dans l'être humain, et c'est par ce moyen qu'il envisage la présence et la glorification des créatures non rationnelles dans le monde à venir [2]. Pour le reste, il faut bien reconnaître que le thème du microcosme s'essouffle et ne trouve pas sa place dans une étude de la nature « propre » des choses; se fait sentir une perte d'intérêt pour le lien symbolique de récapitulation et d'expression mutuelle entre l'homme et les autres créatures. La branche du microcosme semble avoir été coupée, comme celle d'une ressemblance entre l'âme humaine et l'ange. L'anthropologie y gagne en autonomie ce qu'elle perd en épaisseur cosmologique. Pour vérifier l'appartenance de l'homme à la nature sublunaire, on se contente, à partir d'Albert le Grand, de se demander si l'homme a bel et bien été fait à partir de nature élémentaire, comme les autres créatures visibles, et si oui, si cela était vraiment convenable. Albert aborde cette question comme un problème de physique en montrant qu'il était plus approprié à l'âme humaine d'avoir un corps composé d'éléments, vu la diversité de

ordinis universi; unde et minor mundus dicitur : quia omnes naturae quasi in homine confluunt. Ergo videtur quod ipse sit quodammodo finis omnium ».

?]1. BONAVENTURE, *II Sent.*, d. 18, a. 2, q. 1 (t. II, p. 447). Texte latin : « Naturalis namque iustitia, per quam ordinantur elementa mundi et tota machina universi, requirit, quod [...] inter lucentia unum principaliter irradians, inter motores unus primus motor [...]. – Naturalis etiam iustitia in minori mundo requirit, quod unum sit membrum principale, a quo cetera recipiant influentiam secundum veritatem, ut cor, secundum evidentiam, ut caput ».

2. Voir *Breviloquium* VII, chap. IV, n. 7 ; éd. Quaracchi (t. V, p. 285).

ses puissances, que d'avoir un corps céleste [1]. Bonaventure développe davantage cette question, peut-être sous l'influence de la *Summa Halensis* :

> L'homme devait être placé en bas, pour que par l'humilité de sa basse position il monte là où l'ange était tombé par la sublimité de la noblesse; et pour cela devait lui être donné un corps constitué de nature inférieure [= la nature élémentaire, et non céleste, ndt] pour que, se sachant poussière, il se place sous Dieu en toutes choses. C'est pourquoi l'Écriture aime bien dire qu'il a été produit du limon de la terre, pour qu'à partir de cela l'homme avance et monte par le mérite de l'humilité [2].

Cela étant dit, Bonaventure précise que la nature céleste, si elle ne participe pas à la constitution du corps humain selon la substance et la vérité, y participe « selon la puissance », « parce que la puissance des étoiles et des orbes produit par son influence la conciliation des éléments qui participent réellement à la constitution du corps humain » [3]. Comme Albert le Grand et dans une moindre mesure Thomas d'Aquin [4], le Frère mineur reconnaît une influence des astres sur la conciliation des éléments et les mouvements corporels, le libre arbitre étant sauf. Il lui importe encore de conserver l'idée selon laquelle une rencontre entre le ciel et la terre s'effectue en l'homme, à même sa physiologie.

1. Voir ALBERT LE GRAND, *Commentarii in II Sententiarum*, d. 17, D, a. 3, éd. BORGNET, p. 301.

2. BONAVENTURE, *II Sent.*, d. 17, a. 2, q. 1, resp. (t. II, p. 420) : « Debebat enim homo subiici, ut per humilitatem subiectionis ascenderet unde angelus ceciderat per sublimitatem elationis; et ideo debuit sibi dari corpus constitutum de natura inferiori, ut, se ipsum pulverem reputans, Deo per omnia subiaceret. Unde et Scriptura maluit eum dicere de limo terrae productum, ut ex hoc homo proficeret et ascenderet per humilitatis meritum. »

3. *Ibid.*, q. 2, resp. (t. II, p. 423) : « secundum virtutem, quia virtus stellarum et orbium influendo facit elementorum conciliationem, quae veniunt ad humani corporis constitutionem secundum rem ». Tout le passage mériterait d'être cité, tant il témoigne d'un effort pour penser la physiologie humaine comme une rencontre entre le ciel et la terre. Voir également, dans la même question, resp. ad arg. 6 (II, 423), qui exprime la nécessité que ce corps fait de nature élémentaire soit en même temps le plus disposé à la vie dans le ciel empyrée, au-delà de la nature céleste.

4. En ce qui concerne Albert le Grand, voir *In II Sent.*, d. 15, B., a. 5, éd. BORGNET, p. 277, où ce dernier explique que les astres n'ont aucune causalité sur le libre arbitre, « les saints et les philosophes sont d'accord sur ce point », sauf en tant que le libre arbitre est lié à une complexion qui incline vers certains actes – mais une telle inclination ne saurait être contraignante pour le libre arbitre.

Deuxième problème

La deuxième source de tension concerne la cause finale du monde : celui-ci a-t-il été fait pour l'homme ou pour Dieu ? L'homme en est-il simplement l'intendant ou bien le but, le maître et possesseur ? Sur ce point, l'héritage de Pierre Lombard est ambigu. D'une part, au tout début du livre II, il développe la thèse de l'homme comme serviteur de Dieu ayant à son service le monde, dont il a toutefois simplement l'usage :

> Et de même que l'homme a été fait pour Dieu, c'est-à-dire afin de le servir, le monde a été fait de la sorte pour l'homme, à savoir afin de le servir. L'homme a donc été placé au milieu, afin que celui-ci le serve et qu'il serve lui-même; [...] Tout le bien, par conséquent, appartenait à l'homme : ce qui a été fait pour lui et ce pour quoi lui-même a été fait. [...] [Ainsi] les choses qui aujourd'hui sont à nous, car elles sont à notre usage, de même qu'on dit que les biens des seigneurs appartiennent aux serviteurs, non pas au titre d'une propriété, mais parce qu'ils sont à leur usage [1].

Dans ce texte, la place de l'homme est décrite comme celle d'un serviteur de Dieu servi par le monde. Les réalités qui sont à l'usage de l'homme sont faites « pour l'homme » sans toutefois lui appartenir puisqu'il n'en est pas le propriétaire, mais en a simplement l'usage.

Or, à la distinction 15, on lit au contraire que « l'homme a été fait en dernier, comme maître et possesseur, lui qui devait aussi être mis en avant par rapport à toutes choses » [2]. Certes, Pierre Lombard écrit bien « *comme* maître et possesseur », la locution utilisée (*tamquam*) étant comparative, il faut entendre que le propriétaire véritable demeure bien le Créateur; mais la formulation fait disparaître les notions de service et d'usage qui configuraient le chapitre IV de la première distinction. Si on le lit le premier passage à la lumière du deuxième, il est bien tentant de

1. PIERRE LOMBARD, *Sentences* II, d. 1, chap. 4, n. 6 et n. 7, trad. OZILOU, p. 91-92 ; éd. Quaracchi, p. 333 : « Et sicut factus est homo propter Deum, id est ut ei serviret. Positus est ergo homo in medio, ut et ei serviretur et ipse serviret; [...] Totum igitur bonum hominis erat, et quod factum est propter ipsum, et propter factus est ipse. [...] qui et modo nostri sunt, quia ad usum nobis sunt, sicut res dominorum dicuntur esse famulorum, non dominio, sed quia sunt ad usum eorum. »

2. *Ibid.*, d. 15, chap. 5, n. 1, trad. OZILOU (trad. mod.), p. 199-200 ; éd. Quaracchi, p. 402 : « Omnibus autem creatis atque dispositis, novissime factus est homo, tanquam dominus et possessor; qui et omnibus praeferendus erat. »

considérer que le monde est fait pour l'homme comme l'homme pour Dieu.

Que fait-on de cette ambiguïté dans les premiers commentaires des *Sentences* ? Dans sa première distinction, Alexandre de Halès remet en circulation la notion de service, à travers le mot *ministratio* : comment peut-on dire à la fois que l'homme tient le « milieu » des créatures et qu'il est leur « fin » ? « Je réponds : du point de vue de l'existence (c'est-à-dire du point de vue du surgissement dans l'être), il est le dernier; mais du point de vue de la dignité, on dit qu'il est placé au milieu, puisqu'il est supérieur aux autres créatures et inférieur aux anges »[1]. En ce sens, il est en position de *ministratio*, puisqu'il sert Dieu avec les créatures à son service. On retrouve ainsi peu ou prou la première thèse défendue par Pierre Lombard. Mais dans la distinction 15, il reprend la thèse de l'homme comme fin des autres créatures corporelles, avec deux citations d'Aristote à l'appui, et conclut :

> puisque l'homme est la fin à cause de laquelle toutes les autres choses ont été faites, pour cette raison cela manifeste enfin cette créature en tant que composée de nature spirituelle et corporelle[2].

La position ambiguë de Pierre Lombard est reconduite de façon plus accentuée : l'homme n'est qu'un serviteur, il ne peut pas être véritablement le maître des autres créatures corporelles, mais il est tout de même considéré comme la « fin » des créatures visibles.

La génération suivante se confrontera de façon plus précise à cette délicate question[3]. Ainsi, Thomas d'Aquin affirme que l'homme est bel et bien la fin de la nature, et cela en deux sens : l'homme est la fin vers laquelle les choses tendent naturellement, et il est leur fin parce qu'elles sont ordonnées à son utilité[4]. Pour sa part, Bonaventure corrige

1. ALEXANDRE DE HALÈS, *Glossa* II, d. 1, n. 26 (p. 11) : « Respondeo : secundum exsistentiam ultimus est; secundum dignitatem tamen dicitur in medio positus, quoniam superior est aliis creaturis et inferior angelis. Vel dicatur quod in medio quoad ministrationem, inter Deum scilicet et mundum, quoniam mundus factus est ut ministret homini, homo vero ut ministret Deo; unde ministrat et ei ministratur. »

2. *Ibid.*, d. 15 n. 9 (p. 142) : « Quoniam homo est finis propter quem omnia alia fiunt, ideo ultimo manifestat hanc creaturam tamquam constantem ex spirituali et corporali natura. »

3. Hélas, dans son commentaire, Albert le Grand ne l'aborde pas, ni dans la d. 1, ni dans la d. 15, ni dans la d. 16.

4. Voir THOMAS D'AQUIN, *II Sent.* d. 1, q. 2, a. 3, éd. Parma, t. 6, p. 398. La réponse de Thomas corrige celle de Bonaventure, tout en reprenant l'idée d'une distinction entre deux types de fin. Il distingue en effet : 1) la fin comme « ce vers quoi une chose tend

significativement la position de Pierre Lombard et celle d'Alexandre. Tout d'abord, dans la première distinction, il affirme nettement que la fin de la création des choses est « la gloire de Dieu plutôt que l'utilité de la créature », avec deux citations bibliques à l'appui (Pv 16, 4 et Ps 15, 2); non pas que le monde ajoute quoi que ce soit à la gloire divine, mais il la « manifeste » et la « communique », et c'est par là que le monde est « utile » à la créature (Bonaventure évite de s'en tenir à « l'homme »), puisque cette gloire manifestée et communiquée se laisse appréhender dans la glorification et la béatification de la créature. Il faut bien le dire : le saut accompli par le Docteur séraphique par rapport au Maître des *Sentences* et aux autres commentateurs le laisse dans un splendide isolement. Cette impression est accentuée par la solution en deux temps qu'il propose à la distinction 15, lieu habituel du recentrement anthropocentrique de la question. Le Frère mineur explique en effet que l'être humain n'est qu'une fin sous la fin (*finis sub fine*), et que Dieu seul est la fin « principielle et ultime » des créatures[1]. Dans un deuxième temps, à la distinction suivante, il martèle, reprenant le Livre des Proverbes (16, 4) : « Dieu a créé l'univers pour lui-même »[2]. Il décline alors les trois fonctions de l'homme dans le monde, arrimées aux trois fonctions des autres créatures : l'homme parfait la louange des créatures

naturellement (*naturaliter*) »; 2) l'ordination à une chose comme à sa fin, en raison de l'utilité selon l'intention et l'ordre de l'agent. « C'est de ces deux manières que l'homme est appelé fin des créatures (*Utroque modo homo finis creaturarum dicitur*) ». Concernant le premier sens, Thomas admet toutefois que l'homme soit fin en un sens différent de la « bonté divine ». Il considère qu'un ordre double est institué dans l'univers (*Ipse enim duplicem ordinem in universo instituit : principalem scilicet et secundarium*). « Dans le premier cas, on considère les choses en tant qu'elles sont ordonnées à lui; dans le deuxième cas, en tant que l'une aide l'autre à parvenir à la ressemblance divine. » Au deuxième sens cependant, l'homme est bel et bien la « fin » de l'univers.

1. BONAVENTURE, *II Sent.*, d. 15, a. 2, q. 1, resp. (t. II, p. 382-383) : « finis principalis et ultimus ». Voici la totalité de l'extrait (notre traduction) : « la fin à laquelle les choses sont ordonnées est double. Il y a en effet une fin principielle et ultime, mais il y a aussi une fin sous la fin (*finis sub fine*). Si nous parlons de la fin de la première sorte, alors la fin de toutes les créatures, tant rationnelles qu'irrationnelles, est Dieu, car le Très-haut a créé toutes choses pour lui-même; en effet, il a fait toutes choses pour la louange de sa bonté. Mais si nous parlons de la fin non principielle, qui est fin d'une certaine manière et fin sous la fin, alors toutes les choses sensibles animales ont été faites pour l'homme ». On notera la restriction : seuls les « êtres sensibles animaux » ont été faits pour l'homme, et non pas tous les éléments, minéraux et végétaux. Bonaventure revient sur ce point ensuite, en décrivant les relations entre hommes et bêtes dans l'état d'innocence et ensuite.

2. *Ibid.*, d. 16, a. 1, q. 1, resp. (t. II, p. 394-395). Texte latin : « Deus enim universa propter semetipsum operatus est. »

en l'approuvant, parfait la manifestation de Dieu dans ses œuvres en en prenant connaissance, et parfait la communication des biens de toute sorte en en faisant un bon usage[1]. Bref, Bonaventure marque avec insistance que la fin principale et ultime de la création n'est pas l'homme, mais Dieu, et que le problème de la place et de la fonction de l'homme dans le monde visible ne peut être résolu qu'en rendant à Dieu ce qui est à Dieu. Il me semble que ce passage du *Commentaire des Sentences* de Bonaventure nous surplombera encore longtemps et qu'on peut certainement y voir un effet direct de la spiritualité franciscaine. Cette nouvelle pousse ne semble pas avoir reçu ensuite le développement et la croissance qu'elle aurait mérités, mais il vaudrait la peine de le vérifier de façon plus systématique.

Troisième problème : l'animalité de l'homme

Pour finir, avançons-nous un peu plus loin et posons le problème dans le sens inverse : quelle est la place des dynamismes de la nature visible dans l'être humain ? Quel espace leur accorde-t-on ? Si l'on prend à témoin la question complexe de l'animalité de l'homme, il faut d'abord remarquer qu'elle est rendue encore plus ardue du fait de la mise en histoire et en récit de la nature humaine, et donc de l'insistance sur sa plasticité dans la Bible.

Certes, la question de savoir si Adam avait un corps animal dès l'origine a été tranchée par Augustin, notamment dans la *Genèse au sens littéral* : Adam est bien un animal formé du limon, sexué, ayant besoin de s'alimenter, naturellement vieillissant et mortel s'il n'est soutenu par la grâce divine. En prenant ainsi position par rapport à Grégoire de Nysse et à Origène, Augustin semble donc avoir engagé la théologie latine dans une voie claire : l'animalité de l'homme est une donnée originelle. Cependant, le récit de la Genèse pouvait conduire à concevoir deux conditions animales distinctes pour l'être humain, l'une précédant le premier péché, l'autre en étant la conséquence[2]. Or ces deux conditions peuvent être conçues de manière très différente : d'une part, l'état adamique, correspondant à une animalité « idéale » n'ayant pas grand rapport avec notre expérience commune, et d'autre part, l'état de

1. *Ibid.* Voir également *II Sent.*, d. 16, a. 2, q. 1, resp. (t. II, p. 401-402).

2. Pour une ample réflexion sur la condition humaine avant et après le péché, voir G. Briguglia – I. Rosier-Catach, *Adam, la nature humaine, avant et après. Épistémologie de la chute*, Paris, Publications de la Sorbonne, 2019.

nature déchue qui s'exprime dans une animalité pouvant être assimilée à une forme de bestialité. C'est en tout cas un tel soupçon que faisait peser sur l'animalité de l'homme l'interprétation littérale du Psaume 48, 13 : « l'homme placé dans la dignité n'a pas compris et il est devenu semblable aux bêtes »[1]. À l'image des animaux devenus nuisibles suite au premier péché, évoqués dans tous les premiers commentaires à part celui de Thomas d'Aquin, l'animal en l'homme suscite l'embarras, et l'on est en peine de déterminer ce qui, dans cette animalité humaine, relève du péché, et ce qui n'en relève pas : telle ou telle sécrétion corporelle, le sommeil, la faim, la sexualité et le désir qui l'accompagne, les passions comme la colère ou la crainte, la souffrance. Il n'est pas possible d'aborder tous ces thèmes de façon approfondie, mais un bref parcours donnera une idée de l'ampleur du problème.

En ce qui concerne les puissances irrationnelles de l'âme, terrain commun avec les autres animaux, Pierre Lombard était parvenu à dégager un sens neutre voire positif de la *sensualitas*, définie comme « une certaine force intérieure de l'âme à partir de laquelle se produit un mouvement qui s'exerce sur les sens du corps et aussi sur l'appétit des choses qui se rapportent au corps »[2]. Mais dans le même temps, quelques pages plus loin[3], cette même force est assimilée au « serpent » en l'être humain (tandis que la femme est rapportée à la raison inférieure), alors même qu'est reconnu par ailleurs le caractère essentiellement spirituel du mal : orgueil ou cupidité. La tentation de « bestialiser » une puissance de l'âme n'est donc pas absente des *Sentences*. Cependant, l'un des premiers commentateurs de Pierre Lombard, Alexandre de Halès, opte résolument pour la reconnaissance de la bonté originelle de l'irrationnel en l'homme, qu'il s'agisse de l'irascible ou du concupiscible[4]. Dans la vingtième distinction, il va même jusqu'à faire

1. *Vulgate*, Psalmus 48, 13 : « et homo, cum in honore esset, non intellexit. Comparatus est iumentis insipientibus, et similis factus est illis. »

2. PIERRE LOMBARD, *Sentences* II, d. 24, chap. 4 (143), trad. OZILOU, p. 279 ; éd. Quaracchi, p. 453 : « De sensualitate. Est enim sensualitas quaedam vis animae inferior, ex qua est motus qui intenditur in corporis sensus, atque appetitus rerum ad corpus penitentium ».

3. *Ibid.*, chap. 7 (146), trad. OZILOU, p. 282 ; éd. Quaracchi p. 455.

4. ALEXANDRE DE HALÈS, *Glossa* II, d. 15 n. 4 (p. 138-139) : sur la bonté de l'irrationnel : « Quaeratur quare benedixit operibus quintae diei et operibus sextae, et non aliarum – Dicunt quidam quod benedictio per se debetur homini, in quo est duplex natura, scilicet rationalis et irrationalis; et ideo benedixit bis.

correspondre les trois puissances de l'âme humaine aux trois principaux attributs divins et donc à les considérer comme un miroir trinitaire :

> Il y a en effet une triple puissance, à savoir rationnelle, qui se rapporte à la vérité suprême; concupiscible, qui se rapporte à la bonté suprême; et irascible, qui se rapporte à la majesté suprême [1].

Le mal n'est donc pas substantiel en l'homme, pas plus que dans les autres créatures, et ne saurait être identifié à une puissance de l'âme ou à quoi que ce soit qui fait partie de la nature humaine.

En revanche, comme le soulignait déjà Augustin, le mal se loge dans la subversion de l'ordre originel des puissances, qui veut que la *sensualitas* soit soumise à la raison et que l'homme soit soumis à Dieu. C'est d'ailleurs ainsi que les biographes de François d'Assise interprètent l'obéissance des bêtes à son égard : il s'agit d'un homme, comme dit Bonaventure, en qui la chair a fini par être unie à l'esprit, et l'esprit à Dieu [2]. L'obéissance des bêtes manifeste donc à la vue de tous l'obéissance du saint à Dieu. Et de la même manière, la subversion de cet ordre intérieur des puissances s'exprime au niveau cosmologique; la création entière subit l'effondrement intérieur de l'être humain. Citant une glose qu'il attribue à saint Jérôme, Alexandre de Halès commente :

> Tout ce qui a été fait pour l'homme a été abîmé dans sa chute [...] le péché de l'homme a provoqué une perversion de l'ordre naturel [3].

Dans cette vaste déliaison, où l'harmonie laisse place à une tyrannie multiforme, la *sensualitas* n'est plus soumise à la raison, ni la raison à Dieu, et la place de l'homme dans le monde est à l'image de la place du monde – et de l'animalité – en lui : elle se caractérise par le plus grand

1. *Ibid.*, d. 20, n. 2 (p. 175) : « Est enim triplex potentia, scilicet rationalis, quae respicit summam veritatem; et concupiscibilis, quae respicit summam bonitatem; et irascibilis, quae respicit summam maiestatem. »

2. *Legenda major*, V, 9, in *François d'Assise, Écrits, Vies, témoignages*, éd. J. DALARUN, Paris, Cerf – Éditions franciscaines, 2010, t. II, p. 2287 : « Le saint, parvenu à cette pureté qui unit la chair à l'esprit et l'esprit à Dieu dans une merveilleuse harmonie, se voyait obéi à son tour, par ordre de Dieu, lorsqu'il exprimait un désir ou une volonté, par la créature soumise au Créateur. »

3. ALEXANDRE DE HALÈS, *Glossa* II, d. 15, n. 7 (p. 140) : « "Omnia facta propter hominem in eius lapsu sunt peiorata". Idemque est ordo naturalis : Deus prius erat supra hominem et omnes creaturas, homo sub Deo et cetera sub homine; sed per hominem peccantem fit ordinis perversio, ut qui noluit esse sub suo superiore, nec inferiora ei subduntur; nec sensualitas rationi, quoniam nec ratio Deo subdita est. »

désordre et par la violence [1]. Il n'est donc pas étonnant que les commentateurs des *Sentences* aient du mal à discerner ce qui relève d'une animalité ordonnée ou abîmée, et les commentaires portent les nombreuses traces de cette difficulté.

On voit ainsi Albert le Grand imaginer qu'Adam aurait mangé sans faim, sur le seul commandement de sa raison, puisque la faim est une sorte de souffrance, et que celle-ci n'a pas de place dans la condition d'innocence [2]. Les sécrétions corporelles provoquent le même embarras : Albert [3] et Bonaventure [4], qui abordent cette question contrairement à Alexandre et à Thomas, se refusent à accorder à l'animal Adam la possibilité de transpirer ou d'être enrhumé; urine et excréments sont tolérés à condition qu'ils ne sentent pas mauvais… On peut sourire de ces spéculations, mais par-delà le problème des conséquences concrètes du péché originel, elles indiquent une difficulté à décrire l'appartenance de l'homme à l'ordre de la nature corporelle. Entre l'assimilation pure et simple à une conséquence du péché et l'apprivoisement d'une réalité naturelle, originelle, de soi positive, mais fragile et soumise à des tensions et à des combats, certaines manifestations de l'animalité humaine font l'objet d'un traitement complexe, parfois confus et hésitant, qui fait finalement basculer les commentaires du côté d'une étude du libre arbitre et de la grâce. La cosmo-anthropologie des commentaires des *Sentences* débouche ainsi, à partir de la vingt-et-

1. Sur ce point, qui dépasse bien sûr les commentaires médiévaux, il faut relire les belles pages que P. BEAUCHAMP a consacrées à la Genèse dans *Parler d'Écritures saintes*, Paris, Seuil, 1987, p. 75-91.

2. Voir ALBERT LE GRAND, *Commentarii in II Sententiarum*, d. 19, B a. 4, éd. BORGNET, p. 333-334, ainsi que F a. 5, p. 337 : « Utrum sine peccato mori poterat Adam ? » Adam mange sans faim… C'est sa raison qui lui dicte de manger, comme de s'unir à Ève.

3. Voir *Ibid.*, d. 20 C a. 5, éd. BORGNET, p. 345 : « Quinto quaeritur, utrum fuissent in eis resolutiones superfluitatum, sicut pollutiones, menstrua, et egestiones, et urinae et sudores, et hujusmodi ? Et videtur quod non : quia haec foeditatem quamdam important, quae foeditas poenam dicit : poena autem peccatum esse non potuit. […] Dicendum quod quaedam resolutiones attestantur superfluitati corrumpenti vel debilitanti retentivae virtutis : et illae non fuissent in primis parentibus, sicut pollutio, menstruum, et sudores, et hujusmodi. Quaedam autem sunt naturales, ut stercus et urina, et sputum et hujusmodi : et illae fuissent, ut puto, tamen sine pudore et foetore foeditatis. Et per hoc patet solutio, quia sic habere resolutiones non est poena. »

4. Voir BONAVENTURE, *II Sent.*, d. 19, a. 2, q. 1, resp. ad arg. 3 (éd. Quaracchi II, p. 466), et surtout d. 20 q. 2, resp. (éd. Quaracchi II, p. 480). Sur cette question, voir L. SOLIGNAC, « Les humeurs d'Adam selon saint Bonaventure », in *La Figure d'Adam de saint Paul à Jean-Louis Chrétien*, éd. L. SOLIGNAC, Paris, Hermann, 2015, p. 79-99.

unième distinction, sur une étude des principes de l'action humaine et sur la théologie morale.

Que dire pour conclure si ce n'est que, malgré les problèmes qu'elle pose, la place de l'homme dans la nature est peut-être moins difficile à penser que les saillies du monde sensible en l'homme jusqu'en ses hauteurs spirituelles. C'est dire la profondeur de l'appartenance réciproque du monde sensible et de l'être humain, pour le meilleur et pour le pire : si le monde sensible est affecté, positivement ou négativement, par les aléas de la nature humaine, il prend sa revanche, semble-t-il, dans l'insistance avec laquelle il se rappelle au bon souvenir d'un être humain souvent tenté de fuir sa condition. Cette coappartenance n'a donc rien d'aisé ni de stable, et par cela même ne saurait être identifiée à l'opposition moderne claire et distincte de la nature et de la culture.

CURSUS NATURAE ET GRÂCE : L'ESSOR DU SURNATUREL SELON SAINT THOMAS D'AQUIN

PIOTR ROSZAK

Saint Thomas a vécu à une époque où un nouveau concept de nature émergeait dans la théologie médiévale, résultat d'une assimilation approfondie des œuvres d'Aristote par les penseurs chrétiens [1]. Cette assimilation signifiait également une adoption plus large du cadre conceptuel du Stagirite dans lequel la « nature des choses » jouait un rôle important, donnant ainsi lieu à des questions métaphysiques qui n'avaient pas été soulevées auparavant. Les choses sont-elles telles qu'elles sont parce que chaque nature est directement déterminée par le Créateur, ou ont-elles quelque chose de propre devant Dieu (*apud Deum*) ? Si les choses peuvent exister dans leur propre nature (*esse in propria natura*) et ont existé auparavant en Dieu, comment la grâce devient-elle présente dans les êtres créés ? Modifie-t-elle la nature en lui ajoutant un certain supplément ontologique, ou se contente-t-elle d'assister l'action naturelle et n'intervient-elle que lorsque la nature dégénère ou se trouve face à des choses qui la dépassent ? Quelle est la relation de Dieu à la nature et à son *cursus* ?

Dans les périodes antérieures, le débat théologique sur la grâce avait surtout donné lieu à des réflexions sur les effets de la grâce, c'est-à-dire sur la justification de l'homme, un excellent exemple étant les vues de saint Augustin. Les efforts de l'Aquinate, comme le note Karl-Heinz

1. P. PORRO, *Thomas Aquinas : A Historical and Philosophical Profile*, trad. angl. J. G. TRABBIC – R. W. NUTT, Washington DC, Catholic University of America Press, 2016.

Menke, seraient alors une tentative de surpasser Augustin tout en restant fidèle à ses idées dans leurs aspects fondamentaux[1]. Il n'est donc pas surprenant que lorsque l'Aquinate aborde ce sujet, il fasse référence au *De natura et gratia* d'Augustin dans pratiquement tous les cas, même si ses conclusions ne sont pas toujours augustiniennes.

Soulever de telles questions au XIIIe siècle exigeait déjà une grande précision dans la définition de l'action de la grâce par rapport à la nature, dont on pense que l'opération découle de l'essence de l'être, c'est-à-dire de ce qu'une chose donnée est par nature. En outre, il fallait s'opposer non seulement aux tendances « occasionnalistes » (comme on les appellera plus tard) typiques de la philosophie arabe médiévale, dans laquelle il n'y avait pas de notion d'action propre de la création, mais aussi au volontarisme du Moyen Âge tardif (qui sera suivi plus tard par la théologie protestante) selon lequel la grâce remplaçait une nature souillée par le péché et incapable d'agir par elle-même. C'est à cette époque qu'est née l'idée de la tension et de la dichotomie entre la nature (naturalisme) et la grâce. Il convient de noter ces « coordonnées » de la situation théologique dans laquelle saint Thomas a fait entendre sa voix, car il tentait de répondre à une question fondamentale : La nature est-elle suffisante ou a-t-elle besoin de la grâce, et si oui, dans quels cas ?

Le naturalisme qui existait dans l'Europe du XIIIe siècle se basait sur une notion particulière de la nature qui a subi des transformations depuis l'époque patristique, sans parler de l'époque moderne, où elle a conduit à une situation où le naturalisme devient synonyme de manque de foi (ce terme est préféré, par exemple, par les nouveaux athées qui préfèrent éviter le terme péjoratif *a-théiste* en faveur d'un message positif sur la valeur/affirmation de la nature[2]).

Compte tenu de ce qui précède, il est logique de considérer d'abord le caractère du naturalisme médiéval, et en particulier la notion même de « nature » que l'on trouve chez Thomas d'Aquin, puis de s'interroger sur la relation de la grâce à la nature, y compris la question de la grâce créée et incréée.

1. K.-H. MENKE, *Teología de la gracia : El criterio del ser cristiano*, trad. esp. C. RUIZ-GARRIDO, Salamanca, Ediciones Sígueme, 2006.

2. P. ROSZAK – F. CONESA, « Nowy ateizm : czy rzeczywiście nowy? Analiza argumentów i wyzwań dla współczesnej teologii », *Teologia i Człowiek*, t. 25/1, 2014, p. 79-100.

La nature ne suffit-elle pas ? Une discussion sur la signification du *cursus naturae*

Le concept de nature que l'on trouve chez les philosophes classiques est beaucoup plus large que celui utilisé dans la science moderne, pour laquelle – après Descartes et son traitement de la matière en tant que substance étendue (*res extensa*) – tout le reste (par exemple l'énergie ou la motivation) est devenu, en un sens, *supra-naturel*. Les différences, comme l'a noté John Cottigham [1], ne consistent pas à identifier un dynamisme différent qui opère dans la nature; elles concernent plutôt la compréhension même de la nature. Ce qui sous-tend ce changement est la conviction métaphysique que le surnaturel en tant que tel doit être rejeté. En revanche, les premières conceptualisations médiévales ne partaient pas d'un tel point de départ dialectique mais téléologique. Comme Thomas le répétera après Aristote, la nature ne fait rien en vain (*frustra* [2]), elle a donc sa propre causalité. Par conséquent, vivre conformément à la nature (*vivere secundum naturam*) se rapporte à un ordre objectif qui doit être interprété et assimilé. La nature ainsi comprise est capable de grâce (*capax gratiae*) et ne diminue pas lorsqu'elle rencontre cette dernière : le surnaturel ne s'oppose pas à la nature mais l'élargit en se référant à une finalité qui va au-delà de la nature elle-même (ou au-delà de la « naturalité » de la nature) [3].

Cette approche de la théologie médiévale a donné naissance à un type particulier de naturalisme non exclusif qui a trouvé son expression dans le concept médiéval de la science, qui s'appuyait sur des causes naturelles dans sa quête de la vérité [4]. Pour les philosophes scolastiques, l'explicabilité et la rationalité du monde témoignaient du fait que

1. J. Cottingham, « Which Naturalism? », *New Blackfriars*, t. 103, n° 1107, September 2022, p. 581-596.

2. Thomas d'Aquin, *Contra Gentiles*, Taurini – Romae, Marietti, 1961, lib. 2, cap. 55, n. 13 : « natura enim nihil facit frustra ». Voir aussi id., *Summa theologiae*, trad. Fathers of the English Dominican Province, New York, Benziger Brothers, 1947, II-II, q. 158, a. 8, ad 2; id., *Sententia libri Politicorum*, Romae, Ad Sanctae Sabinae, 1971, lib. 1, l. 1, n. 28. Nota bene : les œuvres de Thomas d'Aquin sont accessibles en ligne sur le site : http://www.corpusthomisticum.com.

3. Thomas d'Aquin, *Super secundam Epistulam ad Corinthios lectura*, cap. 5, l. 1. See also M. L. Pulido, « La naturaleza de la *natura* : una apunte sobre mística y ciencia en el franciscanismo medieval de la Península Ibérica », *Scientia et Fides*, t. 6/2, 2018, p. 129-146.

4. M. H. Shank, « Naturalist Tendencies in Medieval Science », in *Science without God? Rethinking the History of Scientific Naturalism*, éd. P. Harrison – J. H. Roberts, Oxford, Oxford University Press, 2019.

l'univers avait été créé par le Logos, fournissant ainsi une base pour des déductions concernant l'existence de Dieu. Ce n'étaient pas les déficiences ou les insuffisances de la nature, mais sa plénitude et son caractère téléologique qui fournissaient un argument à l'appui de l'existence du Dieu Logos (*cf.* Jn 1,1).

Le concept large de la nature comme *ars divina* et *ut paucioribus*

Comme nous l'avons vu plus haut, le concept classique de la nature ne suppose pas la préexistence d'un monde naturel (qui est étendu comme chez Descartes) auquel s'ajoutent ensuite d'autres êtres qui l'habitent. Dans cette conception (que certains chercheurs comme Fiona Ellis qualifient aujourd'hui de « naturalisme expansif »), le monde de la création est une entité unique.

Le concept de nature développé par saint Thomas se rattache au concept aristotélicien qui provient de la critique des idées platoniciennes jugées insuffisantes pour expliquer la variabilité des êtres sensibles (pour le Stagyrite, ces idées étaient des métaphores qui ne parvenaient pas à fournir une explication causale, ce qui est l'essence de la science). Cette conception de la nature, que l'on retrouve plus tard dans le commentaire de Thomas sur la *Physique*, se fonde sur une distinction entre les êtres naturels et les êtres artificiels, selon laquelle les premiers contiennent en eux-mêmes la raison de leurs changements, tandis que les seconds ne la contiennent pas [1], d'où la conviction que la nature est un principe ou une cause de mouvement qui appartient à l'être même qui est sujet au changement (et non à quelque chose d'extérieur). Il ne s'agit pas de quelque chose d'accidentel mais de quelque chose qui appartient à l'être de manière primaire, en raison de l'être lui-même (bien que cela ne doive pas être compris en termes physiques comme signifiant que le principe est contenu dans l'être). Par conséquent, réduire la matière pure à la nature est insuffisant, c'est pourquoi il serait en fait plus approprié de traiter la « forme » métaphysique comme une nature. Quoi qu'il en soit, Aristote laisse pour ainsi dire ouvertes les deux conceptions de la nature – comme matière et comme forme. Ce faisant, il s'oppose à la

1. S. G. Di Camillo, « La noción de naturaleza en Aristóteles en el marco de sus críticas a Platón », *Revista Latinoamericana de Filosofía*, t. 47/2, 2021, p. 311-329.

simple acceptation du Démiurge en tant que cause externe qui conditionne la nature dans son fonctionnement, et pointe donc vers des principes internes qui expliquent l'action d'un être. Une créature n'est pas un simple reflet de quelque chose d'autre, une manifestation ; au contraire, elle a une efficacité propre et, dans une certaine mesure, reste indépendante dans sa liberté. C'est avec une telle créature que la grâce de Dieu peut établir une alliance, pour utiliser un terme biblique, et cette alliance est la manière appropriée d'entrer en relation avec la grâce.

À première vue, le type de « naturalisme » qui a commencé à émerger dans l'Europe médiévale pourrait sembler plus difficile à interpréter théologiquement que le platonisme avec son exemplarisme qui exigeait explicitement l'existence du Démiurge pour expliquer la création des choses. Thomas d'Aquin, cependant, a prouvé que le concept aristotélicien de la nature fournissait également une perspective importante pour la compréhension de l'action de Dieu, loin du traitement naïf qui ferait du Créateur une cause parmi les causes physiques. Les réflexions sur la causalité primaire et secondaire ont joué un rôle crucial à cet égard (bien qu'aujourd'hui, on affirme à nouveau que si Dieu agit sur le monde, il doit être une cause qui a un point de contact commun avec d'autres causes, point de vue qui contredit la transcendance de Dieu).

En résumé, il convient de souligner que saint Thomas propose de nombreux points de vue sur la nature (en fonction des aspects qui l'intéressent dans ses débats philosophiques et théologiques, comme celui sur le mérite), comme il le démontre au début de son *Commentaire sur les Sentences* en invoquant l'opinion de Boèce, selon qui la nature est *omne quod est, vel substantia vel accidens* (définition suivant laquelle même la grâce fait partie de la nature) ou que la nature est *principium motus et quietis ipsius in quo est*[1]. Dans ce dernier contexte, l'être naturel (*esse naturale*) est ce qui est ou peut être le résultat de causes naturelles. La nature est un principe opératoire et directeur, intrinsèque à chaque être individuel.

Parmi les différentes conceptions de la nature présentées par saint Thomas, deux méritent une attention particulière. La première invoque l'art et compare la nature à celui-ci, ou en fait à la *ratio artis*, en soulignant la capacité de la nature à agir plutôt qu'à rester inerte. Pour

1. THOMAS D'AQUIN, *Scriptum super libros Sententiarum* [désormais *Super Sent.*], lib. 1, d. 17, q. 1, a. 1, ad 8.

Thomas, la nature est *motio in Deum*, et donc le mode d'existence de tout être en marche vers Dieu. Évidemment, le mouvement est une catégorie métaphysique et dénote la capacité de changer plutôt que le simple fait de se déplacer localement. Dans son *Commentaire sur la Physique* d'Aristote, l'Aquinate définit la nature comme étant

> rien d'autre qu'un certain art, c'est-à-dire l'art divin, imprimé aux choses, par lequel ces choses sont mues vers une fin déterminée. C'est comme si le constructeur de navires pouvait donner aux bois ce qui leur permet de se mouvoir pour prendre la forme d'un navire [1].

Comme le souligne Mariano Artigas, cette conception de la nature comme d'une force dynamique qui attribue sa propre causalité à la création est une contribution précieuse et toujours valable de l'Aquinate aux débats sur la relation entre la science et la religion [2]. La nature représente une poursuite dynamique de la perfection au lieu d'un équilibre statique, et saint Thomas en tire souvent des conclusions théologiques, comme celles qu'il propose dans l'un de ses commentaires de la première lettre de saint Paul aux Corinthiens, où il affirme qu'il est naturel de passer de l'imperfection à la perfection, de ce qui est animal à ce qui est spirituel [3].

Pour en venir à la deuxième conception, Thomas considère également la naturalité comme un phénomène qui se produit le plus souvent dans le cours des événements, ce qui signifie que toute action hors du commun ne contrevient pas tant à la nature qu'au cours le plus fréquent des événements. C'est la distinction entre *ut paucioribus et in pluribus* (comme le note Ignacio Silva [4]) que saint Thomas applique dans son *De potentia* pour expliquer le mal ontologique (par exemple,

1. THOMAS D'AQUIN, *Commentaria in octo libros Physicorum Aristotelis*, lib. 2, cap. 8, l. 14, n. 268 ; trad. angl. R. J. BLACKWELL – R. J. SPATH – W. E. THIRKEL, *in* THOMAS AQUINAS, *Commentary on Aristotle's Physics*, Notre Dame, Dumb Ox Books, 1999.

2. M. ARTIGAS, *The Mind of Universe. Understanding Science and Religion*, London, Templeton Foundation Press, 2006. Voir aussi R. MARTÍNEZ, « The Concept of Nature between Science and Theology : The Need for an Epistemological Mediation », in *Studies in Science and Theology*, vol. 3 : *The Concept of Nature in Science and Theology*, Part I, éd. N. H. GREGERSEN – M. W. S. PARSONS – C. WASSERMANN, Geneva, Labor et Fides, 1995, p. 66-77.

3. THOMAS D'AQUIN, *Super primam Epistulam ad Corinthios* [désormais *Super I Cor.*], cap. 15, l. 7.

4. I. SILVA, « A Cause Among Causes ? God Acting in the Natural World », *European Journal for Philosophy of Religion*, t. 7/4, 2015, p. 99-114.

comment traiter le fait d'avoir six doigts au lieu de cinq[1]). Paradoxalement, les privations du bien sont donc naturelles pour les êtres naturels[2].

Par conséquent, le concept de nature comprend un certain nombre d'actions caractéristiques que saint Thomas cite comme indicatives de la naturalité, telles que *Natura enim operatur breviori via qua potest, et hoc ad ordinationem naturae pertinet*[3]. La propension à choisir les chemins les plus courts vers ses objectifs semble « naturelle » à Thomas.

Il est important de noter qu'il existe plusieurs différences par rapport au concept de nature d'Aristote, la première étant l'ouverture causale du monde qui résulte du fait que Dieu est transcendant et qu'il a non seulement créé (placé) les êtres avec leurs natures dans le monde, mais qu'il continue également à les guider, ce qui signifie qu'il n'y a pas de destin mais un univers ouvert. La deuxième différence concerne la question du hasard dans la nature. Pour l'Aquinate, le hasard n'existe pas de manière absolue, mais uniquement de manière psychologique. La nature, en tant que manifestation de l'œuvre de Dieu, ne fait pas d'erreur et ne s'écarte pas de sa finalité (ce qui était possible selon Aristote). Par conséquent, les interventions de Dieu – comme les miracles – ne sont pas une rupture si elles sont considérées dans la perspective de la volonté de Dieu, qui n'est pas déterminée.

NATURELLEMENT SURNATUREL ? LE DIFFÉREND CONTEMPORAIN SUR LA QUESTION DE SAVOIR SI LA GRÂCE EST LA FIN DE LA NATURE

La dispute autour de la compréhension extrinsèque ou intrinsèque de la grâce a été au centre du débat théologique sur la relation entre la nature et la grâce qui a eu lieu au XXe siècle et qui a invoqué l'œuvre de l'Aquinate. La controverse portait sur la question de savoir si la grâce était ou non « dans » la nature, cachée en elle, ce qui impliquait que la nature sans la grâce ne pouvait être pleinement elle-même. Cette controverse a trouvé son expression dans une question concernant la fin de la nature, c'est-à-dire s'il y avait deux fins – une naturelle et une

1. THOMAS D'AQUIN, *Quaestiones disputatae de potentia* [désormais *De potentia*], q. 3, a. 6, ad 5.

2. THOMAS D'AQUIN, *Super Sent.*, lib. 2, d. 34. q. 1, a. 5 expos.

3. *Ibid.*, lib. 4, d. 2, q. 1, a. 4, qc. 1, arg. 1.

surnaturelle – ou une seule fin surnaturelle [1]. En d'autres termes, le débat visait à résoudre le problème de savoir si la nature avait sa propre fin naturelle, atteignable sans la grâce, qui la comblerait au niveau naturel (du fait que la nature ne fait rien sans but) ou si la nature avait dès le début aspiré à quelque chose de plus, restant d'une certaine manière incomplète sans la grâce. En conséquence, la discussion a porté sur la notion de *natura pura*, un concept qui était apparu chez les néothomistes pour exprimer l'opération de la grâce et le changement qu'elle opère sur la nature et qui était également utilisé en christologie comme un terme technique pour désigner ce que le Christ avait accepté dans l'Incarnation (c'est-à-dire le type de nature humaine qu'il avait adopté, avec ou sans péché, et – puisqu'il n'y avait pas eu de péché dans le Christ – il ne pouvait avoir adopté qu'une « nature pure »).

Cette dispute formulée et développée par Henri de Lubac [2], touchait au cœur de la doctrine sur la grâce et son rapport à la nature (avec certaines implications concernant, par exemple, des questions aussi banales que le sens de la laïcité caractérisée par une affirmation de l'autonomie du monde créé). Il s'agissait de comprendre le désir naturel de Dieu et sa connaissance que saint Thomas avait mis en évidence dans ses œuvres et qui, d'un certain point de vue, suggérait que la grâce était une forme extraordinaire d'assistance accordée uniquement lorsqu'une personne était incapable de faire face aux difficultés. Certains chercheurs ont proposé une solution basée sur la conviction que, puisqu'il y avait un bien de nature et un bien de grâce, il fallait parler de deux fins – ce que d'aucuns ont reproché à Thomas en référence à la doctrine du limbe (*limbus*) comme état de bonheur naturel des enfants morts avant d'être baptisés. Une réflexion sur les textes de l'Aquinate – considérés sans être isolés du contexte plus large du fait que la création de l'homme a eu lieu dans la grâce [3] et que cette grâce a ensuite été perdue à cause du péché (le péché réel d'Adam affectant toute la nature, contrairement au péché en acte d'aujourd'hui, qui conduit de la nature à son application dans une personne) – révèle que la nature blessée a besoin de la grâce même

1. S. A. LONG, *Natura Pura : On the Recovery of Nature in the Doctrine of Grace*, New York, Fordham University Press, 2010, p. 13.

2. H. DE LUBAC, *Surnaturel. Études historiques*, Paris, Aubier, 1946.

3. P. ROSZAK, « Thomas Aquinas on Life in Paradise and Its Anthropological Significance », *Archa Verbi*, t. 17, 2020, p. 65-88.

pour son fonctionnement naturel[1]. Et la grâce, à son tour, étant accordée « pour la nature », s'étend sur quelque chose qui dépasse les capacités naturelles. Par conséquent, il était naturel pour l'homme d'opérer dans la grâce, et la question du sort ultérieur de la nature des peuples après la chute ne porterait pas tant sur la grâce en tant que telle, que sur les dons supplémentaires que le premier peuple avait reçus de Dieu (outre la grâce) :

> Et donc nous devons dire que dans l'état de nature parfaite, l'homme n'avait pas besoin du don de la grâce ajouté à ses dons naturels, pour aimer Dieu par-dessus toutes choses naturellement, bien qu'il eût besoin de l'aide de Dieu pour l'y pousser ; mais dans l'état de nature corrompue, l'homme a besoin, même pour cela, du secours de la grâce pour guérir sa nature[2].

Compte tenu de ce qui précède, la nature est capable de grâce (*capax gratiae*[3]), ou, en d'autres termes, elle possède une aptitude à recevoir la grâce (*congruitas ad gratiam*[4]), tandis que la grâce – comme l'indique le *Commentaire des Sentences* – devient une quasi-disposition de la nature à la gloire[5]. En vertu de la création en grâce mentionnée ci-dessus, la nature est orientée vers la grâce, ce qui, dans une certaine mesure, rend l'homme « naturellement surnaturel ». Par conséquent, les actions accomplies par la grâce de la création, bien que qualifiées de naturelles, ne sont pas absolument indépendantes, et la lumière naturelle qui permet de connaître le monde est aussi l'œuvre de Dieu[6] :

> Dieu a ordonné à la nature humaine d'atteindre la fin de la vie éternelle, non par sa propre force, mais par le secours de la grâce ; et de cette façon, son acte peut être méritoire de la vie éternelle[7].

Dans ce contexte, l'Aquinate explique qu'être hors de la « proportion » de la nature signifie être au-delà du pouvoir de la nature, et non pas au-delà de la nature elle-même.

1. La grâce concerne les actes personnels et non la nature en tant que telle, c'est pourquoi il est impossible de rétablir la justice originelle, car cela impliquerait de violer les principes de la nature. THOMAS D'AQUIN, *Super Sent.*, lib. 2, d. 21, q. 2, a. 2, ad 5.
2. THOMAS D'AQUIN, *Summa theologiae* [désormais *ST*], I-II, q. 109, a. 3 co.
3. *Ibid.*, q. 113, a. 10 co. : « naturaliter anima est gratiae capax ».
4. THOMAS D'AQUIN, *Super Psalmo 50*, n. 6 : « Item nota, quod in homine duo sunt ; scilicet culpa, ex qua dignus est poena, et natura, ex qua habet congruitatem ad gratiam ».
5. THOMAS D'AQUIN, *Super Sent.*, lib. 1, d. 17, q. 1, a. 3, ad 3.
6. THOMAS D'AQUIN, *ST* I-II, q. 109, a. 1, ad 2.
7. *Ibid.*, q. 114, a. 2.

Cependant, la conclusion de Thomas selon laquelle la nature est ouverte à la grâce traduit également sa conviction que l'on ne peut pas établir le rapport entre la nature et la grâce de manière dialectique, comme on peut le voir, par exemple, dans la dispute sur le rapport entre la vertu de religion et la vertu théologique de foi. Si ce rapport devait être un rapport de discontinuité, de remplacement de l'un par l'autre, cela entraînerait le risque de ce que Thomas Joseph White a appelé « an acute grace-nature extrinsicism » [1].

Thomas est convaincu de l'intégrité de la nature en soi. Il croit que certaines activités sont capables de se développer avant l'obtention de la grâce (même si ce n'est pas à un degré parfait), et c'est là qu'il diffère de saint Augustin. Comme le fait remarquer Tyler Pellegrin, cet écart par rapport aux idées d'Augustin est cependant de bon aloi : si saint Thomas le critique, il le cite néanmoins dans l'exposé des motifs, mais dans un nouveau contexte. Thomas résout le dilemme classique de saint Augustin – les vertus existent-elles chez les païens s'ils ne connaissent pas la plénitude dans le Christ ? –, en concluant que les vertus des païens sont vraies mais non pleines [2] et que, dans ce sens, la nature présuppose la grâce.

Ainsi, comme l'ont démontré Seckler et Bouillard [3], il n'y a pas d'étape intermédiaire entre la nature et le surnaturel chez saint Thomas, car l'aide de Dieu est un mouvement transcendant – effectué par Dieu – de la création vers le bien. Cet *auxilium* est une dimension intrinsèque du retour de la création à son Créateur. Le cadre de « l'histoire du salut » permet de saisir les aspects théologiques : la grâce est inscrite dans le retour de la création au Créateur qui se fait en Christ, ce qui signifie que la grâce reste toujours personnelle. Contrairement aux accusations de Luther, Thomas ne peut être étiqueté comme quelqu'un qui croit que la grâce est une force surnaturelle dépersonnalisée et dématérialisée, réifiée. La grâce du Christ en tant que Tête de l'Église est profondément significative à cet égard, et le Christ dans sa nature humaine n'est pas

1. T. J. WHITE, « Nature, Grace, and the Virtue of Religion », in *The Oxford Handbook of Sacramental Theology*, éd. H. BOERSMA – M. LEVERING, Oxford, Oxford University Press, 2015, p. 577-579.

2. T. PELLEGRIN, « Grace Presupposes Nature : The Structure of the Summa and an Illustration by the Virtue of Patience in Light of Christ », *European Journal for the Study of Thomas Aquinas*, t. 39/1, 2021, p. 61-78.

3. H. BOUILLARD, *Conversion et grâce chez saint Thomas d'Aquin*, Paris, Aubier, 1944 ; M. SECKLER, *Das Heil in der Geschichte : Geschichts-theologisches Denken bei Thomas von Aquin*, München, Kösel, 1964.

seulement le « restaurateur de la nature » (*reparator naturae*), il est aussi la « source de la grâce » (*gratiae propagator*) [1]. Ainsi, l'universalité de la grâce est révélée, car il n'y a personne dans l'Église qui ne participe à quelque grâce de l'Esprit Saint [2].

La relation de Dieu au cursus naturae

Après avoir exposé la conception métaphysique de la nature et les questions théologiques qui en découlent, il est maintenant possible d'examiner la question du cours ordinaire de la nature (*cursus naturae*) et la relation que Dieu entretient avec lui en tant que Cause Première.

Thomas souligne fermement que si Dieu ne fait rien de contraire à la nature [3], il peut dans certains cas faire des choses contraires au *cursus naturae* [4]. Ceci, à son tour, ne découle pas du fait que Dieu doit, de manière extrinsèque en quelque sorte, respecter quelque chose d'établi dans la création, mais plutôt du fait que

> ce que Dieu fait n'est pas contraire à la nature; c'est naturel au sens plein du terme. En effet, nous appelons naturel ce qui est causé par un agent auquel le patient est naturellement soumis, même si cela ne correspond pas à la nature spécifique du patient; de même que le flux et le reflux de la mer sont naturels, parce qu'ils sont produits par le mouvement de la lune, auquel l'eau est naturellement soumise, bien que cela ne soit pas naturel à la nature de l'eau [5].

Pour les raisons ci-dessus, Thomas observe que lorsque Dieu fait quelque chose de contraire au cours ordinaire de la nature, il ne perturbe pas l'ordre de l'univers car ce *cursus* provient de l'ordre de la relation d'un être à un autre. Par conséquent, il n'y a rien d'inapproprié à ce que Dieu fasse parfois quelque chose de contraire au système particulier de références afin d'ordonner l'homme par rapport à la fin ultime [6]. Ce n'est

1. THOMAS D'AQUIN, *Compendium theologiae*, lib. 1, cap. 216 co.

2. THOMAS D'AQUIN, *Super I Cor.*, cap. 12, l. 2 : « nullus est in Ecclesia qui non aliquid de gratiis Spiritus sancti participet ».

3. Même si la grâce est divisée contre la nature : « gratia dividitur contra naturam ».

4. THOMAS D'AQUIN, *ST* II-II, q. 104, a. 4, ad 2 : « Deus nihil operatur contra naturam, quia haec est natura uniuscuiusque rei quod in ea Deus operatur ».

5. THOMAS D'AQUIN, *Super Epistolam ad Romanos lectura*, cap. 11, l. 3, n. 910 ; trad. angl. F. R. LARCHER, éd. THE AQUINAS INSTITUTE, 2012, en ligne : https://aquinas.cc/la/en/~Rom. C11.L3.n910.2.

6. THOMAS D'AQUIN, *De potentia*, q. 6, a. 1, ad 21 : « Ad vicesimumprimum dicendum, quod quando Deus agit aliquid contra cursum naturae, non tollitur totus ordo universi, sed

pas injuste, puisque Dieu est le Créateur de cet ordre (tout comme le directeur d'une école ne fait rien d'anormal lorsqu'il réorganise l'ordre des classes, même s'il change l'emploi du temps).

Thomas présente la relation de Dieu à la nature d'une manière intrigante, en rejetant la conviction – plus tard associée ou appelée occasionnalisme – que le pouvoir de Dieu remplace le pouvoir des causes créées. Pour l'Aquinate, les deux sont à l'œuvre, mais à des niveaux différents. Dieu accompagne la nature avec douceur et vigueur (*suaviter et fortiter*) et guide chaque chose vers sa fin : Il travaille dans toutes les créatures sans nier leur identité en les insérant dans le dessein plus vaste et plus profond d'un ordre transcendant [1].

Dieu n'a pas besoin de surveiller chaque grain de semence et de le faire croître, puisque ces processus naturels ont leur propre *cursus*. Dans ce contexte, alors qu'il examine la question de la « naturalité de la résurrection » dans son *Commentaire sur la Première Lettre aux Corinthiens*, Thomas observe l'intention de l'Apôtre de s'assurer que personne ne pense que « de tels effets naturels découlent uniquement de la volonté de Dieu sans l'activité ni la proportion de la nature », c'est pourquoi il ajoute « et à chaque graine son corps propre » [2]. Ainsi, même un corps ressuscité est, dans une certaine mesure, naturel aux mérites du mourant.

La relation entre la nature et la grâce selon Thomas d'Aquin

On trouve dans les œuvres de Thomas un certain nombre d'expressions fortes qui révèlent la nécessité de la grâce pour la création, comme *homo sine gratia nihil est* (« l'homme n'est rien sans la grâce » [3]). Mais en même temps, il utilise à plusieurs reprises – même dans les *obiectiones* – certaines expressions qui traduisent sa perception de la nature en termes d'opposition à la grâce, la grâce étant supérieure à la nature sur un point particulier, par exemple :

cursus qui est ex ordine unius particularis rei ad aliam. Unde non est inconveniens, si aliquando contra cursum naturae aliquid fiat ad salutem hominis, quae consistit in ordinatione ipsius ad ultimum finem universi ».

1. *Cf.* G. TANZELLA-NITTI, « The Aristotelian-Thomistic Concept of Nature and the Contemporary Debate on the Meaning of Natural Laws », *Acta Philosophica*, t. 6, 1997, p. 237-264 ; ID., « Nature as Creation », *Philosophy in Science*, t. 6, 1995, p. 77-95.

2. THOMAS D'AQUIN, *Super I Cor.*, cap. 15, l. 5, n. 974.

3. *Ibid.*, l. 1.

- *ordo gratiae est decentior quam ordo naturae* (arg.; « l'ordre de la grâce est plus conforme à l'ordre de la nature »)[1] ;

- operatio gratiae non minus ordinate procedit quam operatio naturae. Sed natura semper initium sumit a perfectis ut Boetius dicit, in libro de Consolatione (« L'opération de la grâce procède de manière ordonnée non moins que l'opération de la nature. Or, la nature commence toujours par les choses parfaites, comme le dit Boèce dans De Consolatione »)[2] ;

- *operatio gratiae est multo ordinatior quam operatio naturae* (arg.; « L'opération de la grâce est beaucoup plus ordonnée que l'opération de la nature »)[3].

Cela soutient l'opinion selon laquelle la nature est ordonnée de manière appropriée. Dans des termes similaires, Thomas définit également la relation de la nature à la grâce en comparant l'opération de la grâce à l'action de la forme sur la matière (*natura perficitur per gratiam sicut materia per formam*[4]) et en rappelant le fait que lorsque la grâce vient à la nature, elle ne la détruit pas (*gratia enim superveniens naturae non destruit eam*[5]). L'opération de la grâce ne provoque pas une modification ontologique de la nature, même si la première réforme la seconde : comme dans le cas d'une âme dépourvue de corps, son *aptitudo* à éprouver des émotions *ex corpore et cum corpore* n'est pas affectée. Cela découle de la conviction de Thomas que l'homme est réformé (*reformatur*) par la grâce en ce qui concerne les actes personnels et non en ce qui concerne la nature (qui ne peut être perfectionnée que par la grâce)[6].

Thomas exprime la relation entre la grâce et la nature par la phrase *gratia et virtus imitantur naturae ordinem, qui est ex divina sapientia institutus* (« La grâce et la vertu imitent l'ordre de la nature, qui est établi par la sagesse divine »)[7]. L'opération de la grâce ressemble à la nature et l'imite, par exemple dans la manière dont elle affecte les autres. La grâce présuppose (*supponit*) ou est fondée sur (*fundatur*) la nature, il est donc

1. THOMAS D'AQUIN, *ST* II-II, q. 185, a. 4, arg. 2.
2. *Ibid.*, q. 1, a. 7, arg. 3.
3. *Ibid.*, q. 183, a. 2, arg. 2.
4. *Ibid.*, *ST* III, q. 69, a. 8 arg. 3.
5. THOMAS D'AQUIN, *Quaestiones disputatae de veritate* [désormais *De veritate*], q. 24, a. 8, arg. 1.
6. THOMAS D'AQUIN, *Super Sent.*, lib. 3, d. 18, q. 1, a. 4, qc. 2 co.
7. THOMAS D'AQUIN, *ST* II-II, q. 31, a. 3 co.

impossible qu'une contradiction existe entre la raison et la foi, et si c'est le cas, il s'agit d'une perversion de la philosophie. Dans ce contexte, l'Aquinate utilise la célèbre phrase *natura praeambula est ad gratiam* (« La nature est le préambule de la grâce »)[1]. Comment la grâce est-elle liée à la nature ? Comment peut-on la décrire ?

Selon Lawrence Feingold, la grâce se distingue de la nature en ce que

> ce qui est naturel ne peut être retenu sans injustice par rapport à la règle de la sagesse même de Dieu, alors que « l'homme ne subit aucun préjudice si on ne lui donne pas ce qui n'est pas dû à sa nature »[2].

La grâce est donc définie de manière relationnelle, en référence à la puissance de la nature, puisque *ad nihil aliud potuit gratia mensurari nisi ad capacitatem naturae* (« La grâce ne pouvait être mesurée en référence à rien d'autre qu'à la capacité de la nature »)[3].

La grâce comme superaddita, elevatio, supra naturam

Thomas tente de décrire l'action de la grâce sur la nature de plusieurs manières. La plupart des disputes concernant la compréhension correcte de cette relation concernent tous les dérivés de *superaddita*, car ils suggèrent la surnaturalité dans un sens spatial, comme quelque chose d'ajouté (certains pourraient même dire « artificiellement ajouté ») à la nature. Lorsque Thomas utilise cette expression, il ne se réfère pas à la *natura pura*, mais aux effets de la grâce en tant qu'elle renforce la nature et la guide vers la réalisation d'objectifs qui seraient irréalisables sans la grâce[4]. En ce sens, il parle de la relation entre la lumière de l'entendement et la lumière de la foi ou de la prophétie, qui est « appelée lumière de la grâce, en tant qu'elle est ajoutée à la nature »[5]. Pour l'Aquinate, le mot *addit* signifie que la grâce est donnée gratuitement[6], d'où l'addition et, en même temps, la continuation[7]. De plus, comme le

1. THOMAS D'AQUIN, *Super Boetium de Trinitate*, q. 2, a. 3 co.

2. L. FEINGOLD, *The Natural Desire to See God According to Saint Thomas Aquinas and His Interpreters*, Naples (Fl.), Sapientia Press, 2010, p. 225.

3. THOMAS D'AQUIN, *Super Sent.*, lib. 2, d. 3, q. 1, a. 6, expos.

4. THOMAS D'AQUIN, *Compendium theologiae*, lib. 2, c. 4.

5. THOMAS D'AQUIN, *ST* I-II, q. 109, a. 1.

6. THOMAS D'AQUIN, *Super Sent.*, lib. 1, d. 20, q. 1, a. 3, qc. 2 expos.

7. F. C. BAUERSCHMIDT, *Holy Teaching: Introducing the* Summa Theologiae *of St. Thomas Aquinas*, Grand Rapids (MI), Brazos Press, 2005, p. 38.

souligne l'Aquinate, cette addition est également symbolique de l'acte de perfectionnement :

> D'où: l'acte de raisonner procède de quelque chose de préalablement compris. Or, le don de la grâce ne procède pas de la lumière de la nature, mais il s'y ajoute pour la perfectionner. C'est pourquoi cette addition n'est pas appelée raison mais intelligence, puisque la lumière supplémentaire est, par rapport à ce que nous connaissons surnaturellement, ce que la lumière naturelle est par rapport aux choses que nous connaissons d'abord [1].

Un autre terme utilisé pour décrire la relation de la grâce à la nature est le verbe excéder (*excedere*), bien que cela ne signifie pas que la nature n'a pas d'importance en ce qui concerne la façon dont cette grâce est reçue (puisque la substance affecte les actes). Pour Thomas, un exemple type est la nature des anges, dont la supériorité (*superioritas*) par rapport à la nature humaine conduit à un péché plus impardonnable que la surabondance de la grâce [2]. Quand il parle du fait que la grâce dépasse la nature, Thomas se réfère à ce que la grâce apporte avec elle : la participation à la nature divine. Il explique cela comme suit :

> Je réponds que rien ne peut agir au-delà de son espèce, puisque la cause doit toujours être plus puissante que son effet. Or, le don de la grâce dépasse toute capacité de la nature créée, puisqu'il n'est rien d'autre qu'une participation à la nature divine, qui dépasse toute autre nature. Il est donc impossible qu'une créature quelconque soit la cause de la grâce [3].

Thomas dit aussi que « la grâce élève l'homme à une certaine vie qui est au-dessus de la condition de toute nature créée » [4]. La nécessité de la grâce est déjà révélée dans l'image de la cité terrestre et céleste (synonyme de vie terrestre et éternelle), puisque – comme le souligne Thomas – la nature seule ne suffit pas pour devenir un citoyen de cette cité et doit être élevée par la grâce de Dieu. Les vertus des citoyens de la cité ne sont pas acquises par des capacités naturelles, elles sont données par la main de Dieu [5].

1. THOMAS D'AQUIN, *ST* II-II, q. 8, a. 1, ad 2.
2. THOMAS D'AQUIN, *Super Sent.*, lib. 2, d. 21, q. 2, a. 2, ad 4.
3. THOMAS D'AQUIN, *ST* I-II, q. 112, a. 1 co.
4. THOMAS D'AQUIN, *Super Sent.*, lib. 4, d. 5, q. 1, a. 3, qc. 1 co.
5. THOMAS D'AQUIN, *Quaestiones disputatae de virtutibus*, q. 1, a. 9 co.

En une autre occasion, Thomas souligne que la grâce complète certaines actions qui ont leurs principes dans la nature mais n'y atteignent pas leur plénitude. Ici, l'Aquinate s'aventure dans le domaine de la vie des vertus, comme la *docilitas*, qui obtient son complément par la grâce[1]. La grâce provoque une croissance plutôt qu'une réduction de la nature, ce qui peut être observé, par exemple, dans la réception des sacrements comme signes efficaces de la grâce[2].

Dépasser la vision extrinsèque de la relation entre la nature et la grâce

Pour Thomas, la grâce est plus parfaite que la nature (*gratia est perfectior quam natura*[3]), donc la présence de la grâce ne peut pas rendre les choses pires qu'elles ne le sont dans la nature seule, où, grâce à la lumière de la raison naturelle, on est capable de comprendre la vérité et de porter un jugement sur elle. Bien au contraire, la grâce est la perfection de la nature et ne peut donc pas être sa destruction[4]. La grâce apporte la croissance, permettant à la nature d'agir proportionnellement à un but qui dépasse ses capacités, rendant ainsi le « mérite » tout à fait possible[5].

Les dons de la grâce sont décrits comme perfectifs de la nature (*perfectivum naturae*), ce qui signifie qu'il est possible de distinguer les ordres sur la base de la relation entre les deux (c'est-à-dire la nature et la grâce), qui ressemble en un sens à la relation entre le principe matériel (dispositif) et le principe formel[6]. Cette correspondance ne peut toutefois pas être appliquée dans les deux sens, car elle ne concerne que le rapport de la grâce à la nature : tirer des conclusions inverses serait invalide selon saint Thomas[7]. Lorsqu'un homme reçoit la grâce, cette grâce est une perfection personnelle (*gratia perfectio personalis*[8]).

Par conséquent, non seulement la grâce bénéficie à la nature par le biais d'un « effet secondaire » (par exemple, en lui donnant les moyens

1. THOMAS D'AQUIN, *Super Sent.*, lib. 3, d. 33, q. 3, a. 1, qc. 2, ad 2.

2. THOMAS D'AQUIN, *Contra Gentiles*, lib. 4, cap. 71, n. 5.

3. THOMAS D'AQUIN, *ST* II-II, q. 9, a. 1 co.

4. THOMAS D'AQUIN, *Contra Impugnantes*, cap. 5, ad 10: « gratia est perfectio naturae, unde nihil quod ad gratiam attinet naturam interimit ».

5. THOMAS D'AQUIN, *Super Sent.*, lib. 2, d. 27, q. 1, a. 5, ad 3.

6. *Ibid.*, d. 9, q. 1, a. 7 co.

7. THOMAS D'AQUIN, *De veritate*, q. 29, a. 8, ad 7: « cum gratia sit perfectio naturae, non sic se habet gratia ad naturam sicut e converso. Commutata autem proportio non in omnibus tenet, sed in mensuris continuis vel discretis ».

8. THOMAS D'AQUIN, *Super Sent.*, lib. 3, d. 3, q. 1, a. 1, qc. 1, ad 2.

de résister au péché et à la faiblesse après le péché originel[1]), mais le but de la grâce – qui est de participer à la vie de la Trinité – englobe également le sort futur de la nature. En effet, selon l'Aquinate, la nouvelle création ne se produit pas *ex nihilo* mais *ex vetere*, même si elle reste nouvelle et radicalement différente de celle du passé, car *gratia importet aliquid etiam non naturaliter inhaerens* (« la grâce indique quelque chose qui n'est pas naturellement inhérent »)[2].

En même temps, il est important de noter l'accent mis par Thomas sur la manière dont la grâce opère, agissant de concert avec la nature. Selon lui, « la grâce s'incline à la manière de la nature »[3]. Il s'ensuit que des exemples de comportement naturel peuvent être comparés à la grâce, l'un de ces exemples étant le mouvement naturel : plus il se rapproche de son but, plus il devient intense. Saint Thomas offre une analyse très pertinente de cette interdépendance entre la nature et la grâce en ce qui concerne les anges, en notant dans sa *Summa Theologiae* que

> quand il n'y a rien pour la retarder ou la contrarier, la nature est mue de toute son énergie. Il est donc raisonnable de supposer que les anges, qui avaient une nature supérieure, ont été tournés vers Dieu avec plus de puissance et d'efficacité. La même chose se produit chez les hommes, puisque la grâce et la gloire sont accordées avec plus d'ardeur lorsqu'ils se tournent vers Dieu. Il apparaît donc que les anges, qui avaient les plus grandes forces naturelles, ont eu plus de grâce et de gloire[4].

L'octroi du don de la grâce dépend donc davantage du développement de la nature d'une personne que des œuvres qu'elle accomplit[5]. Il y a en outre un autre aspect, à savoir dans quelle mesure le don de la grâce est déterminé par la nature (c'est-à-dire donné *ex conditione naturae*). Thomas est convaincu que la rectitude (*rectitudo*) ne peut être atteinte dans l'ordre de la grâce sans un alignement parfait au niveau de la nature[6]. Cela signifie que la grâce est un don reçu en proportion du

1. THOMAS D'AQUIN, *Super I Cor.*, cap. 12, l. 1: « Per hoc ergo apparet, quod homo ante susceptam gratiam prompte currit in peccatum sine resistentia ».

2. THOMAS D'AQUIN, *Super Sent.*, lib. 3, d. 13, q. 1 a. 1, ad 1.

3. THOMAS D'AQUIN, *Super Epistolam ad Hebraeos lectura* [rep. vulgata], cap. 10, l. 2: « Gratia autem inclinat in modum naturae ».

4. THOMAS D'AQUIN, *ST* I, q. 62, a. 6 co.

5. THOMAS D'AQUIN, *Super Psalmo 2*, n. 6.

6. THOMAS D'AQUIN, *Quaestiones disputatae de malo* [désormais *De malo*], q. 4, a. 2, ad 22: « Rectitudo enim gratiae non est sine rectitudine naturae ».

mode de la nature, ce qui explique pourquoi la protection et la défense de Dieu sont également nécessaires [1].

Thomas est également conscient du débat sur le fait que Dieu ne refuse pas la grâce à quelqu'un qui fait tout ce qui est en son pouvoir (*si homo facit quod in se est, Deus ei non denegat gratiam* [2]). Ce sujet était présent dans la théologie de son temps, et il l'a lui-même analysé dans divers ouvrages, depuis son *Commentaire sur les Sentences de Pierre Lombard* jusqu'à ses commentaires bibliques. Ici, la réponse de l'Aquinate est nuancée : sa réponse est « non » en ce qui concerne l'*auxilium* opératif, mais « oui » en ce qui concerne la grâce habituelle.

La grâce comme habitus *et* motus : *les implications*

Selon saint Thomas, si la grâce opère *comme* un principe intrinsèque pour les êtres créés, elle provient de l'extérieur et n'est donc pas un produit de la nature (ce qui serait une vision pélagienne). La grâce ne modifie ni ne remplace la nature; elle ressemble plutôt à la relation entre l'âme et le corps (ce que Thomas décrit en termes explicites dans le contexte du mystère de l'Incarnation, notant que la grâce ne contribue en rien à la notion de nature humaine : *Gratia nihil facit ad rationem humanae naturae* [3]).

Thomas observe que « parce que la grâce est au-dessus de la nature humaine, elle ne peut être une substance ou une forme substantielle, mais est une forme accidentelle de l'âme ». Par conséquent, selon lui, la grâce n'est pas une « chose » mais un développement de l'âme qui se produit de manière accidentelle (c'est-à-dire comme quelque chose qui peut être perdu [4]). Il convient de noter que cet argument est soutenu par une conviction qui découle de la connaissance (*ut de scientia patet*) : ce qui est substantiel en Dieu devient accidentel dans l'âme. Par conséquent, lorsque la grâce apparaît dans la volonté humaine, elle le fait sur le mode de cette volonté, comme un accident dans le sujet (*sicut accidens in subiecto*) [5].

1. THOMAS D'AQUIN, *Super Psalmo* 31, n. 7.

2. Thomas offre une explication plus détaillée dans *Super Sent.*, lib. 4, d. 20, q. 1, a. 1, qc. 1 co. ; *De veritate*, q. 24, a. 15 co.

3. THOMAS D'AQUIN, *Super Sent.*, lib. 3, d. 13, q. 3, a. 2, qc. 3, ad 1.

4. THOMAS D'AQUIN, *ST* I-II, q. 110, a. 2, ad 2.

5. THOMAS D'AQUIN, *De veritate*, q. 24, a. 8, ad 6: « gratia secundum esse suum est in libero arbitrio per modum eius sicut accidens in subiecto ».

Ce qui peut être plus important que de comprendre la relation entre la nature et la grâce, c'est la conviction que la gloire est la fin de l'opération de la nature aidée par la grâce. Pour l'Aquinate, cela signifie que la grâce n'est pas la « fin de l'opération », parce qu'elle ne résulte pas du mérite des œuvres, mais un « principe d'opération juste »[1]. L'opération de la grâce – c'est-à-dire la manière dont le surnaturel entre pour ainsi dire dans le naturel – consiste à mouvoir la volonté et à la soutenir pour qu'elle accomplisse des œuvres de mérite qui consistent à faire bon usage de la grâce[2]. Thomas affirme donc qu'il existe deux impulsions : celle de la nature et celle de la grâce, l'une conduisant à la mort et l'autre à la vie[3].

Saint Thomas offre une explication supplémentaire dans son exégèse des paroles de saint Paul – *Ce n'est pas moi, mais la grâce de Dieu qui est avec moi* (1 Co 15,10) –, en citant deux passages cruciaux en référence à l'opération de la grâce dans la nature[4] : Ph 2,13 (*qui operatur in nobis velle*) et Is 26,12 (*omnia opera nostra in nobis operatur*). Ainsi, le recours à la grâce devient le critère clé pour distinguer les bons anges des mauvais anges : le Diable n'a pas péché en voulant se placer au-dessus des autres anges, mais en désirant atteindre l'accomplissement de sa nature, c'est-à-dire le bonheur (*beatitudo*), par la puissance de sa propre nature plutôt que par la grâce[5].

Comme nous l'avons démontré ci-dessus, saint Thomas utilise le concept aristotélicien de nature comme fondement sur lequel il développe sa propre réflexion sur le mode de manifestation de la grâce dans la nature, en essayant d'en cerner précisément l'essence en termes philosophiques. Il évite délibérément la « réification » de la grâce ou, en d'autres termes, l'adoption d'une vision extrinsèque qui réduirait la grâce à une dimension différente de la réalité et ferait de la vie spirituelle une forme d'évasion qui cherche à s'immerger constamment dans la grâce et à abandonner la nature dans le processus. La grâce est donnée à la nature comme un soutien gratuit pour atteindre ce qu'elle ne pourrait pas atteindre par elle-même et pourtant, paradoxalement, à quoi elle aspire. Elle ne supplante pas la nature, mais, comme un accident du

1. THOMAS D'AQUIN, *ST* I, q. 62, a. 3, ad 3.
2. THOMAS D'AQUIN, *Super I Cor.*, cap. 15, l. 1.
3. THOMAS D'AQUIN, *Super Epistolam ad Philipenses lectura*, cap. 1, l. 3.
4. THOMAS D'AQUIN, *Contra Gentiles*, lib. 3, cap. 148, n. 4.
5. THOMAS D'AQUIN, *De malo*, q. 16, a. 3, ad 4.

sujet, elle la modifie en élargissant ses capacités, en lui ajoutant une aptitude à faire ou à acquérir quelque chose (*facultas aliquid faciendi vel adipiscendi*) [1].

Tout en restant conscient de la difficulté de décrire la *gratia increata*, l'action salvifique de Dieu et son amour pour la création (qui crée le bien), Thomas construit un système théologique pour démontrer le rapport avec la *gratia creata*, c'est-à-dire la manière dont elle opère dans la nature : un système de vertus théologales, de dons de l'Esprit Saint, de fruits et de béatitudes qui forment un corps surnaturel, une « seconde nature » (*habitus*), en quelque sorte, dans le sens où la vie de la grâce développe les signes naturels de la vie, les élevant à un niveau différent. Cette surnaturalité est pour ainsi dire cachée dans la nature, et il faut « avoir les yeux du cœur éclairés » [2] pour voir « quelque chose de plus » : un nouveau sens et une nouvelle dimension. La grâce interprétée comme mouvement fait prendre conscience que le surnaturel agit en proportion de ce qui est créé, de la nature, et que son opération respecte l'essence des êtres, les soutenant (*supponit*) et les perfectionnant (*perficit*) dans le processus. En dépassant la focalisation augustinienne sur le péché et le traitement de la grâce uniquement comme un remède, cette théologie de la grâce devient la source du développement humain complet, accompagnant l'homme dès le premier instant de la création. Pour cette raison même, Thomas est convaincu que si le bien de l'ensemble est plus grand et plus important que le bien d'un seul, la grâce – même si elle est possédée par peu de personnes – est plus importante que le bien de la nature dans l'univers entier [3]. En effet, la grâce rend participant de la nature divine [4] et fait entrer en communion avec la Sainte Trinité, dotant ainsi l'homme d'une capacité fondamentale d'action méritoire.

L'opération de la grâce décrite comme *inclinatio*, processus par lequel la grâce incline la nature, est une manifestation de la sagesse de Dieu dans laquelle on peut voir un certain ordonnancement (*ordinatio*), une focalisation sur un but, mais aussi la manière dont ce but peut être atteint, proportionnellement à l'acte qui vient de la nature d'une chose

1. THOMAS D'AQUIN, *Compendium theologiae*, lib. 2, c. 4 co. Pour expliquer cette action de la grâce, Thomas prend l'exemple de l'air qui sert de support à la vue lorsqu'il est éclairé par le soleil et de l'eau chaude qui transmet de la chaleur à d'autres choses.

2. Ep 1,18.

3. THOMAS D'AQUIN, *ST* I-II, q. 113, a. 9, ad 2: « Ad secundum dicendum quod bonum universi est maius quam bonum particulare unius, si accipiatur utrumque in eodem genere. Sed bonum gratiae unius maius est quam bonum naturae totius universi ».

4. *Cf.* 2 P 1,4.

donnée[1]. Pour une perspective correcte, cependant, il faut aussi tenir compte du fait que les observations sont faites à partir de plusieurs points. Par conséquent, non seulement en astronomie – comme c'est le cas dans ma ville natale de Toruń, lieu de naissance de Nicolas Copernic – mais aussi en théologie, il existe un « effet de parallaxe » : un décalage de ce que l'on peut voir sur la sphère céleste lorsque l'observateur se déplace. Il est donc impossible de décrire la grâce de manière exhaustive à partir d'un seul point de vue[2].

1. THOMAS D'AQUIN, *ST* II-II, q. 26, a. 6 co.

2. A. PIDEL, « Erich Przywara on Nature-Grace Extrinsicism: A Parallax View », *Modern Theology*, t. 37/4, October 2021, p. 865-887.

NATURE ET FICTION
DANS LE LIVRE DES DÉCRÉTALES

Emmanuel Petit

Le livre des Décrétales de Grégoire IX, compilation parue en 1234, dans la suite des deux conciles œcuméniques de Latran III (1179) et Latran IV (1215), est une œuvre législative, avant d'être œuvre de doctrine. Il complète le Décret de Gratien, paru au siècle précédent, et reçoit ainsi l'appellation de *Liber Extra*. Le droit canonique intègre alors davantage l'héritage du droit romain, de qui nous tenons la notion de droit naturel, reprise avec éclat par Gratien.

La notion de « droit naturel » est présente dans le *Liber Extra*, bien que discrète, ainsi que le concept plus large de « nature ». On trouve ainsi le mot *natura* ou ceux de sa famille, comme l'adjectif *naturalis* ou l'adverbe *naturaliter*, dans trente-deux décrétales différentes. Nous verrons ainsi comment le concept de nature unit la raison et le droit, tout en introduisant une dimension historique. Le droit naturel est le droit de l'homme en tant qu'être rationnel, inscrit dans un univers ordonné par le dessein divin. Mais par la redécouverte du droit romain, le droit canonique devient plus technique et plus conceptuel, comme l'atteste l'introduction de la fiction du droit dont la théorie médiévale est établie par le pérugin Bartole. Nous voudrions évoquer ici la rencontre de ces deux notions, nature et fiction, d'apparence antinomique. Le droit canonique cherche ainsi à dépasser une conception statique de la nature, pour aller au-delà, et accompagner l'homme dans l'accomplissement de sa vocation surnaturelle.

Nature et droit entre universalité et histoire

Droit naturel et raison : la nature comme principe d'universalité et d'immutabilité

L'idée de nature raisonne chez les juristes avec celle de droit naturel : *ius naturale* ou *ius naturæ*. La notion de droit naturel nous vient du droit romain. Dans des formules très éloquentes, Ulpien souligne d'emblée le caractère universel du droit, rapprochant les expressions *ius naturale* et *omnes homines* : « quod ad ius naturale attinet, omnes homines æquales sunt » ou « iure enim naturali omnes homines ab initio liberi nascebantur » [1]. Le droit naturel correspond d'emblée à une certaine vision de l'humanité inscrite dans la nature. La définition même d'Ulpien est : « Ius naturale est, quod natura omnia animalia docuit, nam ius istud non humani generis proprium, sed omnium animalium, quæ in terra, quæ in mari nascuntur, avium quoque commune est » [2]. Le droit naturel n'est pas seulement le droit du genre humain. La question tranche avec une certaine vision trop anthropocentrée et résonne avec les questions actuelles portant sur le droit des animaux ou le droit de la nature. En droit canonique, la notion de « droit naturel » est volontiers adoptée par Gratien. Même si celui-ci ne propose pas à proprement parler une définition du concept, il en dessine déjà la notion [3]. Gratien s'appuie sur l'œuvre d'Isidore de Séville que Charles Lefebvre décrit ainsi :

> Isidore reprend le droit classique, parfois modifié par les idées du Bas-Empire, telle la trilogie *ius naturale, civile, gentium*; quant au *ius naturale*, deux concepts sont repris, l'un païen, ou plus exactement pythagoricien, celui d'un droit commun aux hommes et aux animaux, l'autre chrétien, celui d'un droit toujours équitable, émanant de la Providence divine [4].

1. Deux citations du *Corpus Iuris civilis*, respectivement du Digeste [désormais Dig], fr. 32, L 17, et des *Institutes* I, 2, 2. *Cf.* D. Composta, « Il diritto naturale in Graziano », *Studia Gratiana*, t. II, 1954, p. 159. Ces formules deviennent un adage du droit romain.
2. Dig 1, 1, 10, 1.
3. *Cf.* Composta, « Il diritto naturale in Graziano », p. 151-210.
4. C. Lefebvre - G. Simon, « naturel (droit) », in *Dictionnaire de Droit Canonique*, t. VI, éd. R. Naz, Paris, Librairie Letouzey & Ané, 1957, col. 972.

Le Décret de Gratien commence d'emblée par une présentation du droit naturel, citant la règle d'or énoncée par le Christ dans l'Évangile (Mt 7, 12), attestant le caractère universel du droit naturel :

> Le genre humain est régi par deux choses, c'est-à-dire le droit naturel et les mœurs. Le droit naturel est, ce qui est contenu dans la loi et l'évangile, par lequel il est commandé à chacun de faire à l'autre ce que l'autre veut qu'on lui fasse, et il est interdit de faire à l'autre, ce que l'autre ne veut pas. D'où le Christ dans l'évangile : « tout ce que vous voulez que les hommes fassent pour vous, faites-le vous-mêmes pour eux. Là est en effet la loi et les prophètes » [1].

Les commentateurs mettent en exergue le lien entre le droit naturel et la *ratio*[2]. La notion de nature renvoie à une rationalité de la création. Le droit naturel s'inscrit très directement dans cette lecture du monde créé. Nature et raison sont deux notions très proches, correspondant à une vision du monde: un monde rangé, chargé de sens, rationnel. La notion de droit naturel considère l'homme dans le monde qui l'entoure (société, réalité physique...) avec les règles qui sont les siennes. En cela, le droit naturel, comme droit de la raison, rencontre parfois des considérations morales. Grégoire IX conclut le chapitre du *Liber Extra* sur la coutume, en rappelant que cette dernière ne peut pas déroger au droit naturel ou divin, ce qui conduirait à pécher[3]. On rencontre la question morale avec les actes jugés « contre nature ». Deux conciles généraux du Moyen Âge établissent des peines dans le domaine des mœurs, notamment pour les clercs. Les deux grandes

1. *Decretum magistri Gratiani* [désormais D], d. 1, *dictum ante* c. 1 *Omnes leges*, in *Corpus Iuris canonici*, t. I, éd. Æ. FRIEDBERG, Lipsiæ, ex officina Bernhardi Tauchnitz, 1879, col. 2 : « Humanum genus duobus regitur, naturali videlicet iure et moribus. Ius naturale est, quod in lege et evangelio continetur, quo quisque iubetur alii facere, quod sibi uult fieri, et prohibetur alii inferre, quod sibi nolit fieri. Unde Christus in evangelio : "Omnia quecunque uultis ut faciant uobis homines, et uos eadem facite illis. Hæc est enim lex et prophetæ" ». *Cf.* aussi D, d. 9, *dictum post* c. 11, *Sana*, in FRIEDBERG, t. I, col. 18, dans lequel Gratien confirme sa position et rejette par là même tout droit positif qui serait contraire au droit naturel. Il indique que le droit naturel commence « ab exordio rationalis creaturæ » (D, d. 5, *dictum ante* c. 1, *Cum enixa*, in FRIEDBERG, t. I, col. 7).

2. Hostiensis écrit ainsi dans la *Summa aurea* : « ex lege naturali rationali procedunt omnes leges humanæ rationabiliter promulgatæ » et Huguccio : « jus ergo naturale dicitur ratio, scilicet naturalis vis animi ex qua homo discernit inter bonum et malum, eligendo bonum et detestando malum ». Sur ces deux références, *cf.* LEFEBVRE – SIMON, « naturel (droit) », col. 974.

3. GRÉGOIRE IX, Décrétale *Quum tanto*, X [= *Liber Extra*] 1, 4, 11, in *Corpus Iuris canonici*, t. I, éd. Æ. FRIEDBERG, Lipsiæ, ex officina Bernhardi Tauchnitz, 1879, col. 41.

références sont les conciles de Latran III (1179) et IV (1215), qui font mémoire de la colère de Dieu, relatée par la Genèse (Gn 19, 24-25), et s'appuient sur saint Paul (Ep 5, 6) à propos des fils de rébellion [1]. Si le concept de nature promeut une vision égalitariste de l'homme, l'égalité connaît néanmoins des limites. Le canon *Forus*, reprenant un texte d'Isidore de Séville dans le *Livre des Étymologies*, écarte le témoignage judiciaire de l'esclave ou de la femme. Le texte distingue différentes valeurs de témoins : « testes autem considerantur conditione, natura et vita ». Après la condition, libre ou servile du témoin, il évoque aussi son sexe, masculin ou féminin : « natura, si vir, non femina. Nam varium et mutabile testimonium semper femina producit » [2]. L'universalisme du concept de nature montre ses limites.

Nature et histoire : le droit naturel après la révélation

Gratien est le premier à assimiler droit naturel et droit divin [3]. La nature et la révélation sont d'emblée perçues comme deux sources du droit naturel. Deux herméneutiques coexistent ainsi, l'une plus « métaphysique » et l'autre plus « historique ». Il existe ainsi une conception immuable du droit naturel, correspondant à l'ordre de la nature, et une conception plus dynamique, inscrite dans l'histoire de l'humanité. En effet, par la Révélation, Dieu entre dans l'histoire de l'homme et lui donne un sens. À l'ordre de la nature correspond un sens de l'histoire [4].

Nous retrouvons cette idée chez Innocent III avec la décrétale « Scriptum » sur la postulation. Il présente six étapes de la loi : naturelle, mosaïque, prophétique, évangélique, apostolique et canonique. Les cinq premières sont constitutives du droit divin, naturel et révélé. La dernière représente le droit positif de l'Église [5]. La décrétale souligne ainsi la

1. ALEXANDRE III, Décrétale *Clerici*, X 5, 31, 4, *in* FRIEDBERG, t. II, col. 836, qui correspond au canon 11 du concile de Latran III, et INNOCENT III, Décrétale *Ut clericorum*, X 3, 1, 13, *in* FRIEDBERG, t. II, col. 452, qui reprend le canon 14 du concile de Latran IV.

2. Canon « Forus », X 5, 40, 10, *in* FRIEDBERG, t. II, col. 914.

3. *Cf.* à ce propos M. VILLEY, « Source et portée du droit naturel chez Gratien », in *Leçons d'histoire de la philosophie du droit*, Paris, Dalloz, 2002², p. 189 : « Pour la première fois peut-être un juriste pose en principe l'identité de l'Écriture et du droit naturel ».

4. Le décrétiste Rufin écrit ainsi : « in primo homine pene perditum, in lege mosaica revelatur, in Evangelio perficitur, in moribus decoratur », cité par LEFEBVRE – SIMON, « naturel (droit) », col. 973-974.

5. INNOCENT III, Décrétale *Scriptum*, X 1, 6, 40, *in* FRIEDBERG, t. II, col. 84-88 : « Debet etiam habere sex alas, scilicet sex legum notitiam, naturalis, Mosaïcæ, et propheticæ,

dimension historique du droit naturel, qui se développe selon différents stades. On retrouve chez Innocent III, sous une autre formulation, le même principe :

> on ne saurait juger répréhensible le fait que les décrets des hommes sont susceptibles de varier selon la diversité des temps [...]. Dieu lui-même, parmi les lois qu'il avait édictées dans l'Ancien Testament, en a modifié quelques-unes dans le nouveau [1].

La décrétale, qui correspond au canon 50 du concile de Latran IV, porte sur la réforme des empêchements matrimoniaux de consanguinité et d'affinité. L'empêchement est alors restreint du septième au quatrième degré. Cela initie un mouvement qui ne s'interrompera jamais dans l'histoire. La réforme, surtout au sens d'un rétrécissement, d'un empêchement si important dans la vie sociale de l'époque et si significatif sur le plan symbolique, quant à la définition de l'inceste, avait provoqué l'étonnement et une certaine incompréhension. La décrétale est une étape importante dans l'affirmation de l'autorité ecclésiastique sur des questions qui ne sont pas purement institutionelles et touchent des réalités à la fois anthropologiques et sacramentelles.

Avec la révélation, la notion de nature, au plan juridique, n'exclut pas l'histoire. Au contraire, le droit naturel adopte une dimension historique. Il ne correspond pas à une vision statique du monde ou du droit. Il contient la notion de progrès. Nous le verrons avec l'institution de la fiction du droit, qui permet de dilater la logique juridique pour tenir compte du progrès dans la vie de l'homme. L'exemple historiquement le plus éloquent est celui de la légitimité par mariage subséquent.

evangelicæ, apostolicæ et canonicæ, quibus perfecto libramine inter cœlum volans et terram, de terris ad cœlestia et de temporalibus transvolet ad æterna ».

1. INNOCENT III, Décrétale *Non debet*, X 4, 14, 8, *in* FRIEDBERG, t. II, col. 703-704. La décrétale correspond au canon 50 du concile de Latran IV.

Imiter la nature pour fonder un droit chrétien

« *Fictio imitatur naturam* »

Le *Liber Extra* comporte plusieurs dispositions à propos des enfants naturels, enfants nés en dehors du mariage [1]. La question de la légitimité a une grande place dans le droit de l'époque. Or, le droit des Décrétales affirme la possibilité de la légitimité des enfants naturels par mariage subséquent de leurs parents, selon la formule : « tanta est vis matrimonii, ut qui antea sunt geniti post contractum matrimonium legitimi habeantur » [2]. La décrétale fait toutefois la distinction avec les enfants adultères, comme l'indique immédiatement le *summarium capitulis* : « Naturales legitimantur per subsequens parentum coniugium, spurii vero non » [3]. En effet, seuls les enfants naturels sont légitimes par mariage subséquent, et non pas les enfants nés de l'adultère [4]. Le droit est réputé fonctionner ici par fiction. La *fictio iuris* est une technique juridique héritée du droit romain et redécouverte à l'époque des Décrétales. Le jurisconsulte Bartole (1314-1357) en fait la théorie, dans son commentaire du Digeste. Le droit fait ainsi comme si les faits étaient autres qu'ils ne sont réellement. Il transforme la réalité, mais cela n'est pas sans limite.

1. *Cf.* Geoffroy de Trani, ad X 4, 17 *Qui filii sint*, n. 4, in *Summa in titulos decretalium*, Venetiis, apud Ioannem Baptistam Hugolinum, 1586, p. 181. Geoffroy de Trani articule ainsi les différentes catégories entre enfants légitimes et naturels : « Naturales sunt, qui ex concubinis nascuntur [...]. Vel subdistingue melius. Filiorum alii sunt legitimi non naturales, ut adoptivi, et arrogati, alii sunt legitimi et naturales, ut ex legitimis matrimoniis procreati, sive veris, sive putativis, ut superius dictum est. Alii sunt naturales et non legitimi, ut nati ex concubinis indubitato affectu retentis [...]. Alii spurii, ut nati ex damnato coitu ». Sur ces distinctions dans le *Liber extra*, *cf.* décrétale *Nisi*, X 1, 9, 10, *in* Friedberg, t. II, col. 107-112, notamment : « Illo discretionis adhibito moderamine, ut inter nothos et manzeres, naturales et spurios distinguatur ».

2. Alexandre III, Décrétale *Tanta*, X 4, 17, 6, *in* Friedberg, t. II, col. 712. La disposition de cette décrétale d'Alexandre III se retrouve aussi dans la décrétale *Conquestus* (X 4, 17, 1) du même pontife. Sur la question, *cf.* E. Petit, *Consentement matrimonial et fiction du droit, Étude sur l'efficacité juridique du consentement après l'introduction de la fiction en droit canonique*, Roma, Pontificia Università Gregoriana, 2010, p. 109 *sq.*

3. *Summarium capitulis* ad *Tanta* X 4, 17, 6.

4. Les enfants « non naturels » peuvent être seulement légitimés, et non pas rendus légitimes, par disposition de l'autorité compétente. *Cf.* la célèbre décrétale d'Innocent III, *Per venerabilem*, X 4, 17, 13, *in* Friedberg, t. II, col. 714-716.

Pour rester vraisemblable, et donc légitime, la fiction ne peut agir que dans le domaine du possible : « Non potest adaptari fictio, ubi natura non adaptatur »[1]. La fiction, comme artifice juridique, imite la nature. Bartole développe ainsi son raisonnement, en s'appuyant sur le célèbre aphorisme grec :

> Probatur enim per rationem. Ars enim semper imitatur naturam et id quod est impossibile secundum naturam, est impossibile secundum artem[2].

L'exemple de Bartole le plus éloquent pour appuyer son raisonnement est l'adoption, qui est désormais conçue sur le mode de la filiation[3]. D'une manière similaire, le droit de l'époque répugne à considérer la possibilité d'un mariage souffrant d'impuissance[4]. Ce serait

1. BALDE, ad D. 12, 1, 15, n. 7, in *Super Corpus Iuris Civilis Commentaria*, t. II, Venetiis, apud Iuntas, 1599, p. 14. *Cf.* aussi BARTOLE, ad D. 41, 3, 15, *Si is, qui pro emptore*, n. 22, in *Commentaria*, t. V, Augustæ Taurinorum, 1624, p. 103 : « Fingi non potest super eo, quod est impossibile »; A. ALCIAT, *Tractatus de præsumptionibus*, I^{a}, t. IV, Basilæ, 1632, p. 678 : « Unde et solet dici, non magis pollere fictionem, quam veritatem »; A. REIFFENSTUEL, *Ius canonicum universum*, lib. 1, tit. 2, § VIII, n. 196, t. I, Antuerpiæ, sumptibus Societatis, 1755, p. 97 : « Fictio non trahitur ad illa, que sunt impossibilia secundum naturam ».

2. BARTOLE, ad D. 41, 3, 15, *Si is, qui pro emptore*, n. 22. À propos de la formule grecque, *cf.* E. KANTOROWICZ, « The Sovereignty of the Artist », in *Selected studies*, New York, J. J. Augustin, 1965, p. 354 : « "L'art imite la nature" était, bien sûr, une maxime aristotélicienne. Elle a été généralement connue après la traduction des *Physiques*, peu avant 1200, et également des [...] *Poétiques*, vers 1250. Il y avait cependant d'autres canaux littéraires accessibles au Moyen-Âge à travers lesquels la connaissance de ces doctrines a pu être transmise d'une manière plus indirecte. Un de ces canaux, presque indépendant des courants littéraires normaux, était le droit romain ». Kantorowicz fait ensuite référence au célèbre jurisconsulte médiéval Balde, *ad D. 17, 2, 3* : « Fictio ergo imitatur naturam. Ergo fictio habet locum, ubi potest habere locum veritas », et *ad D. 1, 7, 16* : « Nota quod fictio naturæ rationem atque stylum imitatur ».

3. *Cf.* BARTOLE, ad D. 41, 3, 15, *Si is, qui pro emptore*, n. 27 : « In simili tamen vide exemplum in adoptione, quæ est fictio inductiva, cum per eam inducatur fictus filius, illa imitatur naturam, debeo enim adoptare eum, qui sit eius ætatis, cuius ætatis possibile esset me habere quondam alium naturalem filium. Secundum enim naturam impossibile est, quod ille qui est filius alterius, sit meus : tamen est possibile me habere similem filium, et ideo procedit adoptio ».

4. Cf. *summarium capitulis* ad *Ex literis*, X 4, 15, 3, *in* FRIEDBERG, t. II, col. 705, qui évoque un « empêchement naturel » : « Naturale impedimentum ad coitum, irreparibile arte medicorum, matrimonium impedit ». *Cf.* aussi INNOCENT III, décrétale *Fraternitatis*, X 4, 15, 6, *in* FRIEDBERG, t. II, col. 706-707: « quæ tandem in fide sua tibi asseruere constanter, quod eadem *mulier* nunquam poterat esse mater aut coniux, tanquam cui naturale deerat instrumentum ». Le *Liber extra* connaît souvent l'expression *naturalis frigiditas* (cf. canon *Accepisti*, X 4, 15, 1, *in* FRIEDBERG, t. II, col. 704-705 ; ALEXANDRE III,

créer une fiction qui irait contre la nature. La fiction, comme technique juridique, comme *ars*, imite la nature, en tant qu'elle reste dans le champ du plausible, mais aussi, certainement, dans le champ du souhaitable. Balde écrit ainsi: « Fictio ergo imitatur naturam, ergo fictio habet locum, ubi potest habere locum veritas » [1]. Or, si la *fictio iuris* est une technique du droit romain, cette préoccupation quant au champ de la fiction et son lien avec la nature semble bien être typiquement médiévale [2]. Les médiévaux donnent donc un sens à la fiction juridique. La nature en devient un critère.

« *Causa fictionis est æquitas* »

La fiction juridique est une interprétation large du droit, pour une juste cause, pour le bien des personnes ou de la société [3]. En cela, elle rejoint la notion d'équité [4]. Bartole l'affirme dans sa théorie de la fiction : « Æquitas fuit causa introducendæ fictionis » [5]. Il pose d'emblée la limite de la fiction : « Ubicunque ergo cessat dicta naturalis æquitas, cessat

décrétale *Quod sedem*, X 4, 15, 2, *in* FRIEDBERG, t. II, col. 705) ou *naturaliter frigidis* (décrétale *Laudabilem*, X 4, 15, 5, *in* FRIEDBERG, t. II, col. 705-706.

1. BALDE, ad D 17, 2, 3, n. 2, in *Super Corpus Iuris Civilis Commentaria*, t. II, p. 120.

2. *Cf.* Y. THOMAS, « *Fictio legis*. L'empire de la fiction romaine et ses limites médiévales », *Droits*, t. 21, 1995, p. 17-63, ici p. 20 : « Le droit romain offre un champ d'étude incomparable à la fiction. En raison d'abord de l'exceptionnelle richesse de la casuistique qu'il lui consacre : il n'est pratiquement pas de domaine du droit privé et du droit public qui échappe à ce procédé de l'élaboration juridique. En raison aussi de l'extrême liberté avec laquelle la fiction se joue à Rome, sans aucune limite d'aucune sorte (sans aucune des limites qui se repèrent en droit médiéval), des contraintes de la vérité extérieure au droit – en particulier, des contraintes de la réalité naturelle ».

3. La notion de fiction est aussi attachée à une herméneutique. *Cf.* BALDE, *Consilia sive responsa*, Francofurti ad Mœnum, 1639, conseil 139, t. V, p. 33 : « fictio, seu interpretatio iuris communis ».

4. *Cf.* C. LEFEBVRE, « Équité », in *Dictionnaire de Droit Canonique*, t. V, 1953, col. 394 : « L'équité est de ces notions suprêmes, voisines de la justice, et dont l'objectif est d'obtenir la réalisation pratique de son idéal ». La tradition canonique garde la formule du décrétaliste Hostiensis : « Æquitas est iustitia dulcore misericordiæ temperata. »

5. BARTOLE, ad D. 41, 3, 15, *Si is, qui pro emptore*, n. 67. Il développe ainsi son raisonnement : « Respondeo causa fictionis est *æquitas*. Cum enim quandoque æquum esset, ut illud quod est, habeatur perinde ac si non esset, et illud quod uno modo est, habeatur perinde ac si alio modo esset, et hoc non poterat fieri per ius secundum veritatem, introduxit ius ex æquitate fictionem, ut quantum ad iuris effectum sit idem, ac si esset in veritate, ut patet ex omnibus exemplis supra dictis. »

fictio »[1]. La fiction n'est donc pas une pure technique, mais un artifice qui trouve sa légitimité dans l'équité. La notion s'oppose à la rigueur du droit. Dans l'exemple du mariage subséquent, le droit fait produire au consentement des effets plus amples que ceux attendus, jusque dans la rétroactivité. L'équité canonique va au-delà d'une simple justice, pour rejoindre la miséricorde divine. Elle peut ainsi contredire la lettre de la loi. Honorius II, pape de 1124 à 1130, distingue dans une de ses décrétales la *legum districtio*, expression qui vient du Digeste, de l'*æquitas canonum*[2]. La *legum districtio* se comprend comme la contrainte des lois. L'équité est une manière d'interpréter le droit naturel, dans le sens de l'indulgence ou de la miséricorde, c'est-à-dire toujours dans un sens favorable aux personnes. La conception canonique du droit naturel est par là même très souple. Pour reprendre l'analyse de la *fictio iuris*, cette dernière est réputée ne modifier que le droit positif[3]. Si l'on reprend l'exemple de la légitimité par mariage subséquent, il est vrai que la légitimité est par elle-même une question purement juridique, attachée au fait du mariage. Or, ce que le législateur a fait, il peut le défaire. Il peut dispenser d'une règle qu'il a lui-même édictée. Pourtant, la légitimité par mariage subséquent s'appuie autant sur la force même du mariage, selon la formule de la décrétale d'Alexandre III : « Tanta est vis matrimonii »[4]. La glose du *Liber Extra* a expliqué la fiction attachée au mariage par la formule qui allait devenir récurrente chez les commentateurs : « matrimonium omnia præcedentia purgat »[5]. Toute une tradition va relire ainsi les effets de la fiction, non comme un pur artifice juridique, mais comme une conséquence du sacrement[6]. Le mariage aurait ainsi des

1. BARTOLE, ad D. 41, 3, 15, *Si is, qui pro emptore*, n. 2. *Cf.* à l'époque moderne, A. REIFFENSTUEL, *Ius canonicum*, lib. 1, tit. 2, § VIII n. 185, t. I, p. 96, qui conclut son raisonnement ainsi : « Fictio semper fundata est in aliqua æquitate ».

2. HONORIUS II, décrétale *Literas*, X 2, 7, 2, in FRIEDBERG, t. II, col. 266.

3. *Cf.* R. GÉNESTAL, *Histoire de la légitimation des enfants en droit canonique*, Paris, E. Leroux, 1905, p. 178 : « Le droit naturel et divin ne connaît pas les fictions juridiques ».

4. ALEXANDRE III, décrétale *Tanta*, X 4, 17, 6.

5. Glose ordinaire, ad *Tanta* X 4, 17, 6, v. *Legitimi*, in *Decretales D. Gregorii Papæ IX, suæ integritati una cum glossis restitutatæ*, editio ultima, Lugduni, 1645, col. 1534. *Cf.* ensuite HENRI DE TEDESCHI (PANORMITAIN), ad X 4, 17, 9, n. 5, in *Commentaria*, Venetiis, 1591, t. VII, p. 44, qui se réfère à Jean d'André, puis REIFFENSTUEL, *Ius canonicum*, ad X 4, 17, § II, n. 42, t. IV, p. 127.

6. *Cf.* A. LEFEBVRE-TEILLARD, « Histoire de la légitimation des enfants naturels en droit canonique : observations sur un ouvrage presque centenaire », in *Autour de l'enfant, du droit canonique et romain médiéval au Code civil de 1804*, Leiden – Boston, Brill, 2008, p. 280, n. 8 : « Alexandre III avait expressément fondé, dans la décrétale *Tanta*, la légiti-

effets purgatifs ou palingénésiques, à l'instar du baptême qui lave des péchés [1].

Le droit s'appuie sur la notion de nature, pour trouver un fondement dans le dessein divin. Le droit est néanmoins orienté, comme le montre la notion de fiction, non seulement vers l'accomplissement de la justice, mais plus profondément vers l'accomplissement de la vocation de l'homme. Le *Liber extra* emploie la notion de nature pour évoquer tout d'abord ce qui relève de la divinité et de la puissance divine. Le début de la compilation s'ouvre, selon un usage canonique, par une profession de foi, le credo de Latran IV, dans lequel est employé plusieurs fois le mot de nature pour désigner l'unité de nature des personnes divines [2]. Le concile évoque aussi la perfection de la nature divine dont les hommes doivent s'inspirer, glosant Mt 5, 48 : « Estote perfecti *perfectione gratiæ*, sicut Pater vester cœlestis perfectus est *perfectione naturæ* » [3]. Plus encore, le *Liber Extra* emploie la notion de nature à propos de l'eucharistie, pour souligner que la nature cède au miracle : « Contingit igitur accidentia mutare subiectum, sicut et subiectum contingit accidentia permutare; *cedit quippe natura miraculo, et virtus supra consuetudinem operatur* » [4]. La nature est finalement un appui :

mation sur la force du sacrement de mariage et non sur le droit romain » ; *cf.* aussi du même auteur, « L'effet rétroactif de la légitimation en droit canonique médiéval », in *Autour de l'enfant*, p. 330 : « C'est par la force sacramentelle du mariage qu'Alexandre III (1159-1181) justifie la reprise par le droit canonique de la légitimation par mariage subséquent dans deux décrétales ».

1. Sur la question, *cf.* E. PETIT, « *Tanta est vis sacramentorum* : l'autorité du droit et la force palingénésique des sacrements », in *Lex rationis ordinatio, Studi in onore di Patrick Valdrini*, éd. V. BUONOMO – M. D'ARIENZO – O. ÉCHAPPÉ, Cosenza, Luigi Pellegrini, 2022, t. III, p. 1265-1280.

2. INNOCENT III, décrétale *Firmiter,* X 1, 1, 1 : « Tres quidem personæ, sed una essentia, substantia seu natura simplex omnino ». On trouve aussi l'expression « unitas in natura » (*ut distinctiones sint in personis, et unitas in natura*) ou « identitatis unitas in natura » (décrétale *Damnamus*, X 1, 1, 2).

3. INNOCENT III, décrétale *Damnamus*, X 1, 1, 2. Le concile rappelle aussi la bonté de la création, malgré l'éloignement des démons : « Diabolus enim et alii dæmones a Deo quidem natura creati sunt boni » (décrétale *Firmiter*, X 1, 1, 1).

4. INNOCENT III, décrétale *Quum Marthæ*, X 3, 41, 6, *in* FRIEDBERG, t. II, col. 636-639. Le pontife répond à l'archevêque de Lyon à propos du canon de la messe. Un peu plus loin, une autre décrétale d'Innocent III articule à nouveau nature et miracle, toujours à propos de l'eucharistie et de la Passion. Cf. INNOCENT III, décrétale *In quadam*, X 3, 41, 8, *in* FRIEDBERG, t. II, col. 640-641 : « Restat igitur, ut, qualiscunque fuerit illa aqua, sive naturalis sive miraculosa, sive de novo divina virtute creata, sive de componentibus ex parte aliqua resoluta, procul dubio vera fuit; quum naturaliter possit et compositum in

l'homme, bien que créé à l'image de Dieu, ne saurait atteindre par lui-même la perfection de la nature divine. La nature humaine a été abîmée par le péché. Le droit invite ainsi à dépasser la nature : non pas aller contre, mais l'imiter, pour la retrouver, la sublimer. La notion de *fictio iuris* a contribué à christianiser le droit : le droit canonique n'est plus seulement un droit de la nature, car la nature est dans la contrainte du péché, mais un droit de la grâce.

componentia, et elementatum in elementa resolvi, quemadmodum verus exstitit sudor ipsius, sicut guttæ sanguinis decurrentis in terram ».

DISPARITION DE LA NATURE À LA FIN DES TEMPS[1] ?

PASCALE BERMON

Je poursuis depuis quelques années le projet de prendre au sérieux les conceptions et les perceptions des philosophes et des théologiens médiévaux au sujet de la nature et de ce que nous appelons aujourd'hui l'environnement. Dans le cadre de ce projet, je me suis intéressée à divers thèmes : les animaux[2] ; l'agriculture, l'alimentation et la sobriété[3] ; et enfin les catastrophes naturelles et surnaturelles qui sont censées se produire à la fin du monde et la manière dont elles sont présentées et travaillées dans la littérature philosophique et théologique latine du

1. Les trad. fr. de la Vulgate sont d'I. LEMAISTRE DE SACY, *La Bible*, Paris, Bouquins, 1990.

2. P. BERMON, « Surviving the Disaster : the Use of Psyche in 1 Pet. 3.20 », in *Studia Patristica*, vol. LIII-LXX : *Papers presented at the Sixteenth International Conference on Patristic Studies held In Oxford 2011*, LXIII/11, *Biblica, Philosophica, Theologica, Ethica*, éd. M. VINZENT, Leuven – Paris, Peeters, 2013, p. 81-94 ; P. BERMON, « Coordination sensorielle et plaisir des animaux chez Aristote et chez Thomas d'Aquin », *Quaestio*, t. 15, 2015, p. 169-178.

3. P. BERMON, « Lire autrement : les céréales dans l'œuvre de Thomas d'Aquin », in *La nature à la table au Moyen Âge : l'acquisition des aliments (édition électronique)*, éd. B. LAURIOUX, Paris, 2017 (Actes des congrès nationaux des sociétés historiques et scientifiques [édition électronique], 2), p. 28-35, http://cths.fr/éd/edition.php? id=7268 ; EAD., « Valeurs et pratiques du jeûne dans quelques sources des XIIIe et XIVe siècles », in *Affamés volontaires. Les monothéismes et le jeûne*, éd. S. DE FRANCESCHI – D.-O. HUREL – B. TAMBRUN, Limoges, PUL, 2020, p. 337-366.

XIIe au XIVe siècle[1]. Les textes sur la fin des temps sont peu étudiés parce qu'ils reposent sur des prémisses entièrement théologiques, qu'ils mettent en œuvre des conceptions cosmologiques dépassées et qu'ils paraissent bien souvent, il faut le dire, un peu fantasques. Dans la continuité de mes travaux précédents, mais sans répéter ce que j'y ai dit et auquel je renvoie, je présente ici à grands traits les particularités du scénario de la fin du monde, en insistant sur ses conséquences pour ce que nous appelons la nature. Si dans le traitement de ce sujet j'aborde des thèmes qui sont relatifs à l'exégèse biblique, à l'eschatologie et à l'histoire des sciences, j'adopte néanmoins ici des angles différents de ces disciplines traditionnelles, en m'attachant d'une part au fait qu'il s'agit d'un grand récit, d'une grande narration collectivement assumée et collectivement travaillée, interprétée ; et d'autre part en focalisant mon attention moins sur le sort des humains que sur celui de leur environnement. La prise en compte de l'environnement global dans un grand récit ouvrant des perspectives qu'il faut bien appeler catastrophistes vers le futur de l'humanité caractérise aussi l'approche environnementaliste actuelle, internationale, scientifique et médiatique.

Le scénario de la fin du monde, grand récit collectif ou grande narration, comme on aime à dire aujourd'hui, est constitué à partir de divers éléments bibliques. Il expose la pensée occidentale à des hypothèses non envisagées par les philosophes antiques, à savoir principalement :

– la fin du monde (contre l'éternité du monde d'Aristote et l'éternel recommencement des Stoïciens) ;

– la fragilité des espèces et de la biodiversité (contre l'éternité ou la perpétuité des espèces soutenue par Aristote).

À partir des XIIe -XIIIe siècles, au moment de l'entrée massive de l'aristotélisme en Occident par le biais des traductions arabo-latines, les penseurs philosophes et théologiens se trouvent dans l'obligation de proposer de la contingence du monde et des espèces, ainsi que de leur

1. P. BERMON, « Les phénomènes météorologiques dans la *Postilla super librum Sapientiae Salomonis* de Robert Holcot O.P. (d. 1349) », in *De Natura. La Naturaleza en la Edad Media*, éd. J. L. FUERTES HERREROS – A. PONCELA GONZALEZ, Ribeirao, Humus, 2015 [parution 2016], t. I, p. 271-284 ; EAD., « A Global Warming Before the Last Judgment? The Conflagration (*Diluvium Ignis*) in the 12th to 14th Century Latin Philosophy and Theology », in *Histoire de la fin des temps. Les mutations du discours eschatologique : Moyen Âge, Renaissance, Temps modernes*, éd. C. TROTTMANN – E. MEHL, Strasbourg, Presses Universitaires de Strasbourg, 2022, p. 103-119.

devenir au moment de la catastrophe finale, une explication, la plus cohérente possible, en remplacement des vues d'Aristote. Ce programme accompagne la mise en ordre du récit biblique et entraîne la mobilisation de tous les outils disponibles, y compris des outils scientifiques offerts par l'astronomie et par la météorologie.

Après avoir exposé comment le grand récit de fin du monde met en ordre une succession de signes, j'expliquerai que la focalisation habituelle de ce récit sur le sort des humains montre, à partir du cas de la résilience humaine, que la fin du monde n'est pas la fin de tout. J'en viendrai aux conséquences de la fin du monde sur l'environnement et finirai en examinant à cette lumière le texte de Brunetto Latini, maître de Dante, daté de 1265, où apparaît pour la première fois en français le mot *environemenz*, occurrence précoce qui justifie un emploi du terme « environnement » pour analyser les doctrines du XIIIe et du XIVe siècles.

UNE SUCCESSION DE SIGNES

La narration de la fin du monde repose sur plusieurs textes bibliques combinés. Elle débouche sur le Jugement dernier, pour lequel le chapitre 25 de l'évangile de saint Matthieu sert de référence principale et qui a été représenté maintes fois par les artistes européens [1]. Je propose ici d'illustrer l'analyse médiévale du chapitre 25 de l'évangile de Matthieu à l'aide de deux outils, une sculpture et un texte, qui ont été réalisés à cent cinquante ans de distance, témoignant de l'élaboration collective et continue du grand récit apocalyptique : le célèbre pilier du Jugement Dernier de la cathédrale de Strasbourg, autrement appelé pilier des anges, sculpté vers 1200, d'une part; la leçon 178 du commentaire très diffusé au livre de la *Sagesse* du dominicain Robert Holcot, écrit dans les années 1340, d'autre part [2].

1. Voir notamment Y. CHRISTE, *Jugements Derniers*, Saint-Léger-Vauban, Zodiaque, 1999.

2. ROBERT HOLCOT, *Super Sapientiam*, lectio 178, Paris, Georg Wolf, 1489, n. p. : « Signa prouidentie dabit [Deus] ante suum adventum ne omnino veniat peccatoribus improuisus. [...] De istis signis dicitur Lu..XXI. c. [Luc. 21, 25] : *Erunt signa in sole et luna et stellis*. Dicit Vegetius, *De re militari*, libro.III. ca.v. : "Tria", inquit, "genera constat esse signorum pro negociis belli videlicet : vocalia, semivocalia et muta. Vocalia dicuntur que humana voce proferuntur sicut duces preordinant aliquod certum verbum quo in conflictu utuntur, sicut : Deus nobiscum ! vel Triumphus imperatoris ! vel aliquid consimile. Signa

Registre inférieur signes écrits	Registre médian signes semi-vocaux	Registre supérieur signes muets

Photographies extraites de J. Walter, « Le Pilier du Jugement dit le Pilier des Anges », *Bulletin de la Société des Amis de la Cathédrale de Strasbourg*, 2e série, t. 1, 1925, p. 8-13. Planches 10, 15 et 28. Source : gallica.bnf.fr / BnF

Le pilier des anges est divisé en trois registres. Au registre inférieur, les évangélistes sont les auteurs du récit du Jugement Dernier, dont ils ont laissé des signes écrits. Au registre médian, les anges sonnant dans les trompettes donnent un signe que Robert Holcot appelle « semi-vocal » du Jugement : un signe musical, sonore, mais non verbal. Au registre supérieur, les anges portant les instruments de la Passion donnent un « signe muet » du Jugement : ni sonore, ni verbal.

Au sommet enfin, le Christ, « assis sur son trône de gloire » et mettant « les brebis à sa droite et les boucs à sa gauche », fait des signes de ses mains, signes muets qui traduisent dans la pierre ce que Robert Holcot appelle, à la suite de Pierre Lombard[1], les « signes vocaux » du

semivocalia sunt que fiunt per tubam, cornu vel buccinam. Signa muta sunt vexilla, aquila, dracones". [...]. Ista tria signorum genera faciet Christus in adventu suo secundo. Nam signa vocalia erunt in illa disceptatione, sicut dicitur Math..XXV. [Matth. 25, 42] : *Esuriui et non dedistis mihi manducare*, etc. Signa semivocalia, quia tuba precedet; et de istis sicut dicit Apostolus primi Thess..IIII. [I Thess. 4, 15] : *Dominus in iussu et in voce archangeli et in tuba Dei descendet de celo*. Signa vero muta erunt instrumenta passionis Christi et ipsum Corpus Domini cum vulneribus insignitum, Dan..vi. [Dan. 6,27] : *Ipse est salvator et liberator faciens signa et prodigia in celo et in terra*. »

1. PIERRE LOMBARD, IV *Sent*., d. 47, cap. 4, § 4, « De ordine judicii, et ministerio angelorum », in *Sententiae in IV libris distinctae*, éd. I. BRADY, Grottaferrata Romae,

Jugement dernier : à savoir les paroles du Christ dans Matthieu 25, *J'avais faim et vous m'avez donné à manger, j'avais soif et vous m'avez donné à boire*, etc.

Photographie extraite de J. Walter, « Le Pilier du Jugement dit le Pilier des Anges », *Bulletin de la Société des Amis de la Cathédrale de Strasbourg*, 2e série, t. 1, 1925, p. 8-13. Planche 3. Source : gallica.bnf.fr / BnF

Cette typologie de signes, semi-vocaux, vocaux et muets est empruntée par Robert Holcot à Végèce, auteur au IVe siècle d'un traité militaire intitulé *De re militari*[1]. La référence à Végèce indique

Éd. Collegii S. Bonaventurae ad Claras Aquas, 1971-1981, t. 2, p. 540-541 : « Purgato uero per ignem mundo, et ad iudicium ueniente domino, emittetur uox illa magna qua resurgent omnes mortui. Et tunc ministerio angelorum uentilabitur area : Quia boni congregabuntur ei de quatuor partibus orbis angelico ministerio ; quo *et rapientur obuiam christo in aera*, reprobis in terra quam dilexerunt remanentibus. Et tunc praeconia illa bonorum : *Esuriui, et dedistis mihi manducare*, et increpationes illae malorum : *Esuriui, et non dedistis mihi manducare* etc. Proferentur, uel sono uocali uel alio modo. Denique proferetur sententia super utrosque : *Venite benedicti* etc., *ite maledicti* etc. ; Et ministerio angelorum, uirtute dei cooperante, mittentur mali in caminum ignis, hoc est in infernum. ».

1. P. Flavius Vegetius Renatus, *Epitoma rei militaris*, lib. III, cap. 5, par. 3, éd. A. Önnerfors, Stuttgart - Leipzig, Teubner, 1995, p. 114 : « Tria itaque genera constat esse signorum, uocalia semiuocalia muta. Quorum uocalia et semiuocalia percipiuntur auribus, muta uero referuntur ad oculos. Vocalia dicuntur quae uoce humana pronuntiantur, sicut in uigiliis uel in proelio pro signo dicitur, ut puta "uictoria" "palma" "uirtus" "Deus nobiscum" "triumphus imperatoris"et alia, quaecumque uoluerit dare is, qui in exercitu habet maximam potestatem. Sciendum tamen est ista uocabula cottidie debere uariari, ne ex usu signum hostes agnoscant et explorantes inter nostros uersentur inpune. Semiuocalia sunt quae per tubam aut cornu aut bucinam dantur ; tuba quae directa est appellatur ; bucina quae in semet aereo circulo flectitur ; cornu quod ex uris agrestibus,

qu'Holcot interprète le Jugement Dernier comme un champ de bataille qui signe la victoire du Christ. Tel est en effet ce que le pilier du Jugement dernier donne à voir.

Ces signes, semi-vocaux, muets et vocaux, du Jugement sont précédés, dans le grand récit de la fin des temps, par d'autres signes, qui se déploient avant le Jugement proprement dit, à la fin de l'histoire et qui ont un impact sur la Création. Ce sont notamment des catastrophes finales, dont Pierre Lombard, dans le livre IV des *Sentences*, à la d. 47 donne une séquence influente[1]. Un autre texte très cité au Moyen Âge s'intitule *Les Quinze signes du Jugement dernier*. Il est rapporté entre autres par Pierre le Mangeur. Il énumère une impressionnante série de catastrophes naturelles : un tsunami qui affecte la faune marine ; le réchauffement de la mer et des eaux ; des signes alarmants sur le monde végétal ; un tremblement de terre général suivi d'un nivellement de la terre qui rend les hommes fous ; la chute des étoiles, l'embrasement du ciel et de la terre, avant l'apparition d'un nouveau ciel et d'une nouvelle terre[2].

argento nexum, temperatum arte spiritu que canentis flatus emittit auditum. Nam indubitatis per haec sonis agnoscit exercitus, utrum stare uel progredi an certe regredi oporteat, utrum longe persequi fugientes an receptui canere. Muta signa sunt aquilae dracones uexilla flammulae tufae pinnae ; quocumque enim haec ferri iusserit ductor, eo necesse est signum suum comitantes milites pergant. Sunt et alia muta signa, quae dux belli in equis aut in indumentis et in ipsis armis, ut dinoscatur hostis, praecipit custodiri ; praeterea manu aliquid uel flagello more barbarico uel certe mota, qua utitur, ueste significat. Quae omnia in sedibus itineribus, in omni exercitatione castrensi uniuersi milites et sequi et intellegere consuescant ». Sur les bruits et cris de guerre, il existe un intéressant article de L. HABLOT, « Cris de guerre et d'armes : Formes et fonctions de l'emblème sonore médiéval », in *Les paysages sonores : Du Moyen Âge à la Renaissance* [en ligne], Rennes, Presses Universitaires de Rennes, 2016. C. ALLMAND, *The De Re Militari of Vegetius : The Reception, Transmission and Legacy of a Roman Text in the Middle Ages*, Cambridge, Cambridge University Press, 2011, ne mentionne ni Holcot, ni les usages de Végèce en théologie.

1. PIERRE LOMBARD, IV *Sent.*, d. 47, cap. 4, in *Sententiae in IV libris distinctae*, éd. BRADY, t. II, p. 540-541.

2. *Cf.* PETRUS COMESTOR, *Historia Scholastica, Historia evangelica*, cap. 141, « De signis quindecim dierum ante judicium », éd. J. P. MIGNE, *Patrologiae cursus completus. Series latina*, t. 198, Paris, Petit-Montrouge, 1855, col. 1611A-C : « Hieronymus autem in annalibus Hebraeorum invenit signa quindecim dierum ante diem judicii, sed utrum continui futuri sint dies illi, an interpolatim, non expressit. Prima die eriget se mare quadraginta cubitis super altitudinem montium stans in loco suo quasi murus. Secunda tantum descendet, ut vix posset videri. Tertia marinae belluae apparentes super mare, dabunt rugitus usque ad coelum ; quarta ardebit mare, et aquae ; quinta herbae et arbores dabunt rorem sanguineum ; sexta ruent aedificia ; septima petrae ad invicem collidentur ;

Le signe de l'embrasement du ciel et de la terre, correspond au déluge de feu final, événement de transition qui met fin au ciel et à la terre actuels et ouvre à la dimension du Jugement dernier. Ce déluge de feu final a pour source biblique 2 Pierre 3,7 :

> *Or les cieux et la terre d'à présent sont gardés avec soin par la même parole, et sont réservés pour être brûlés par le feu, au jour du jugement et de la ruine des impies.*

L'apparition d'un nouveau ciel et d'une nouvelle terre que mentionne aussi Pierre le Mangeur est fondée sur Apocalypse 21, 1 :

> *Après cela je vis un ciel nouveau et une terre nouvelle : car le premier ciel et la première terre avaient disparu, et la mer n'était plus.*

Notons bien que le moment exact du déclenchement de cette série de signes est, pour les Médiévaux, absolument imprévisible par tout être humain. En effet, si certaines conjonctions astrales peuvent permettre de prévoir des déluges localisés, il est absolument impossible qu'advienne *naturellement* un déluge de feu universel, un réchauffement climatique global et donc il est absolument impossible d'en anticiper la date [1]. C'est ce qu'exprime la condamnation de la proposition 182 (193) en 1277 : « Quod possibile est, quod fiat naturaliter universale diluvium ignis » [2].

octava fiet generalis terrae motus ; nona aequabitur terra ; decima exibunt homines de cavernis, et ibunt velut amentes, nec poterunt mutuo loqui ; undecima surgent ossa mortuorum, et stabunt super sepulcra ; duodecima cadent stellae ; tredecima morientur viventes, ut cum mortuis resurgant ; quartadecima ardebit coelum, et terra ; quintadecima fiet coelum novum, et terra nova, et resurgent omnes ».

1. *Cf.* par exemple, les explications d'ALBERT LE GRAND, *Commentarii in IV Sententiarum*, d. 43, art. 7, in *Opera Omnia*, t. 30, éd. A. BORGNET, Paris, L. Vivès, 1894, p. 517-518. Pour Albert, la question des causes du déluge est liée à celle de la possibilité de connaître le phénomène, à sa prévisibilité. On ne peut savoir le jour du jugement ni par révélation, ni par le mouvement. D'après les principes du mouvement, celui-ci ne cesse jamais. Or le jour du jugement arrive après que tout mouvement ait cessé, donc on ne peut déduire la fin du monde à partir des principes du mouvement. « Aucun philosophe n'a écrit physiquement au sujet de la fin du monde ». Les philosophes considèrent les causes de déluges particuliers ; aucun ne détermine la fin du monde. Ce qui les intéresse : calculer mathématiquement les moments où un quart de la terre (et non toute la terre) devient inhabitable et où l'habitabilité et les habitants se transfèrent d'un quart à l'autre. Dans le *De causis proprietatum elementorum*, tr. 2, cap. 9-12 et 13, Albert examine les déluges, y compris de feu, d'un point de vue philosophique.

2. R. HISSETTE, *Enquête sur les 219 articles condamnés à Paris le 7 mars 1277*, Louvain – Paris, Peeters, 1977, p. 286. Selon Irene Caiazzo (communication privée), l'hypothèse d'un déluge universel naturel se trouve chez David de Dinant. Voir aussi

Bibliothèque municipale de Besançon, Ms. 146, f. 197r,
Horae ad usum Parisiensis dioecesis, début XVe siècle : Le Christ donnant le départ du déluge universel

La fin du monde n'est pas la fin de tout

Les récits de la fin du monde sont très tôt focalisés sur le sort des humains, selon leurs mérites, suivant une approche éthique.

P. BERMON, « Les phénomènes météorologiques dans la *Postilla super librum Sapientiae Salomonis* de Robert Holcot » et P. BERMON, « A Global Warming Before the Last Judgment ? ».

Bibliothèque Louis Aragon de Amiens, Ms. 108 (Navarre, 1197),
f. 253v-254r, Bible de Pampelune. Représentation du Jugement dernier
focalisée sur le sort des humains

Cet anthropocentrisme éthique fait qu'il est, par exemple, possible d'évoquer les « âmes » sauvées dans l'arche de Noé sans évoquer les animaux rescapés du déluge :

> [*Ceux-ci*] *autrefois avaient été incrédules, lorsqu'au temps de Noé ils s'attendaient à la patience et à la bonté de Dieu, pendant qu'on préparait l'arche, en laquelle peu de personnes (okto psuchai), savoir, huit seulement, furent sauvées au milieu de l'eau* (I Petr. 3, 20).

Le terme d'âme, ici, ne désigne en effet que des âmes humaines, non des vies animales ; il s'agit de la famille de Noé, à savoir Noé, sa femme, ses trois fils et leurs femmes, d'après une liste qui est donnée en Genèse 6,18[1]. Or *psuchè*, d'ordinaire dans la Bible, désigne tout type de vie, végétale, animale, et non exclusivement la vie humaine. Le texte de I Petr. 3, 20 contient donc l'une des toutes premières spécification humaine du terme de *psuchè* qui se produit, ironiquement, dans le

1. *Cf.* Gen. 6, 18 : *J'établirai mon alliance avec vous ; et vous entrerez dans l'arche, vous et vos fils, votre femme et les femmes de vos fils avec vous.*

contexte de l'arche de Noé[1]. Or le récit du déluge est repris dans les récits bibliques de fin du monde, notamment en II Petr. 3, où il figure comme une sorte de première répétition de la fin du monde, ce qui fait que l'on parle pour le feu final par oxymore d'un « déluge de feu ».

Si le déluge en vient à être interprété comme ne concernant que les êtres humains, et non le reste de la Création, l'interprétation du Jugement dernier dont le déluge est la préfiguration a des chances de suivre la même voie restrictive. Les théologiens, toutefois, ne pensent pas qu'à la survie de l'âme. Ils pensent aussi au corps, à la résilience du corps. Au Moyen Âge, saint Bonaventure réserve par exemple un traitement plus développé à la gloire du corps qu'à la béatitude de l'âme[2].

Quoiqu'il en soit, la traversée humaine de ces événements finaux, sur laquelle se focalisent les récits, montre que la fin du monde n'est pas la fin de tout. Le cas des êtres humains illustre en effet qu'ils sont capables de ce que les spécialistes actuels des catastrophes appellent résilience, qui permet aux bons et aux méchants de survivre à la catastrophe finale : le terme employé par les théologiens médiévaux pour désigner cela est *innovatio* ou *renovatio*. *Innovatio* ou *renovatio* désigne, explique Thomas d'Aquin, le fait de devenir quelque chose que l'on n'était pas avant[3]. Pour l'homme, est-ce là ce que l'on appellerait aujourd'hui « transhumanisme » ? Thomas d'Aquin précise que toute *innovatio* se fait par le biais d'une *purgatio*[4] : il ne s'agit pas de l'un de ces termes médicaux dont se servent les médecins chez Molière, mais d'une purification, effectuée par l'embrasement global final.

1. *Cf.* BERMON, « Surviving the Disaster : the Use of Psyche in 1 Pet. 3.20 ».

2. BONAVENTURE, *In IV Sententiarum*, in *Opera omnia*, t. 4, Ad Claras Aquas (Quaracchi), Éd. Collegii S. Bonaventurae, 1889, dist. 49, p. 1000-1013 [de beatitudine] ; p. 1014-1032 [de gloria corporis].

3. THOMAS D'AQUIN, *Super Sent.*, lib. 2, d. 2, q. 1, a. 1 [www.corpusthomisticum.com] : « Esse autem angeli non reducitur in innovationem alicuius motus sicut in causam, nec in se innovatur, quia nihil fit quod prius non esset » ; *ibid.*, lib. 4, d. 3, q. 1, a. 5, qc. 1, ad 1 : « Innovatio [Baptismi] enim non solum consistit in remotione culpae, sed in collatione gratiae » ; *ibid.*, d. 8, q. 2, a. 2, qc. 3, ad 2 : « Dicitur autem hoc testamentum novum et ratione huius sacramenti, quod in renovatione mundi institutum est tempore gratiae, et iterum ratione promissionis per sanguinem Christi confirmatae, quae vetus impedimentum consequendae hereditatis amovit ; et sic quasi quaedam innovatio promissionis per mortem Christi facta est » ;

4. *Ibid.*, d. 47, q. 2, a. 3, qc. 3 [www.corpusthomisticum.com] : « tota purgatio mundi et innovatio ad purgationem et innovationem hominis ordinabitur ; et ideo oportet ut mundi purgatio et innovatio purgationi et innovationi humani generis respondeat ».

La résilience humaine aux événements catastrophiques finaux s'accompagne-t-elle de la résilience de leur environnement ? Oui, dans une certaine mesure, comme le prouve l'expression d'*innovatio mundi* qui traduit en un concept la vision d'Apocalypse 21 de cieux nouveaux et d'une nouvelle terre [1]. Or la *purgatio* finale du monde, comme nous l'avons dit, se fait par le déluge d'un feu final. Du coup, si le monde lui-même est l'objet d'un tel processus de *purgatio* et d'*innovatio*, jusqu'où ce processus s'étend-il ? Que détruit-il ? Que laisse-t-il en place ?

Les conséquences sur l'environnement

La disparition de la nature

Si les récits de la fin du monde sont très tôt focalisés sur le sort des humains, il est néanmoins possible au lecteur d'aujourd'hui de choisir une focalisation sur le sort de l'environnement, à savoir : les minéraux, les plantes, les animaux, les éléments (terre/eau/air/feu), les astres et les cieux. Cette focalisation sur l'environnement, sur l'habitat humain, permet de se rendre compte que les catastrophes finales jouent le rôle de révélateurs de la structure créée, qui se trouve exposée, par hypothèse et en pensée, dans l'œuvre des théologiens philosophes, à un véritable « stress-test ».

Par exemple, Thomas d'Aquin, en *De potentia*, q. 5, a. 7, explique que le feu final joint à l'arrêt du mouvement du ciel a pour effet de détruire l'existant et de faire cesser la génération et la corruption ; la substance du ciel et les éléments, terre/eau/air/feu, qui sont les « parties essentielles de l'univers », ainsi que l'être humain, âme et corps spirituel, demeureront [2]. Minéraux, plantes et animaux disparaîtront. Ces corps mixtes

1. *Ibid.*, d. 47, q. 2, a. 1, qc. 1 [www.corpusthomisticum.com] : « Sed contra, omnis innovatio fit per aliquam purgationem. Sed elementa innovabuntur ; unde Apocal. 21, 1 : *Vidi caelum novum et terram novam, primum enim caelum et prima terra abiit* ». Cf. *ibid.*, d. 48 q. 2 pr. : « Deinde quaeritur de innovatione mundi ; et circa hoc quaeruntur quinque : 1 utrum innovatio mundi sit futura ; 2 utrum mundo innovato motus corporum caelestium cesset ; 3 utrum caelestia corpora majori claritate refulgeant ; 4 utrum elementa aliqua claritatis gloria ornentur ; 5 utrum animalia bruta et plantae et corpora mineralia maneant ».

2. Thomas d'Aquin, *De potentia*, q. 5, a. 7 [www.corpusthomisticum.com] : « Et ideo videtur dicendum, quod elementa in sua substantia remanebunt, et etiam in suis qualitatibus naturalibus ; sed mutuae generationes et corruptiones et alterationes cessabunt ; per huiusmodi enim elementa ordinantur ad completionem numeri electorum, sicut et caelum

sont en effet composés d'éléments contraires et contiennent donc en eux le principe de leur corruption [1].

Faut-il déplorer la disparition des corps mixtes à la fin des temps ? Bonaventure explique que non, dans un texte très riche de son commentaire des *Sentences*, où il désigne ce que nous appelons l'environnement comme l'*habitaculum hominis viventis animaliter*, caractérisé par la biodiversité (*multiformitas*). Les animaux et plantes, qui sont créés pour obéir à l'homme (*ad hominis obsequium*) et non pour orner la terre (*ad ornatum terrae*), font partie de l'habitat humain, ils sont « créés avec » (*concreata*) l'homme, en complémentarité avec lui. Après la catastrophe finale, explique Bonaventure, la terre aura un autre ornement, « uniforme » et non pas « multiforme » [2]. Quelque chose d'autre, d'homogène et de beau, succédera à la biodiversité.

Concernant les animaux, les théologiens font preuve d'une grande ingéniosité dans les arguments qu'ils développent pour et contre la thèse de leur disparition. Ce n'est pas le lieu de les examiner en détail ici [3]. Reviennent souvent à l'appui de cette thèse l'idée que les animaux n'ont pas d'âme intellective qui puisse leur assurer l'immortalité, et le fait que les hommes n'auront plus besoin de manger dans l'au-delà, ni de travailler la terre avec l'aide des bêtes.

per motum suum ; sed substantiae elementorum manebunt, sicut et substantia caeli. Cum enim universum in perpetuum remaneat, ut supra ostensum est, oportet quod ea quae sunt de perfectione universi, primo et per se remaneant. Hoc autem competit elementis, cum sint essentiales partes universi ipsius, ut philosophus probat. [...] Unde ex ipso situ universi patet quod elementa sunt essentiales partes universi ».

1. THOMAS D'AQUIN, *Quaestiones disputatae de potentia* [désormais *De potentia*], q. 5, a. 7 [www.corpusthomisticum.com] : « Corruptio autem aliter accidit in corporibus mixtis et elementis ; in corporibus enim mixtis inest corruptionis activum principium, propter hoc quod sunt ex contrariis composita ; in elementis vero, quae contrarium exterius habent, ipsa autem non sunt ex contrariis composita, non inest principium corruptionis activum, sed passivum tantum, in quantum habent materiam cui inest aptitudo ad aliam formam qua privantur ».

2. BONAVENTURE, *In IV Sententiarum*, in *Opera omnia*, t. 4, Ad Claras Aquas (Quaracchi), Éd. Collegii S. Bonaventurae, 1889, d. 48, art. 2, q. 4, p. 994-995, « Utrum innovabuntur plantae et animalia bruta » : « plantae et animalia non innovabuntur. [...] Ex hoc patet, quod plantae et animalia non sunt *ad ornatum terrae*, sed *ad hominis obsequium* [...]. Unde terra habebit alium ornatum, nec oportet, quod multiformis sit, immo ipsa uniformitas erit ei in ornatum. [...] Similiter sunt de perfectione universi, quatenus est habitaculum hominis viventis animaliter, sed post spiritualis effecti, non ; et ideo concreata sunt homini, quia homo alimoniis indigebat ».

3. Voir dans le présent volume, la contribution d'A. MONTOUX, expliquant comme Jean Scot Ériugène soutient l'idée d'une résurrection authentique des animaux dans la résurrection de la nature humaine.

Concernant les végétaux, on a parfois l'impression d'une hésitation entre paradis et terre brûlée. Certains auteurs, tel Guillaume d'Auvergne, se réfèrent en effet au paradis pour imaginer le monde rénové. Partant d'une telle référence, ils ont peine à accepter la disparition des espèces végétales, qui est pourtant la thèse commune des théologiens (Bonaventure, Thomas d'Aquin). L'*Elucidarium* d'Honorius Augustodunensis attribué à saint Anselme au Moyen Âge donne une description vivante de l'au-delà où les végétaux ont toute leur place. Les programmes iconographiques des Jugements derniers dans certains manuscrits reflètent parfois cette hésitation, entre désir et doctrine. S'ils n'incluent pas de végétaux au centre de la page, ils ornent les marges d'éblouissantes floraisons [1].

Bibliothèque Louis Aragon de Amiens,
Ms. 107, f. 17, fin XVe-XVIe siècle

1. Voir aussi la contribution de C. COULANGEON, *infra* p. 245 *sq*.

Les théologiens parlent moins des minéraux, probablement parce que la Genèse, dont ils suivent la trame, ne fait pas mention de la création des minéraux [1]. Mais les minéraux sont aussi concernés. Thomas d'Aquin explique que les minéraux ne demeurent pas dans le monde rénové : même si l'or ne fond pas au feu, dit-il, le feu de la conflagration finale sera plus violent que tout feu, et de toute manière, il s'agit non seulement d'un feu, mais aussi de l'arrêt du mouvement du ciel [2].

La résilience des éléments, des astres et des cieux

J'en viens maintenant à la thèse de la résilience des éléments terre/eau/air/feu, des astres et des cieux. Cette thèse nous fait entrer dans le monde clos pré-copernicien des médiévaux, dont il me faut d'abord exposer brièvement la structure.

Cette enluminure représente les cieux astronomiques : Aristote y désigne du doigt les différentes sphères dans lesquelles évoluent les planètes et le soleil autour de la Terre : Lune, Mercure, Vénus, Soleil, Mars, Jupiter, Saturne.

1. THOMAS D'AQUIN, *Scriptum super libros Sententiarum*, lib. 2, d. 14, q. 1, a. 5, arg. 8 [www.corpusthomisticum.com] : « Praeterea, sicut plantae generantur in terra, ita etiam et corpora mineralia. Ergo videtur quod insufficienter rerum productionem determinet Scriptura, cum in hac die de mineralibus mentio non fiat » ; ad 8 : « Ad octavum dicendum, quod generatio mineralium est occulta in visceribus terrae ; et ideo non oportuit de his populo facere mentionem, sed de his solum quae manifesta sunt. Praeterea, mineralia non participant aliquem gradum dignitatis in entibus supra elementa, cum vita careant : propter quod non oportuit de his specialiter fieri mentionem ».

2. THOMAS D'AQUIN, *De potentia*, q. 5, a. 9, ad 15 [www.corpusthomisticum.com] : « licet aliqua sint quae ad horam ab igne non consumantur, nihil tamen est quod finaliter ab igne non consumatur, si diu in igne remaneat, ut Galenus dicit ; et tamen ille ignis conflagrationis mundi erit multo violentior quam iste ignis quo utimur. Nec iterum ex sola ignis actione corpora mixta in illo igne destruentur, sed etiam ex cessatione motus caeli ».

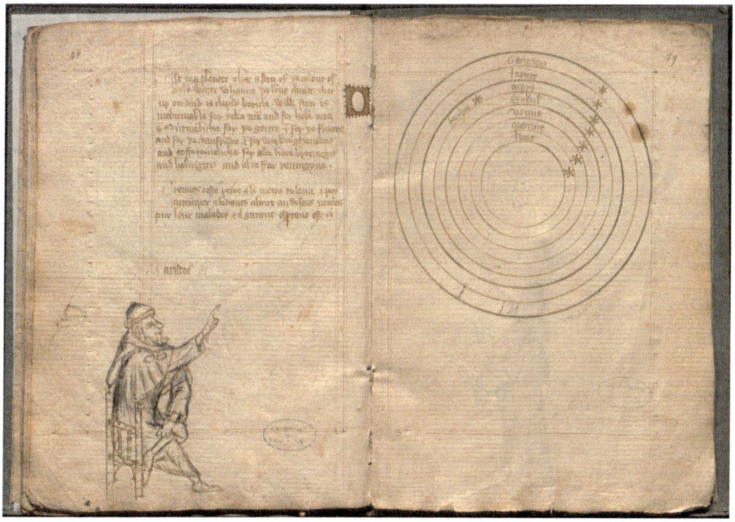

Angers, Bib. Mun., Ms. 478, fol. 28v-29r © Ville d'Angers / IRHT, CNRS.
Aristote désignant les cieux astronomiques

Cette deuxième enluminure donne une représentation complète de la Terre, des éléments et des cieux. Elle est reproduite dans le beau volume intitulé *Le Moyen Âge en Lumière*, publié en 2002 sous la direction de Jacques Dalarun [1].

1. Comme l'écrit P. GAUTIER-DALCHÉ dans *Le Moyen Âge en lumière*, éd. J. DALARUN, Paris, Fayard, 2002, p. 49 : « Les orbes célestes sont plus nombreux [ici] que dans la conception aristotélicienne : [...] entourant l'orbe de la dernière planète (Saturne), se trouvent le firmament, sphère des étoiles fixes, créée par Dieu au deuxième jour de la Création, un neuvième orbe expliquant l'insensible révolution de la sphère étoilée, puis le ciel cristallin pour les eaux placées par le Créateur au-dessus du firmament, et enfin le ciel empyrée, demeure de Dieu, des anges et des élus. »

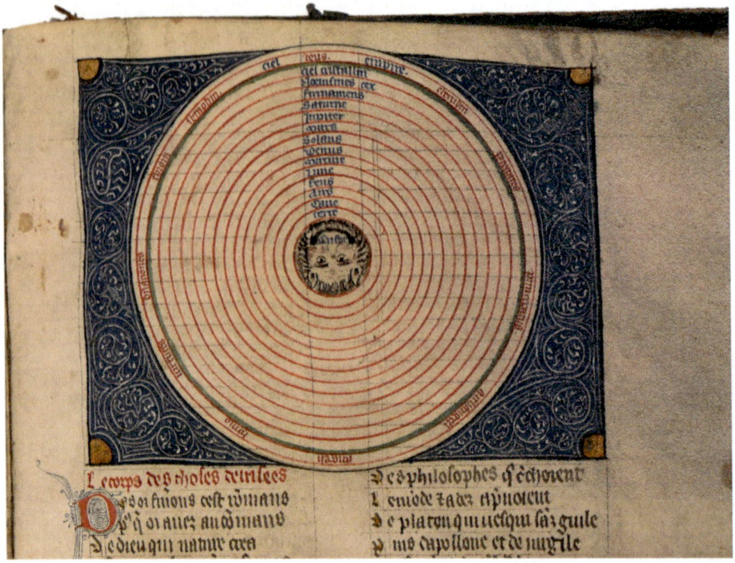

Ms. Tours, BM 947, f. 66, recueil d'astronomie,
prov. Abbaye Saint-Martin de Marmoutier,
v. 1360. Planètes et hautes sphères

On y voit les éléments : terre, eau, air, feu, puis la Lune, Mercure, Vénus, Soleil, Mars, Jupiter, Saturne, puis le Firmament (sphère des étoiles fixes), une neuvième sphère (expliquant la révolution de la sphère étoilée), le Ciel cristallin (ciel aqueux, uniforme et mobile, créé au premier jour, qui correspond aux eaux qui sont au-dessus du ciel de la Genèse[1] ; ce ciel théologique a aussi des fonctions astronomiques) ; et enfin l'Empyrée (uniforme et immobile), le ciel où demeurent Dieu, les anges et les bienheureux, « fiction théologique » pour reprendre une expression d'Édouard Mehl[2].

Dans la catastrophe finale, les astres et les cieux feront preuve de résilience[3]. Bonaventure explique ainsi que

1. *Cf.* Gen. 1, 7 : *Et Dieu fit le firmament; et il sépara les eaux qui étaient sous le firmament, d'avec celles qui étaient au-dessus du firmament.*

2. É. Mehl, « La fiction théologique du ciel empyrée, de Luther à Descartes », *Revue des sciences religieuses*, t. 91/2, 2017, p. 193-210.

3. La thèse de la résilience des astres s'appuie sur *Isaïe* 30, 26 : *La lumière de la lune deviendra comme la lumière du soleil, et la lumière du soleil sera sept fois plus grande, comme serait la lumière de sept jours ensemble.* Plusieurs autorités scripturaires semblent

> de même que c'est une gloire pour un roi que d'avoir plusieurs chambres dans son palais et une belle cuisine, même s'il n'y entre pas, de même, pour les élus, ce sera une gloire et un honneur, non seulement que la cour du paradis et le ciel empyrée soit beaux, mais également le ciel sidéral et leur ancien environnement (*habitaculum*) même s'ils n'y habitent plus [1].

Ce que Bonaventure appelle le ciel sidéral, ce sont les sept planètes et le firmament des étoiles fixes [2]. Bonaventure explique que le ciel sidéral, l'ancien environnement humain, sera pour eux comme la cuisine pour un roi : les humains n'y entreront plus, mais seront contents de savoir qu'il est là ! Cette comparaison souligne la fonction alimentaire de l'ancien monde [3].

impliquer la disparition totale du ciel et de la terre (Ps. 101, 26-27 : *Dès le commencement, Seigneur ! vous avez fondé la terre ; et les cieux sont les ouvrages de vos mains : ils périront : mais vous subsisterez dans toute l'éternité ;* Matt. 24, 35 : *Le ciel et la terre passeront ;* Isa. 34,4 : *Toutes les étoiles du ciel seront comme languissantes ; les cieux se plieront et se rouleront comme un livre ; tous les astres en tomberont comme les feuilles tombent de la vigne et du figuier*). Jérôme, dans son commentaire d'Isaïe, semble avoir été le premier à interpréter cette dernière citation comme indiquant non pas une destruction, mais un changement, une rénovation des cieux. Son interprétation devait recueillir un large consensus.

1. BONAVENTURE, *In IV Sententiarum*, in *Opera omnia*, t. 4, d. 49, Dubium VI, p. 997 : « Sicut enim gloria est regi habere plurimas cameras in palatio et pulcram coquinam, quamvis non ingrediatur ; sic electis erit gloria et honor, quod non solum aula paradisi et caelum empyreum sit pulcrum, sed etiam, quod caelum sidereum et antiquum habitaculum ».

2. Thomas d'Aquin énumère ainsi la suite des cieux : l'empyrée, le ciel cristallin et « le ciel sidéral qui se divise en huit sphères, à savoir la sphère des étoiles fixes et les sept sphères des planètes », pour un total de « huit cieux ». THOMAS D'AQUIN, *Summa Theologie*, I^{a}, q. 68, a. 4, resp. [www.corpusthomisticum.com] : « Considerandum est quod caelum tripliciter dicitur in Scripturis. Quandoque enim dicitur proprie et naturaliter. Et sic dicitur caelum corpus aliquod sublime, et luminosum actu vel potentia, et incorruptibile per naturam. Et secundum hoc, ponuntur tres caeli. Primum totaliter lucidum, quod vocant Empyreum. Secundum totaliter diaphanum, quod vocant caelum aqueum vel crystallinum. Tertium partim diaphanum et partim lucidum actu, quod vocant caelum sidereum, et dividitur in octo sphaeras, scilicet in sphaeram stellarum fixarum, et septem sphaeras planetarum ; quae possunt dici octo caeli ».

3. Dans sa contribution au présent volume, I. Caiazzo cite le *Didascalicon* d'Hugues de Saint-Victor I, 7, selon qui les astrologues appellent le monde supralunaire nature (*natura*), puisque toutes les choses y persistent selon l'ordre primordial, et le monde sublunaire « œuvre de la nature » (*opus naturae*), puisque tous les êtres vivants reçoivent la nourriture de la partie supérieure pour naître et se développer. Voir I. CAIAZZO, *supra*, n. 4, p. 89.

LE TERME « ENVIRONNEMENT » CHEZ BRUNETTO LATINI

Parler d'environnement à propos des textes du XIIIe siècle n'est, malgré les apparences, pas un anachronisme. Brunetto Latini, dans *Li livres dou Trésor*, écrit vers 1265, utilise en effet déjà le mot *environemenz*, à partir du livre 1, partie III, chapitre 104[1].

Le chapitre précédent est consacré au cinquième élément, à propos duquel Brunetto Latini dit :

> Cest elemenz est appellé orbis : c'est uns ciel raont qui environe (ital. *circondi*) et enclost dedenz soi toz les autres elemenz et toz autres choses qui sont hors de la divinité. Et est autresi au monde come l'escaille de l'oef, qui enclot et enserre ce qui est dedenz[2].

Brunetto Latini reprend ici la métaphore de l'œuf cosmique, dont la première occurrence se trouve chez Guillaume de Conches[3]. Le cinquième élément, l'orbe, environne tout ce qui trouve hors de la divinité.

Brunetto Latini ajoute :

> En ce fu nature bien provoiant quant ele fist le orbem tout raont, car nule chose puet estre si fermement serre[e] en soi meesmes come cele qui est raonde [...] Par ces et par maintes autres raisons covient ausi come par necessité que li orbis eust forme et figure toute raonde, et que toutes choses qui sont recloses dedenz lui i fussent misses et establies raondement, en tel maniere que l'une environe (ital. *circondi*) l'autre et la encloe dedenz soi, si ygalment et si a droit que ele ne touche plus d'une part que d'autre. Par ce povez vos entendre que la terre est toute raonde, et autresi sont les autres elemenz qui s'entretienent en ceste manière : car quant une chose est enclose et environee (ital. *avvolta*) dedenz une autre, il covient que cele qui enclot tieigne cele qui est enclose, et [l'anclose] sostieigne cele qui la enclot [...] Et ce est la raison por quoi la terre, qui est l[e] plus grief element et de plus saude substance, est [as]si[se] en mileu de touz cercles et de touz environemenz (ital. *orbite*), c'est au fonz

1. BRUNETTO LATINI, *Li livres dou tresor*, éd. P. G. BELTRAMI – P. SQUILLACIOTI – P. TORRI – S. VATTERONI, Torino, Giulio Einaudi, 2007, p. 138. Je remercie Joëlle Ducos pour les informations qu'elle m'a fournies au sujet de l'emploi par Brunetto Latini du terme « environemenz ».

2. BRUNETTO LATINI, *Tresor*, I, III, c. 103, « Dou quint element », éd. BELTRAMI, p. 136-137.

3. Je remercie Irene Caiazzo pour cette précision.

> de[s] ci[el]s et des elemenz. Et por ce que l'eue est, aprés la terre, li plus g[riez] elemenz, est il assis sus la terre, ou ele se sostient ; mes li air environe (ital. *avvolge*) et enclot l'eue et la terre tout entor, en tel maniere que la terre ne l'eue n'ont povoir qu'eles se remuent dou leu ou nature les [a] establi. Environ (ital. *intorno*) cestui air qui enclot la terre et l'eue, est assis li quarz elemenz, c'est li feu, qui est sor toz les elemenz [...] [1].

Enfin plus loin, au chapitre 108, « Du feu », Brunetto Latini écrit encore :

> Li feu est un air de feu sens nulle moistor, qui s'[e]stent jusques a la lune et avirone (ital. *avvolge*) cestui air ou nos sumes ; [...]. Car desoure le feu est un air pur et cler et net, ou sont les.vii. planetes ; et encore desoure celui air est li firmamenz, qui tozjors torne et avirone (ital. *circonda*) le monde ou toutes les estoiles de orient en occident [...]. Et sachiés que sor le firmament est [un] ciel molt haut, biaus et luissanz, de color de cristal, et por ce est il apelez ciel cristalin ; ce est li leus dont les mauvais angles chairent. Encor i a desor celui un autre ciel de color de porpre qui est apelez ciel empire, ou maint la sainte gloriouse divinité [...] ; et si tornera a son conte, c'est au devisement dou monde [2].

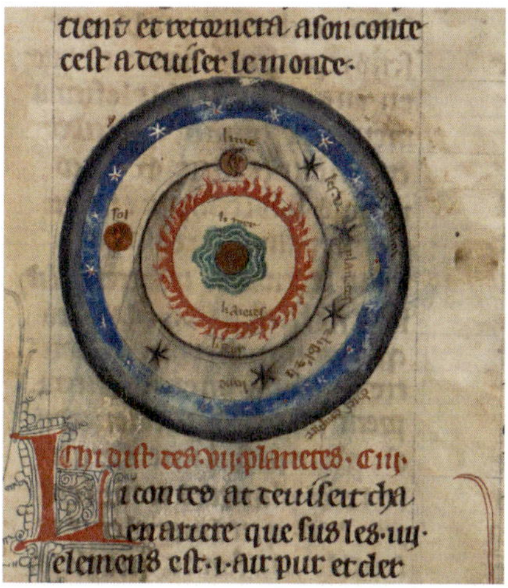

Ms. Paris, BnF, fr. 566, XIIIe s., f. 48r, du Trésor de Brunetto Latini.
Source : gallica.bnf.fr / BnF

1. *Ibid.*, c. 104, « [Comment li mondes est raons, et] coment les .IIII. elemenz sont establis », § 1 et § 4-7, p. 136-141.
2. *Ibid.*, c. 107, « Ci dit dou feu », p. 152-153.

Ce que Brunetto Latini, qui fut le maître de Dante, désigne par environnement, c'est la structure ronde, sphérique, du monde, où la Terre est environnée d'éléments, de planètes et de cieux qui l'entourent. Le terme « environnement » est le mot qui nomme la structure du monde clos et continu, comme un œuf, ou comme un tonneau. Or cet environnement, au sens de Brunetto Latini, les médiévaux lui attribuent une résilience après la catastrophe finale : il fait partie du monde rénové.

En conclusion, les théologiens médiévaux disposent d'un grand récit de fin du monde qui met en ordre une succession de signes qui agissent globalement sur la nature, la détruisant seulement en partie, car ce qui reste sort innové de l'épreuve, ce qui veut dire que la nature devient ce qu'elle n'était pas encore. Ce récit est habituellement focalisé sur la résilience des humains. Ceux-ci ne sont pourtant pas laissés, même dans l'au-delà, sans « environnement », au sens de Brunetto Latini : en effet, comme nous l'avons vu, si la biodiversité minérale, végétale et animale disparaît, la structure sphérique de l'univers semble bien passer avec succès le stress-test de la conflagration finale et de l'arrêt de tout mouvement. L'iconographie du Jugement dernier devient ainsi un lieu privilégié pour observer cet environnement rénové, comme dans cette miniature conservée à la Bibliothèque Sainte-Geneviève, où l'on voit en bas, sous l'ovale, « l'air pur et cler et net », placé au-dessus d'une terre calcinée par le déluge de feu, habitée par les mauvais anges tombés du ciel cristallin ; puis dans l'ovale, le firmament couleur de cristal « qui tozjors torne et avirone le monde ou toutes les etoiles d'orient en occident » ; et enfin le ciel empyrée, de couleur pourpre, « ou maint la gloriouse divinité ou toz ses angles et ses secrez » [1].

1. BRUNETTO LATINI, *Tresor*, éd. BELTRAMI, c. 107, « Ci dit dou feu », p. 152.

Ms. Paris, Bibliothèque Sainte-Geneviève 246, f. 371v, v. 1475. Jugement dernier. Bibliothèque Sainte-Geneviève, Paris, cliché IRHT

LA SCULPTURE NATURALISTE
DANS LES CHAPITEAUX DU XIIIe SIÈCLE

CÉCILE COULANGEON

La nature apparaît souvent à l'amateur d'art comme un sujet oublié des artistes médiévaux. Il faut en effet attendre la toute fin du Moyen Âge, en Italie et dans les Flandres, pour voir se développer, dans la peinture, un intérêt pour sa représentation via le paysage. Dans un premier temps, le prétexte d'un sujet, religieux ou politique essentiellement, mis en scène au premier plan, permet de justifier la réalisation de l'œuvre. Il est possible de mentionner ici pour l'Italie la fresque de *l'Allégorie et des Effets du Bon et du Mauvais Gouvernement* du Palais public de Sienne, par les frères Lorenzetti (vers 1338-1339), ou près d'un siècle plus tard, dans les Flandres, avec les frères Van Eyck, le *Retable de l'Agneau Mystique*, dans la cathédrale de Gand (1432). Il faudra attendre le tournant du siècle suivant, avec une figure comme celle de Dürer, pour que le paysage commence à prendre une forme d'autonomie, devienne un sujet en tant que tel et s'attache à décrire le réel pour ne plus être le résultat d'une composition imaginaire, comme dans la *Vue du Val d'Arco*, réalisée par le peintre allemand vers 1495.

La nature est pourtant omniprésente dans les œuvres médiévales, mais de manière marginale, dans les manuscrits, les pièces d'orfèvrerie et dans la sculpture. L'architecture religieuse sert notamment de cadre à un riche décor monumental au sein duquel le chapiteau orné d'un décor végétal constitue une pièce maîtresse et omniprésente durant les quelques mille années constituant le Moyen Âge.

> Au cours de cette longue période, les historiens de l'art ont depuis longtemps distingué les réalisations du XIIIe siècle, marqué par un naturalisme jusqu'alors méconnu, parfois présenté comme une forme de préfiguration précoce de l'art de la Renaissance. Les motifs végétaux se développent alors d'une manière inédite sur les supports architecturaux, chapiteaux, frises, clés de voûtes, offrant au regard du spectateur l'image d'une flore locale abondante et diversifiée, qui a fait l'objet de travaux de botanistes dans la première moitié du XXe siècle [1].

En nous focalisant plus particulièrement sur les chapiteaux, il s'agira ici de s'interroger sur ce naturalisme présent dans la sculpture monumentale du XIIIe siècle, ses formes et ses définitions. Cette nouvelle approche naturaliste trahit également des évolutions dans l'approche de l'artiste et les mentalités de l'époque, qu'il conviendra également d'aborder.

LE CHAPITEAU VÉGÉTAL DANS L'ARCHITECTURE MÉDIÉVALE [2]

Le succès de l'adoption du modèle de la basilique antique pour les premières églises sous Constantin a garanti au fil des siècles une place de choix à la colonne au sein de l'édifice de culte médiéval, qu'elle soit autonome ou associée au sein d'une pile composée. La basilique était en effet constituée de vaisseaux parallèles séparés par des files de supports, des colonnes en marbre surmontées de chapiteaux dont la forme, en pyramide inversée, permet d'assurer la transition entre le support et l'arcade qui le surmonte, un schéma repris dans l'église médiévale, particulièrement au sein de la nef. Au-delà de son rôle architectonique, le chapiteau offre une surface lisse apte à accueillir des décors sculptés, ce que les sculpteurs de l'Antiquité ont rapidement mis à profit en élaborant de premiers types de composition végétale, dominé par le chapiteau dit corinthien. Celui-ci comprend plusieurs rangées de feuilles dentelées, vigoureusement découpées, se regroupant en crosses aux

1. D. JALABERT, *La Sainte-Chapelle*, Paris, Cerf, 1947. Et plus largement : EAD., « La flore gothique, ses origines, son évolution, du XIIe au XVe siècle », *Bulletin monumental*, t. 91/2, 1932, p. 181-246.

2. Cette première partie, dans le cadre d'un colloque pluridisciplinaire sur la nature, ne vise qu'à brosser une rapide évolution du chapiteau végétal au Moyen Âge, avant le XIIIe siècle, avec tous les défauts que peut prendre une telle démarche, forcément réductrice sur bien des aspects.

angles de la corbeille (fig. 1). La plante ainsi représentée, aux feuilles si caractéristiques, est d'origine méditerranéenne ; dénommée l'acanthe, elle n'est pas autochtone dans le territoire français. Elle devient le motif principal de la flore sculptée des chapiteaux antiques, parfois mêlée dans des compositions mixtes avec des volutes caractéristiques du chapiteau ionique.

Figure 1 : Chapiteau corinthien. Ier siècle après J.-C. Autun
Calcaire de Tonnerre. Autun, dépôt lapidaire Saint-Nicolas
Photo © C. Coulangeon, 2022

Ces « modèles » antiques, remployés dans les premières basiliques constantiniennes et dans un certain nombre d'édifices haut médiévaux comme dans le baptistère de Fréjus[1], vont inspirer les sculpteurs médiévaux durant tout le premier millénaire. La feuille d'acanthe est toutefois majoritairement simplifiée, le relief moins marqué, les détails des bords dentelés simplifiés voire supprimés. Les corbeilles présentent des compositions simplifiées et composites : aux rangées de feuilles d'ajoutent des motifs chrétiens, comme la croix sur un chapiteau provenant de l'abbatiale de Saint-Germain-des-Prés et conservé au musée du Louvre[2], ou des animaux du Bestiaire médiéval.

1. M. Fixot, « Fréjus, cathédrale et baptistère », in *Var, Session du 160e Congrès archéologique de France, 2012*, Paris, Société française d'archéologie, 2015, p. 133-147.

2. *Cf.* la notice sur le catalogue en ligne du musée du Louvre : https://collections.louvre.fr/ark : /53355/cl010092984 [consultée le 28 novembre 2022].

Il faut attendre le début du XIe siècle et le retour vers les œuvres antiques qui marque les débuts de l'art roman pour assister à une renaissance du chapiteau corinthien à l'antique dans les grands édifices de l'époque comme Saint-Remi de Reims, Saint-Germain-des-Prés ou Saint-Benoît-sur-Loire[1]. Dans la tour-porche de cette dernière, l'ensemble des chapiteaux sculptés suit l'épannelage corinthien. Les chapiteaux corinthiens présentent des grandes feuilles modelées avec relief qui retrouvent les bordures dentelées et s'enroulent avec souplesse aux angles de la corbeille. L'influence antique est sensible et se retrouve également dans les dessins de feuilles d'acanthes qui ornent un probable carnet de modèle issu du *scriptorium* du monastère ligérien à la même époque et appartenait probablement au maître du chantier, Umbertus[2] (fig. 2).

Figure 2 : Chapiteau de la tour-porche de Saint-Benoît-sur-Loire, portant l'inscription *Umbertus me fecit*
Photo © C. Coulangeon, 2009

Aux côtés du chapiteau corinthien qui se diffuse, avec plus ou moins de réussite, dans les différents centres artistiques de l'époque romane, un autre type de chapiteau végétal domine la production artistique : le chapiteau orné de palmettes, avec des feuilles particulièrement

1. É. VERGNOLLE, *L'art roman en France*, Paris, Flammarion, 1994, p. 126-138.

2. É. VERGNOLLE, « Un carnet de modèles de l'an mil originaire de Saint-Benoît-sur-Loire (Paris, B. N. lat. 8318 u. Rome, Vat. Reg. lat. 596) », *Arte medievale*, t. 2, 1984, p. 23-56.

stylisées inspirées de celles des palmiers, une plante encore une fois exotique en Occident pour la période médiévale. Les compositions particulièrement inventives reprennent parfois dans certains cas l'épannelage corinthien, apportant confusion sur la nature de la feuille représentée.

Un dernier grand type de chapiteau végétal connaît un succès particulier durant l'époque romane : sa corbeille est ornée d'un ou plusieurs rangs de longues feuilles lisses se recourbant légèrement à leurs sommets. La plante devient impossible à identifier, réduisant le motif à celui d'une simple feuille végétale.

Les premières expériences gothiques se placeront dans le prolongement de cette esthétique romane, marquée par des références à des œuvres antiques et à des plantes méditerranéennes, plus fréquentes en Orient qu'en Occident. Les chapiteaux du chevet de l'abbatiale de Saint-Denis, édifié par l'abbé Suger entre 1140 et 1144, présentent des compositions à deux rangées de feuilles nervurées et stylisées. Ces premières compositions laissent rapidement la place, à la fin du XIIe siècle, à des réalisations particulièrement schématiques, avec de longues feuilles s'enroulant en boutons formant crochets, donnant naissance aux chapiteaux dits à crochets (fig. 3). Les plantes deviennent complètement impossibles à identifier.

Figure 3 : Cathédrale de Bourges. Chapiteaux de la crypte. À partir de 1195
Photo © C. Coulangeon, 2010

C'est dans ce contexte que va se mettre peu à peu en place dans le premier tiers du XIIIe siècle une approche beaucoup plus naturaliste du chapiteau végétal, en rupture avec cette longue tradition dominée par le modèle antique corinthien et des représentations majoritairement conventionnelles et stylisées.

L'apparition du naturalisme dans les chapiteaux du XIIIe siècle

L'arrivée au pouvoir du jeune Louis IX dans les années 1225-1230 coïncide avec une évolution de l'architecture gothique vers les formes du gothique rayonnant. Son règne va être marqué par une intense activité architecturale, notamment au sein de la capitale du royaume, que ce soit dans des commandes royales, comme le Palais de la Cité et sa Sainte-Chapelle, ou dans les projets lancés par les grands établissements monastiques parisiens de l'époque : achèvement de la nef de l'abbatiale de Saint-Denis, construction du réfectoire de Saint-Martin-des-Champs, de celui de Saint-Germain-des-Prés ainsi que sa chapelle dédiée à la Vierge, édifiée par Pierre de Montreuil. Le développement de l'université amène également les grandes abbayes du pays à fonder dans la capitale des collèges destinés à accueillir leurs membres lors de leurs formations [1].

Ces nombreuses constructions se caractérisent par une nouvelle approche de la sculpture décorative végétale : les chapiteaux à crochets de la période précédente évoluent peu à peu. Leurs boutons vont dans un premier temps s'orner de petites grappes de feuilles soigneusement dessinées et dentelées, avec une approche naturaliste inconnue jusque-là. Le chantier de la nef de l'abbatiale de Saint-Denis en offre l'un des exemples les plus précoces, notamment dans les supports du triforium de la nef et du transept. Un chapiteau déposé et conservé au musée du Louvre, provenant probablement du triforium de la nef de l'édifice (réalisé vers 1240), offre à notre regard ces regroupements de petites feuilles nervurées, aux cinq lobes bien découpés [2], qui permettent d'identifier facilement l'érable (fig. 4). Ces premiers signes d'une nouvelle appréhension du végétal dans la sculpture monumentale laissent rapidement la place à des compositions beaucoup plus foisonnantes, offrant

1. M. Cohen – X. Dectot, *Paris, ville rayonnante [Catalogue de l'exposition tenue du 10 février au 24 mai 2010, à Paris, Musée national du Moyen Âge]*, Paris, RMN, 2010.

2. *Cf.* la notice sur le catalogue en ligne du musée du Louvre : https://collections.louvre.fr/en/ark : /53355/cl010093674 [consultée le 28 novembre 2022].

au regard une nature pleine de vie, dans les œuvres des années 1240 et 1250.

Figure 4 : Nef de l'abbatiale de Saint-Denis,
reconstruite à partir de 1231 (abbatiat d'Eudes Clément)
Chapiteau à feuilles d'érable du triforium, vers 1240. Paris, musée du Louvre.
Photo : RMN-Grand Palais (musée du Louvre) / Tony Querrec

La chapelle de la Vierge a été édifiée par Pierre de Montreuil entre 1245 et 1255 au sein de l'abbaye de Saint-Germain-des-Prés. Son portail, conservé au sein des collections du musée de Cluny, offre au regard une ornementation exclusivement végétale qui constitue l'un des chefs-d'œuvre de cette sculpture naturaliste (fig. 5). Les corbeilles des chapiteaux, à l'épannelage tronconique, sont ornées de motifs de feuilles diverses qui se prolongent sur le mur de fond des piédroits, derrière les chapiteaux et entre les colonnettes. De multiples essences peuplant les forêts et les bois franciliens y sont identifiables : des feuilles d'érable sur les voussures, du houx, du chêne et du châtaignier sur les chapiteaux des piédroits[1]. Les plantes semblent pousser librement et s'enrouler autour des différentes parties de l'architecture, faisant de cette porte une arche végétale accueillante au sein du monastère.

1. *Cf.* sur le catalogue en ligne des sculptures médiévales du musée national du Moyen Âge la notice rédigée par Xavier DECTOT en 2011 : https://sculpturesmedievales-cluny.fr/notices/notice.php? id=125 ; consulté le 28 novembre 2022 ; COHEN – DECTOT, *Paris, ville rayonnante*, p. 30.

Figure 5 : Le portail de la chapelle de la Vierge, édifiée par Pierre de Montreuil dans l'abbaye de Saint-Germain-des-Prés
Vers 1245-1255. Paris, musée de Cluny
Photo © C. Coulangeon, 2023

Ce phénomène marquant de la sculpture architecturale médiévale, bien connu des historiens de l'art [1], se diffuse rapidement dans les autres grands centres du nord de la France particulièrement, comme au sein de la cathédrale de Reims. Le chantier de reconstruction de l'édifice, débuté vers 1210, a avancé progressivement d'est en ouest : l'observation du traitement du décor végétal des chapiteaux dans les différentes parties du monument témoigne de cette évolution progressive vers un rendu de plus en plus naturaliste des plantes représentées [2]. Ce naturalisme culmine dans le décor de la façade occidentale, dernière partie de la cathédrale à être élevée dans le troisième quart du XIIIe siècle. Les décors

1. Celui-ci est évoqué dès le XIXe siècle, chez certains auteurs comme Émile Mâle (cf. *infra*, p. 256). Il a ensuite été mentionné dans la plupart des études consacrées depuis à la sculpture du XIIIe siècle. Parmi les contributions les plus récentes, nous pouvons citer : COHEN – DECTOT, « La nature ou le principe du monde », in *Paris, ville rayonnante,* p. 70-83 ; P.-Y. LE POGAM, « La splendeur de l'art de la cour de saint Louis », in *Saint Louis [Catalogue de l'exposition tenue du 8 oct. 2014 au 11 janv. 2015 à Paris, La Conciergerie]*, Paris, Éditions du Patrimoine, 2014, p. 153-168.

2. Ce décor végétal a notamment fait l'objet de l'attention de Jean-Pierre Ravaux, puis de Peter Kurmann, essentiellement dans le cadre d'une démarche visant à préciser la chronologie des travaux : Jean-Pierre Ravaux en ayant fait l'un des arguments principaux de sa démonstration, Peter Kurmann étant plus réservé à ce sujet, défendant l'idée que deux types de motifs différents peuvent coexister, sans que cela soit le signe de deux phases de chantier distinctes : J.-P. RAVAUX, « Les campagnes de construction de la cathédrale de Reims au XIIIe siècle », *Bulletin monumental,* t. 137-1, 1979, p. 7-66 ; P. KURMANN, *La façade de la cathédrale de Reims. Architecture et sculpture des portails. Étude archéologique et stylistique,* Paris – Lausanne, CNRS – Payot, 1987, t. I, p. 120-130.

végétaux y sont localisés dans deux zones principales : les chapiteaux surmontant les statues-colonnes dans les piédroits des portails, et les panneaux décoratifs au revers de la façade.

Ainsi, les piédroits du portail sud sont dotés de colonnes surmontées de chapiteaux qui se succèdent en arrière-plan des statues-colonnes. Leurs corbeilles sont ornées de petites branches entremêlées qui semblent sortir de l'astragale des chapiteaux et se développent en assez fort relief sur la surface des corbeilles (fig. 6). Elles portent des motifs de feuilles à nervure palmée, comprenant cinq lobes principaux aux bordures bien découpées, et des grappes de raisins qui envahissent tout l'espace de ce registre, faisant le lien entre les corbeilles des différents chapiteaux et couvrant l'entablement précédant la corniche couronnant ce niveau, formant comme une treille au-dessus des têtes des statues-colonnes.

Figure 6 : Détail du piédroit sud du portail sud de la façade occidentale de la cathédrale de Reims. Troisième quart du XIIIe siècle
Photo © C. Coulangeon, 2022

De la même manière, les piédroits du portail nord sont dotés de décors reprenant des motifs d'arbustes dont les branches s'enroulent les unes sur les autres et portent des petites feuilles simples de rosiers associées à des feuilles à trois ou cinq lobes principaux, qui pourraient être des feuilles d'aubépines (fig. 7). De multiples petites fleurs en corolles, représentées à différentes étapes de floraisons, confirment l'appartenance de ces plantes à la famille des rosacées, particulièrement représentées dans ces années.

Figure 7 : Détail du piédroit sud du portail nord de la façade occidentale de la cathédrale de Reims. Troisième quart du XIII e siècle
Photo © C. Coulangeon, 2022

Dans les deux cas, ces buissons surmontant les statues-colonnes sont peuplés de petites créatures, essentiellement des figures d'oiseaux picorant les grains de raisins, représentés perchés sur des branches ou plongeant en vol sur les baies convoitées. Quelques petites figures humaines peuvent aussi être repérées, accrochées au sein des branches.

Les parties les mieux conservées de cet ensemble montre une composition où feuilles et tiges sont particulièrement abondantes, marquées par un fort relief, masquant complètement le fond de l'architecture, dans un type que Jean-Pierre Ravaux et Peter Kurmann ont dénommé « type à feuillage touffu ».

Sur le parement intérieur de la façade occidentale, les motifs végétaux se retrouvent également dans de grands panneaux décoratifs séparant les niches abritant les figures. De multiples essences s'y retrouvent, dans des compositions plus plates destinées à couvrir à la manière d'un tapis l'espace du panneau : feuilles de vigne, de chêne, de figuier et de lierre y sont ainsi observables.

L'hypothèse du développement de cette nouvelle approche du décor végétal sur le chantier de la cathédrale de Reims sous l'influence du gothique parisien ne peut être exclue : la part des ateliers dits parisiens dans la réalisation de certaines des statues-colonnes de la façade occidentale, comme celle de l'ange au sourire, est depuis longtemps reconnue[1]. La capitale champenoise subit alors fortement les influences de Paris, que ce soit dans les ateliers de sculpture ou dans les milieux intellectuels. En effet, l'école capitulaire de Reims, après avoir été pendant plusieurs siècles une des principales du royaume, s'est placée peu à peu en retrait à partir du milieu du XIIe siècle, dans l'ombre des écoles et de l'université de Paris[2].

Comme dans les monuments parisiens évoqués précédemment, le décor végétal qui se développe sur la façade de la cathédrale de Reims renvoie à une flore locale, traitée avec une approche à première vue naturaliste, avec des espèces pouvant se retrouver tout aussi bien dans les bois et forêts champenoises que franciliennes. Une forte impression de réalisme ressort de ces sculptures : les feuilles se découpent en fort relief, parfois complètement détachées de la paroi, d'où une certaine fragilité, de nombreuses zones sont très détériorées de nos jours, à la suite notamment de l'incendie de 1914. Les chapiteaux à feuilles de vigne offrent au regard du spectateur une grande variété de positions des feuilles en question, plus ou moins ouvertes ou fermées, repliées vers l'intérieur ou très largement ouvertes, avec des bordures plus ou moins dentelées. Elles sont peuplées de grappes de raisons qui pendent à différents niveaux au cœur de cette « forêt ».

Les zones mieux préservées de ces ensembles offrent toutefois au regard des compositions qui amènent à nuancer cette première impression de naturalisme : ces buissons étaient organisés selon deux grands registres horizontaux, très réguliers, qui venaient souligner les grandes lignes du cadre architectural conditionnant la représentation, en un écho de la corniche supérieure. Ainsi, derrière la première impression d'une nature habitée et luxuriante, envahissant l'architecture, l'ensemble reste soumis à la loi du cadre architectural. Cette nature à première vue libre, sauvage, est en fait conditionnée, domptée, domestiquée. Cette observation se confirme également dans les œuvres parisiennes, particulièrement dans les célèbres clés de voûtes, comme celles de l'ancien collège de Cluny, réalisées vers 1269-1275[3] : derrière une impression de naturalisme tenant à la précision du rendu végétal, une composition

1. KURMANN, *La façade de la cathédrale de Reims*, p. 30.

2. P. DEMOUY, « Les écoles capitulaires », in *Reims. La Grâce d'une cathédrale*, Strasbourg, La Nuée bleue, 2010, p. 377-381.

3. *Cf.* sur le catalogue en ligne des sculptures médiévales du musée national du Moyen Âge la notice rédigée par Xavier DECTOT en 2011 : https://sculpturesmedievales-cluny.fr/collection/college-de-cluny.php [consultée le 28 novembre 2022].

géométrique stricte régit l'ensemble, composition au cœur de laquelle un visage peut parfois se greffer, éloignant d'autant plus le principe de naturalisme.

LE RAPPORT DE L'ARTISTE À LA NATURE

Les premiers historiens de l'art qui se sont penchés sur l'évolution de la représentation de la nature dans la sculpture médiévale ont rapidement souligné ce moment particulier, au cours du XIIIe siècle, durant lequel l'approche des sculpteurs apparaît marquée par un naturalisme inédit pour le Moyen Âge.

Émile Mâle en a d'ailleurs proposé une lecture quelque peu anachronique, avec une vision du sculpteur proche de celle du peintre impressionniste :

> Voyez-les créant la magnifique flore du XIIIe siècle. Ils ne cherchent pas à lire, dans les jeunes fleurs du mois d'avril, le mystère de la Chute et de la Rédemption. Aux premiers jours du printemps, ils vont dans les forêts de l'Ile-de-France, où d'humbles plantes commencent à percer la terre. La fougère, enroulée sur elle-même comme un puissant ressort, est encore couverte d'une bourre cotonneuse mais, le long des ruisseaux, l'arum est déjà près de s'épanouir. Ils cueillent les bourgeons, les feuilles qui vont s'ouvrir, et les regardent avec cette curiosité tendre et passionnée que nous ne sentons que dans la première enfance et que les vrais artistes conservent toute leur vie. Les lignes puissantes de ces jeunes plantes, qui se tendent et aspirent à être, leur semblent pleines de grandeur par l'énergie concentrée qu'elles expriment, vraiment monumentales. D'un bourgeon qui va s'entrouvrir, ils feront le fleuron qui termine un pinacle. Des pousses qui sortent de terre, ils orneront la corbeille d'un chapiteau. Les chapiteaux de Notre-Dame de Paris, surtout les plus anciens, sont faits de ces feuilles printanières, tout engorgées de jeune sève, qui semblent vouloir, dans leur élan, soulever les tailloirs et les voûtes [1].

Si ces quelques lignes peuvent de nos jours prêter à sourire, il n'en reste pas moins que l'hypothèse selon laquelle cette nouvelle approche dans la sculpture traduirait une évolution du rapport de l'artiste à la nature ne peut être écartée.

1. É. MÂLE, *L'art religieux du XIIIe siècle en France*, Paris, Ernest Leroux, 1898, p. 72-73.

La vision de la nature dans la société médiévale a toujours été ambivalente, tendue entre deux postures dominantes opposées. La première, héritière des écrits de l'Ancien Testament, met l'accent sur le péché originel, entrainant la chute de l'humanité : l'être humain se retrouve dans une nature qui n'est plus luxuriante et nourricière mais qu'il faut travailler pour pouvoir produire de quoi se nourrir et qui soumet l'homme à un certain nombre de dangers (animaux féroces, problèmes climatiques, etc.). Les dangers de la nature sont ainsi la conséquence de la faute originelle de l'homme [1]. La seconde, qui apparaît dès les Pères de l'Église comme saint Augustin, fait de la nature un miroir de la création divine, qu'il convient de célébrer pour glorifier l'œuvre de Dieu.

Ces deux positions traditionnelles vont connaître une évolution fondamentale dans le courant du XIIIe siècle, dans les milieux parisiens, particulièrement au sein de l'université. La conception de la nature comme une création divine s'impose alors, dans un contexte de redécouverte des textes des philosophes antiques, particulièrement ceux d'Aristote qui devient une nouvelle figure d'autorité pour les intellectuels de l'époque. Les principaux textes du philosophe grec, *De anima, De sensu et sensato, De caelo et mundo, Physica* et *Metaphysica*, sont redécouverts via la traduction des commentaires d'Averroès, réalisée à Tolède au plus tard vers 1220 par Michaël Scot. Par la redécouverte de ces textes, c'est toute la démarche rationnelle autour de la compréhension de la nature et de son fonctionnement qui est remise à l'honneur, remplaçant les anciennes croyances autour de manifestations divines. Apparaît alors la volonté de comprendre la nature, en tant que création divine, par l'observation de celle-ci pour aboutir à la connaissance des lois qui la régissent. Cette nouvelle approche de la nature sera désignée chez Vincent de Beauvais comme la *natura naturata*, expression définie par ce dernier comme désignant la création dans son ensemble, avec toutes ses règles, par opposition à ce qu'il appelle la *natura naturans*, la nature engendrant la nature, soit Dieu lui-même [2].

Cette nouvelle appréhension de la nature par son observation qui se dessine dans les milieux intellectuels pourrait également être posée pour les artistes. Le naturalisme qui se développe dans les représentations

1. F. Mouthon, *Le sourire de Prométhée. L'homme et la nature du Moyen Âge*, Paris, La Découverte, 2017, p. 22.

2. I. Draelants – E. Frunzeanu, *Génération, Force, Mouvement, Habitude : définitions théoriques médiévales de la nature*, 2016 [en ligne : Halshs-02424212], p. 8.

végétales sur les murs des monuments peut-il être mis en lien avec un nouveau rapport entretenu par l'artiste avec la nature et le corps humain, qui passerait par une observation directe ?

La question peut se poser dès la fin du XIIe siècle, avec l'œuvre exceptionnelle de Nicolas de Verdun sur l'ambon de Klosterneuburg[1]. L'artiste y développe progressivement, au fur et à mesure de l'élaboration de l'œuvre, une approche révolutionnaire du corps humain, beaucoup plus naturaliste, dans les expressions des visages particulièrement qui témoignent d'un nouvel intérêt accordé à l'homme et à son rendu, avec une anatomie parfaitement maîtrisée, révélée par des jeux de drapés mouillés, collant aux corps. Sa démarche doit probablement tout autant à sa connaissance des œuvres antiques qu'à un travail d'étude d'après nature.

Cette inspiration de l'antique a longtemps été la principale source de renouvellement des artistes au Moyen Âge, et le reste dans le courant du XIIIe siècle. La statue d'Adam, autrefois située au revers du mur pignon du bras sud du transept de Notre-Dame et aujourd'hui déposée au musée de Cluny, en est un excellent exemple (fig. 8). L'œuvre provenait d'une composition réalisée vers 1260 dans laquelle se trouvait un Christ du Jugement dernier et une statue d'Eve en pendant, tous disparus. L'œuvre dénote une indéniable inspiration de modèles antiques, avec une tête évoquant celles des statues d'Apollon, de l'époque impériale, et un corps dont la position renvoie au modèle de l'Aphrodite de Cnide de Praxitèle[2]. La figure d'Adam ramène toutefois sa main gauche devant lui, en un geste de pudeur, complété par la présence d'une feuille de figuier rendue avec une grande vitalité, qui dénote ce mouvement naturaliste dans la sculpture végétale inédite dans les modèles antiques habituels. Il semblerait ainsi qu'à l'imitation de l'art antique vienne se greffer l'observation de la nature que l'artiste ici, probablement Pierre de Montreuil, tente d'imiter, tout comme il l'avait également fait quelques années plus tôt au portail de la chapelle de la Vierge de Saint-Germain-des-Prés. Cette démarche se retrouve aussi à la même époque dans le carnet de Villard de Honnecourt, qui rassemble un nombre important de croquis qui semblent avoir été dessinés de manière libre, à partir des

1. *Une renaissance : l'art entre Flandre et Champagne 1150-1250 [catalogue de l'exposition tenue au Musée de Cluny – Musée national du Moyen Âge, Paris, 17 avril-15 juillet 2013]*, dir. C. DESCATOIRE – M. GIL, Paris, RMN, 2013.

2. *Cf.* la notice rédigée par Xavier DECTOT en 2011 : https://sculpturesmedievales-cluny.fr/notices/notice.php ? id=3, consulté le 1er décembre 2022.

observations de l'auteur au cours de ses voyages. L'image du lion y a déjà été signalée pour illustrer cette démarche : elle est en effet accompagnée d'une légende, indiquant : « Ves ci.i.lion com on le voit par devant et saciès bien qu'il fu contrefais al vif » [1]. Les codes iconographiques traditionnels et un apparent schématisme sont encore forts mais les tentatives de l'artiste pour sortir de ces cadres conventionnels sont notables, avec le fait de représenter le lion de face et non de profil, comme il était d'usage.

Figure 8 : Statue d'Adam. Provenant du bras sud du transept de Notre-Dame de Paris. Attribuée à Pierre de Montreuil
Vers 1260, Paris, musée de Cluny
Photo © C. Coulangeon, 2023

1. J. WIRTH, *L'image à l'époque gothique (1140-1280)*, Paris, Cerf, 2008, p. 170.

Ces quelques exemples, venant à l'appui des décors sculptés que nous avons étudiés, permettent ainsi d'envisager l'hypothèse d'un nouveau rapport à la nature pour ces sculpteurs du milieu du XIIIe siècle. Ces derniers, peut-être déjà imprégnés dans leur mentalité par cette nouvelle démarche raisonnée, héritée d'Aristote et fondée sur l'observation, ont en tous cas développé une nouvelle manière d'appréhender les motifs végétaux et le corps humain, s'inspirant non plus seulement des modèles antiques ou des éventuels catalogues de formes disponibles dans les carnets d'ateliers, mais en allant également sans doute puiser à l'observation même de la nature qu'ils tentent d'imiter au mieux. Ce naturalisme ne donne toutefois qu'une impression d'imitation : derrière le choix de plantes locales, aux fleurs et feuilles rendues de manière précise, presque botanique, et le caractère particulièrement foisonnant de ces décors, se cache une élaboration réfléchie, adaptant les motifs végétaux au cadre architectural selon un schéma géométrique strict, caractéristique de la pensée médiévale et de leur vision du monde.

INDEX NOMINUM

Auteurs anciens et médiévaux

AUTEURS MODERNES

LISTE DES CONTRIBUTEURS

Pascale BERMON
CNRS/PSL/LEM (UMR 8584), Institut Catholique de Paris

Irene CAIAZZO
CNRS, PSL, LEM (UMR 8584)

Cécile COULANGEON
Institut Catholique de Paris

Jacques DALARUN
Académie des Inscriptions et des Belles Lettres

François DUCEPPE-LAMARRE
IRHiS, UMR 8529, Université de Lille

Arnaud MONTOUX
Institut Catholique de Paris

Emmanuel PETIT
Institut Catholique de Paris

Dominique POIREL
Institut de Recherche et d'Histoire des Textes (CNRS), Institut Catholique de Paris

Piotr ROSZAK
Université Nicolaus Copernicus de Toruń

Laure SOLIGNAC
Institut Catholique de Paris

Antonio SORDILLO
Université de Salerne

Jean-Yves TILLIETTE
Université de Genève, Académie des Inscriptions et des Belles Lettres

TABLE DES MATIÈRES

Achevé d'imprimer en novembre 2024 sur les presses de
La Manufacture - *Imprimeur* – 52200 Langres – Tél. : (33) 325 845 892
Imprimé en France – N° : 240863 – Dépôt légal : novembre 2024